MOTEURS D'ENGA-GEMENT

ALEXIA DE BERNARDY

MOTEURS D'ENGAGEMENT

MARABOUT

58, rue Jean-Bleuzen
92170 Vanves

Mise en pages : Guillaume Arduré
Relecture : La Machine à mots

Sommaire

Préface

C'est un ouvrage remarquable à plus d'un titre, sa thématique innovante, le travail considérable qu'il a nécessité, la façon dont il allie prise de hauteur et conseils pratiques, que vous êtes sur le point de découvrir. J'ai été interpellé dès les premières pages : Alexia de Bernardy y décrit cette dissociation que beaucoup opèrent entre leur vie personnelle et leur vie professionnelle. Un dédoublement de personnalité généralisé, en somme. Ne peut-on être soi-même dans la sphère professionnelle ? La libération des individus au sein de leur travail leur sera bénéfique, comme elle le sera pour leur entreprise. C'est à la fois la thèse et l'objectif de *Moteurs d'engagement* ; je les partage pleinement. Mais cette quête ne se fera pas en un jour. Chacun devra y mettre du sien car les vieux schémas ont la dent dure.

L'enfer étant pavé de bonnes intentions, il ne s'agit pas toutefois de remplacer une compétition par une autre. Il serait absurde que les managers lancent désormais des « concours » tacites ou explicites du plus empathique, du plus cool, du plus souriant… Cet ouvrage doit être une source d'inspiration pour chacun, pour être finalement plus efficace dans son management, dans son travail, dans sa relation à l'autre, être bien dans ses baskets. Ni plus ni moins. Il faut être respectueux de la diversité des caractères et des sensibilités. Ça va de soi, mais ça va aussi mieux en le disant.

Chacun d'entre nous détient son propre « superpouvoir », il faut juste lui donner les moyens et l'envie de s'exprimer. La route est longue, *Moteurs d'engagement* montre le chemin.

Nicolas Froissard,

Dirigeant du Groupe SOS (15 000 salariés), première entreprise sociale européenne et fondateur du Mouvement UP.

Avant-propos

Mariée et mère de trois enfants, je suis une multientrepreneure engagée de 46 ans. Après une formation d'ingénieur ENSTA et HEC, et un début de carrière dans le conseil en stratégie, j'évolue dans le monde des start-up depuis 20 ans.
En 2004, je crée la société Filapi, réseau de centres de loisirs d'entreprises et agence événementielle pour enfants de 3 à 10 ans. Filapi était précurseur sur le marché des acteurs privés. L'innovation résidait dans l'accueil des enfants de cette tranche d'âge en collectivité, par une entreprise privée, avec un projet ludo-pédagogique fort, des équipes professionnelles engagées, des programmes ponctués d'intervenants extérieurs et un modèle économique reposant en grande partie sur le financement de la prestation par les DRH d'entreprises attachées à l'équilibre de vie de leurs salariés-parents. Dix années de travail, 5 millions d'euros de chiffre d'affaires et 2 millions d'euros de financement ont été nécessaires pour expérimenter puis stabiliser toutes les

composantes de l'offre et approcher le point d'équilibre financier. En 2014, je décide de céder la société au groupe Babilou, leader des crèches d'entreprises qui en poursuit le développement, l'aventure est qualifiée de succès par nos actionnaires et clients [1].

Chez Filapi, nous avions de l'énergie là où d'autres nous disaient qu'ils se seraient arrêtés. Les clients, actionnaires et notre acquéreur mettaient souvent en valeur la « fraîcheur » qui caractérisait Filapi. D'autres appelaient cela la « *Filapi's touch* ». Certains confrères disaient que nous dégagions quelque chose qui donnait envie de nous suivre, d'autres étaient surpris du monde qui venait à nos événements. Des investisseurs nous disaient : « Je ne sais pas si ça va marcher, mais je crois en vous. » Nous étions portés comme jamais, dans un monde épanouissant et joyeux, où l'énergie l'emporte sur la routine, avec bienveillance et sincérité, où toute l'équipe, ouverte d'esprit, progresse collectivement.

Le décès consécutif et inattendu de mes deux parents en 2015 a été le déclencheur d'une énergie de vie qui m'a bousculée. En effet, prendre conscience aussi concrètement que tout peut s'arrêter d'un coup m'a donné l'envie de compiler et transmettre ce qui est bon pour l'humain. En 2016, je quitte le groupe et décide de tenter d'élucider ce qui a fait que nous avions tenu, dans la « fraîcheur ». Je pars à la recherche de ce qui nous a rendus créatifs, tenaces, agiles. Dans aucune de mes autres expériences professionnelles je n'avais vécu cela.
J'étais déjà persuadée du retour sur investissement de la « *happy attitude* » et de ce qui relie les salariés : la bonne humeur, le partage d'émotions, l'optimisme... J'avais également l'intuition que c'est cela qui avait été notre vecteur de performance. Des salariés heureux feraient des clients enchantés et des actionnaires joyeux !

Je savais comme beaucoup que le bien-être au travail n'était pas une donnée moraliste bien-pensante, mais un facteur de pérennité de l'entreprise. J'étais en revanche persuadée de n'être qu'une pièce dans le puzzle de cette « fraîcheur » qui entourait l'écosystème Filapi. Car, si mon optimisme a sans doute joué dans l'énergie véhiculée, mon exigence a pu également freiner l'humanité que nous dégagions. Alors, concrètement, comment cela a-t-il fonctionné ? Quels leviers avions-nous inconsciemment activés ? Étaient-ils transposables dans d'autres contextes d'entreprises ?

Assez vite, je comprends que, au-delà des compétences techniques de toute l'équipe, ce qui a fonctionné c'est qu'il y avait du lien entre nous et avec toutes les parties prenantes : nous étions reliés. Chez Filapi, la « fraîcheur », c'était le lien entre les membres de notre écosystème, c'est-à-dire le sentiment d'appartenance à une communauté d'individus partageant quelque chose qui relie et donne envie de collaborer : une cohésion, une alliance, qui se traduit par la tendance d'un groupe à rester uni dans la poursuite de ses objectifs.

Il y a deux ans, j'ai alors décidé de me consacrer au sujet du relationnel dans le monde du travail en entreprise. Avec ce projet de livre et la création de la WE box (expérience digitale qui a pour vocation de booster l'esprit d'équipe et l'engagement des salariés dans le quotidien), j'ai voulu diffuser au plus grand nombre les bonnes pratiques pour créer du lien au travail.

J'ai analysé 80 ouvrages, une centaine de vidéos, j'ai diffusé deux sondages sur les réseaux sociaux et recueilli 250 témoignages, notamment au cours de 2 000 heures de discussions avec des DRH, membres de comités exécutifs, entrepreneurs, salariés opérationnels, commerçants… Tous ont témoigné sur leurs pratiques au travail.

Ce livre est le fruit de cette enquête et de l'expérience accumulée avec la WE box. Il démontre d'une part que l'absence de lien diminue l'impact des managers, et que, à l'inverse, créer du lien booste l'agilité.

Ces travaux, je les ai d'abord réalisés pour moi, pour comprendre et progresser, en allant à la rencontre de spécialistes, mais aussi de Monsieur et Madame Tout-le-Monde. Le but de *Moteurs d'engagement* n'est donc pas d'apporter une théorie scientifique nouvelle, mais des clés concrètes, accessibles à tous pour progresser, à travers 365 actions pragmatiques pour créer du lien et mieux travailler ensemble.

Je suis donc partie des fondamentaux pour en tirer des outils pratiques. Je les ai presque tous essayés, certains sont d'une simplicité déconcertante. Une mine de facteurs déclencheurs a été identifiée, garantissant que chacun vive une expérience individuelle qui renforce la relation à l'autre et que la « mayonnaise prenne ». Des petites choses du quotidien qui fonctionnent, un peu comme le plaisir de lécher le bol après avoir fait un gâteau au chocolat. Il s'agit d'un livre-opérationnel. J'ai redécouvert le terme *vade-mecum*. Ce livre est un *vade-mecum* : un manuel utile au jour le jour, pour tout type de lecteur. Vous pouvez le garder sur vous pour le consulter et choisir des conseils qui favorisent le collectif, le collaboratif au travail.

Il y a ici des conseils simples, des actions qui prennent moins de 90 secondes : choisissez-en certaines, peut-être une seule par thème, appliquez-les, relisez et constatez par vous-même que cela fonctionne. Il y en a pour votre relationnel avec vos collègues, vos clients, vos N+1 ou N-1, à choisir en fonction de la culture des organisations. Il y en a pour tous les goûts. Tous ces leviers peuvent être également déployés avec les free-lances, prestataires, équipes de l'accueil ou du ménage, clients…

Si vous ne le faites pas pour votre employeur ou votre performance, faites-le pour vous. Ces outils auront aussi un impact positif sur votre vie personnelle.

Alexia de Bernardy

Introduction

Créer du lien pour mieux travailler ensemble : c'est bateau ou stratégique ?

Lors d'un dîner familial, un attroupement se crée autour d'un membre du groupe. Une application installée sur son smartphone dernier cri reproduit le fonctionnement d'un appareil photo des années 1980 : viseur réduit à 1 cm^2, photos floutées, reçues trois jours après leur prise, 24 prises maximum autorisées, son du clic-clac... Tout y est. Cela ne sert à rien mais son côté décalé est drôle, tout le monde s'amuse, l'ambiance est légère. Autour de la table, je les connais, ils sont pharmacien, acheteur, ingénieur, financier, médecin.

Dehors, au même moment, un papa saute dans des flaques d'eau et fait des mimiques improbables pour faire rire son bébé, ils sont aux anges, le temps semble s'arrêter. Peut-être est-il contrôleur de gestion ou boulanger ? Le ciel noircit subitement, deux personnes trempées courent sous la pluie battante vers un abri, ils ont l'air complices. Je m'amuse à imaginer l'un conducteur de train ou garagiste et l'autre directeur financier, ayant tous deux fait connaissance au club de voile, activité pour laquelle ils auraient une passion commune. À côté d'eux, un jeune couple improvise une danse improbable pieds nus pour oublier le déluge... Qui sait s'il ne s'agit pas de votre notaire et de son mari qui tient la station-service ?

Fin de semaine, fin des vacances. Lundi, tout le monde reprend le travail. Chacun va rejoindre sa communauté de collègues, managers, collaborateurs, partenaires... Que va devenir cette humanité au travail, cette part de nous-même qui fait le sel de la vie ? Est-elle antiprofessionnelle ? Pouvons-nous l'exprimer tout en continuant à répondre à nos objectifs professionnels ? Allons plus loin... Et si cette proximité qui relie les hommes était également une force au service de nos objectifs ?

Prise de conscience

Au-delà de cette jolie histoire de vacances et de cette quête d'humanité, pourquoi est-ce important de s'intéresser à la nature des relations entre les individus au travail ?

Savez-vous que la première raison pour être fidèle à son employeur ce sont les bonnes relations que l'on a avec ses collègues[2] ? Eh bien, à l'inverse, lorsqu'on démissionne, on ne quitte pas son entreprise ni son emploi, ni ses collègues ; dans 75 % des cas on quitte son chef[3]. Cette relation avec son manager est d'ailleurs cruciale pour les entreprises car 70 % du niveau d'engagement des salariés dépend de la façon dont ils interagissent avec leur manager, quelle que soit la culture des pays analysés[4]. De quoi convaincre les plus sceptiques.

Comment expliquer l'ampleur de l'importance de ces interactions avec son manager et ses collègues ?

Le principal enseignement de mes recherches est l'universalité de la quête de chaleur humaine des personnes que j'ai interviewées. J'ai écouté des jeunes, des moins jeunes, des hommes, des femmes, en France et à l'étranger, toutes catégories socioprofessionnelles confondues, y compris des dirigeants du CAC 40 et le constat est sans appel : tout le monde a besoin de sentir qu'il « fait partie de quelque chose ». Nous sommes tous (y compris votre manager) des êtres sociaux qui avons besoin d'appartenir à un groupe. Comme le dit si bien Idriss Aberkane[5] : « La pire peur d'un enfant, c'est d'être abandonné. La pire peur d'un adolescent, puis d'un adulte, c'est d'être exclu de son groupe, car le groupe (on le voit notamment dans les prisons), c'est la survie. »

Créer du lien, c'est être ensemble, entre êtres humains, animés par un esprit d'équipe. C'est sentir que l'on fait corps, que l'on partage quelque chose qui fait sens. Créer du lien revient à ressentir l'inverse du sentiment de solitude au travail.

C'est ce que nous ressentons lorsque nous partageons un souvenir, une émotion, que l'on découvre un point commun ou une qualité cachée d'un collègue. C'est ce qui arrive par magie parfois lorsque l'on se comporte simplement avec les gens, comme de simples humains qui partagent les petites choses qui font le sel de la vie. Certains disent également que c'est du *Brainfood* (de la nourriture pour notre cerveau), car les scientifiques affirment que les cerveaux des individus sont dans ce type de situation réellement « connectés ».

Finalement, si le constat est universel, quel est le problème ?

Il y a dans le monde du travail des codes *corporate* et des non-dits qui bloquent la qualité de relation.
Déménagement, fusion, transformation, équipes dispersées, changement de direction… Certaines situations cristallisent le sentiment de solitude. Par ailleurs avec l'optimisation des *process* et des échanges, nous sommes tous multitâches et n'avons plus le temps d'être présents à l'autre.
C'est ainsi que se nourrit la spirale de la solitude au travail avec ses effets néfastes : la méconnaissance des collègues génère une position défensive et une lassitude des relations humaines, qui elle-même nourrit finalement un manque de curiosité envers les autres et envers la vision globale de l'objectif de l'entreprise. S'installe ensuite le règne du chacun pour soi.

Créer du lien au travail, source de créativité, agilité, engagement et performance

Au-delà de vous et moi qui sommes convaincus, pourquoi les entreprises et managers ont également intérêt à s'intéresser à ce sujet ? Créer du lien est performant car ça donne envie de travailler ensemble.

Ça, c'est le chapitre à offrir à votre patron !
Si vous êtes convaincu de la performance du relationnel au travail vous pouvez passer directement aux chapitres suivants qui proposent des actions concrètes pour renforcer la qualité du lien dans l'entreprise. Si, en revanche, vous avez besoin d'arguments factuels, d'études scientifiques, d'exemples et de données chiffrées, c'est ici !

Le lien social est générateur de bonheur au travail, de loyauté, de créativité et de performance

Au début de mon enquête, j'ai découvert qu'un salarié qui se déclare heureux au travail est 2 fois moins malade, 6 fois moins absent, 9 fois plus loyal[6], 55 % plus créatif[7], 31 % plus productif[8]. Ces mêmes individus qui sont heureux sont plus investis dans la vie de la cité[9], plus enclins à aider les autres[10], moins enclins à être en conflit[11].
Or ce bonheur au travail est attribué pour 84 % à la relation entre collègues[12] ; 73 % au fait de se sentir utile et apprécié.

> *La relation entre collègues et le fait de se sentir apprécié font partie de ce qui relie les salariés, le sentiment d'appartenance à une communauté d'individus vivant une expérience humaine au travail. Cela signifie que le bonheur au travail est attribué en grande partie au lien social.*

Le manque de collectif tue

Une étude scientifique[13] sur ce qui fait une vie réussie a été lancée en 1938 par l'université d'Harvard. Cette étude, qui a duré 75 ans, a consisté à suivre une communauté de plus de 724 personnes pendant toute leur vie, jusqu'à la mort d'une majorité des participants. Unique en son genre, elle a été finalisée par le professeur Robert J. Waldinger, qui en a conclu que :

- *La qualité du lien avec nos relations constitue LA recette d'une bonne vie ;*
- *Le manque de connexions aux autres tue littéralement.*

Les jeunes générations assument cette quête de collectif dans l'environnement professionnel et se créent leurs propres communautés « en off » dans les entreprises. Leur quête de « tribu » étant consciente, assumée et facilitée par les outils numériques, ils tissent leurs réseaux de connaissances et s'organisent, quoi qu'il arrive, en parallèle de l'organisation officielle, ce qui effraie certains dirigeants qui ont le sentiment de perdre le contrôle.

Appartenir à un groupe participe à la quête de sens

Pendant la Seconde Guerre mondiale, Oskar Schindler, industriel nazi, a sacrifié sa fortune pour sauver un millier de juifs de l'Holocauste (cette histoire a été rendue célèbre par le film de Steven Spielberg *La Liste de Schindler*). Il justifia son action en déclarant :
« Je connaissais ceux qui travaillaient pour moi. Quand on connaît les gens, on est obligés de les traiter comme des êtres humains. »

Pour Tegan Cruwys, maître de conférences à l'université du Queensland en Australie, ce phénomène s'explique aisément : « Si les groupes ont un impact psychologique aussi fort, c'est que les humains sont avant tout des êtres sociaux. [..] Les groupes donnent un sens à la vie, en partie parce que nous atteignons davantage nos objectifs quand nous travaillons ensemble. »

Le collectif responsabilise

Natalia Karelaia, professeur des sciences de la décision à l'Insead, démontre que « plus une personne se sent connectée aux autres, plus elle a l'impression que son action peut impacter la société. Par ricochet, elle veut donner du sens à cette action et la rendre la plus responsable possible. »
De plus, le lien qui relie les salariés a un impact positif pour l'employeur : « Un échange relationnel de qualité s'établissant entre un employé et son organisation génère un sentiment d'obligation ou de réciprocité supérieur à une relation d'échange purement économique et instrumentale. Cette volonté de réciprocité en regard des échanges sociaux serait à la base des attitudes et des comportements positifs de la part des employés [14]. »

Il est également démontré que le sens des responsabilités dopé par le collectif a un impact économique flagrant dans le secteur de l'assurance. Lorsque des communautés de personnes se regroupent autour de valeurs, points communs, et qu'ils créent leur propre communauté d'assurance, les personnes paient une cotisation plus faible car il n'y a plus de fraude.

Le collectif, premier facteur de potentiel créatif et productif

La société Sociometric Solutions a développé des capteurs qui mesurent les comportements et interactions que l'on a au travail. Le capteur détecte avec combien de personnes nous sommes en interaction, la vitesse de parole, le ton, la posture… La Bank of America a déployé ces capteurs dans ses agences et a observé que les agences les plus performantes étaient celles où tout le monde se parlait.

À ce titre, Google a réalisé une étude qui apporte également des éléments précieux. Le Projet Aristote sur les conditions de la performance du travail en équipe, démontre que le premier levier pour optimiser son potentiel créatif et productif est la sécurité psychologique, cet état qui nous permet de nous sentir reliés à un groupe, d'être nous-même sans nous sentir jugés, quand les membres de notre équipe s'acceptent sincèrement. L'étude va encore plus loin, pour Google les équipes les plus performantes sont celles où ses membres sont les plus gentils.

Le facteur humain : levier de négociation

Comme le souligne Laurent Combalbert, ancien négociateur du RAID : « La négociation ce n'est pas de l'argumentaire, c'est de la relation, c'est du lien. Un des secrets de la négociation c'est d'être empathique[15]. »

Pour la négociation, un relationnel de qualité permet également d'avoir les informations confidentielles, sensibles, de déchiffrer les attentes « off » du client, d'avoir une meilleure compréhension mutuelle.

La simplicité relationnelle en affaires génère de la confiance, de la fluidité, les clients sont émus du partage habituellement peu valorisé. L'ouverture aux autres, la diversité des profils et la richesse des gens rencontrés apporte plein d'idées, la relation de proximité nouée permet de connecter les gens entre eux de façon pertinente. Des acheteurs m'ont avoué que, sur des marchés très concurrentiels, un relationnel respectueux de l'autre est non seulement plus agréable, mais également plus performant dans le temps. Cela permet de bâtir une négociation raisonnée et durable tout en défendant ses propres intérêts, ce qui ouvre l'opportunité d'un dialogue pour cocréer efficacement des offres innovantes, plutôt que de se focaliser strictement sur la négociation du montant de la virgule d'un taux horaire.

Le lien social limite les accidents liés à la sécurité et le risque de burn out

Jacques Lecomte[16] cite de nombreux travaux scientifiques pointus dans les domaines du médical, des soins à domicile et de l'hygiène qui démontrent que : « Les populations qui obtiennent le moins d'accidents de travail sont celles qui ont une attitude coopérative. »

Quant à la corrélation entre la solitude au travail et le burn out, un article de *Harvard Business Review* intitulé « Le Burnout au travail ce n'est pas qu'un sujet d'épuisement professionnel. Il reflète également une profonde solitude[17] » révèle qu'un meilleur lien social entre les individus permettrait de combattre ce fléau, enjeu majeur à la fois sociétal et financier pour les entreprises.

L'habileté dans les rapports humains : levier de progression professionnelle du manager

On sait que la réussite d'une personne ne se mesure pas exclusivement à son quotient intellectuel. *Forbes* nous apprend que les prévisions du forum économique mondial incluent dans le top 10 des compétences demandées par les organisations pour 2020 la capacité à « se coordonner avec les autres, manager les personnes… et l'intelligence émotionnelle ». C'est peut-être pour ces raisons que certaines entreprises sont allées jusqu'à l'organisation de feedback entre collègues où chacun évalue les interactions et le relationnel qu'il a eus avec les autres membres de l'équipe. Le témoignage de Céline, jeune manager d'une trentaine de salariés, illustre cela à merveille : « Quand il n'y a plus de lien les équipes décrochent, quand il n'y a plus d'émotion le manager devient une image, comme une affiche dont les propos n'ont plus d'impact. »

Comme le dit si bien Claude Onesta, ancien entraîneur de l'équipe de France de handball : « Cette osmose exceptionnelle qui nous rassemble transforme mon équipe en un bloc sans failles[18]. »

La continuité du relationnel avec son écosystème : facteur clé de succès de la transformation digitale

Comment prendre le temps de saluer ses collègues lorsque le matin nous sommes focalisés sur le simple fait de se trouver une place dans un *desk sharing*, ce concept de bureaux partagés où le salarié n'a plus de place fixe ? Comment créer du relationnel avec ses voisins de bureau lorsque ceux-ci changent perpétuellement et que l'on ne s'approprie plus son espace de travail ? Comment se dire bonjour à distance ? L'entretien annuel a-t-il alors pour objectif de combler le manque de relationnel au quotidien dans les équipes, pour prendre le temps d'échanger une fois dans l'année ?

Les salariés voient le numérique comme une menace, ils cherchent une face humaine et heureuse dans la transformation qu'ils subissent ; l'enjeu de la technologie est finalement de parvenir à relier les humains

La révolution technologique bouleverse les façons de travailler, comme témoigne une DRH en charge des équipes d'une usine : « Avant les équipes étaient plus nombreuses, elles s'épaulaient, se relayaient, se complétaient. Avec les progrès technologiques, il faut lutter contre l'isolement. » Il en est de même pour les fonctions de support technique, comme me disait une amie salariée d'un grand groupe pharmaceutique : « En *open space*, on veut tellement ne pas faire de bruit qu'on ne se parle plus. Les collègues sont désenchantés, il faut trouver quelque chose de plus fort que l'entreprise pour recréer le lien au travail ». En somme, ce n'est plus *open space* qu'il faudrait dire, mais plutôt *alone space.*

« Le fantasme de l'entreprise automatisée ne marche pas[19]*. »*

Toujours chercher ce qui relie

L'ensemble des travaux dont j'ai eu connaissance permet de conclure que des individus ayant le sentiment d'appartenir à une communauté font preuve de plus de tolérance, participent de façon positive à la coconstruction, collaborent avec curiosité, ont une meilleure qualité d'écoute, partagent l'information, gagnent du temps et sont en meilleure santé.

« La relation prime sur le plus beau des contenus. »
Paul Watzlawick[20]

Les grands principes : « Mais elle ne dit même pas bonjour ! »

65 % des salariés estiment que les relations humaines dans le travail se sont dégradées ces dernières années[21]. Au-delà de « générer de la coopération », « favoriser l'écoute », « faire preuve de respect », « faire preuve d'empathie », « mettre en œuvre la coresponsabilité » ; nous allons voir ici comment faire concrètement, avec des éléments tangibles, sur lesquels l'individu, salarié ou manager, peut avoir directement un impact en matière d'agilité, de créativité, d'engagement, de leadership, de bien-être et de performance au travail.
Tout d'abord, cela fait toujours du bien de se rappeler le minimum vital de la survie au bureau, pour que la vie en collectivité soit agréable. Cela semble évident, mais parfois oublié, c'est un mélange de politesse, d'hygiène de vie, de devoir moral et de codes culturels.
Chers lecteurs, si les actions ci-dessous vous semblent évidentes et font partie de votre quotidien professionnel, vous vous direz sans doute : « c'est du bon sens » ; « c'est bateau, pourquoi j'ai acheté ce bouquin ?! ». Mais nous n'avons pas tous le même sens du bon sens ! Au regard du nombre de managers qui, selon leurs équipes, ne disent pas « Bonjour », « Et jamais un merci ! », j'ai pensé qu'il était indispensable de repartir du minimum vital de la vie relationnelle au bureau.

Pour reprendre une phrase du *Da Vidson Code*[22], n'oublions pas que « travailler dur ne signifie pas faire la gueule » !

Le B.A.-BA du lien au travail

Dire bonjour.
Connaître l'autre commence par le saluer vraiment.
Mettre son ego de côté pour s'ouvrir à l'autre et l'écouter.
Prendre des pauses « fika »[23] même si on ne fume pas **et générer des discussions** avec des personnes que l'on ne connaît pas.
Démarrer chaque discussion professionnelle par de la conversation légère, première étape banale et informelle indispensable avant de construire des relations solides.
Limiter les e-mails, et se parler !
Couper son téléphone portable en réunion et arriver à l'heure.
Retenir les noms (prénoms) des gens.
Refuser d'écouter ou de répandre les rumeurs.
Remercier chaleureusement quand on nous dépanne.
Utiliser un vocabulaire courtois et humble : « merci », « s'il te plaît », « est-ce que je peux ? », « je suis désolé(e) de vous déranger »…
S'intéresser aux gens dans les petits détails de la vie : « Comment es-tu rentrée du séminaire hier ? », « Ça n'a pas l'air d'être la superforme, tu veux en parler ? », « La varicelle du petit, c'est terminé ?
Demander « Comment ça va ? », et s'intéresser à la réponse.

Alors, vous êtes prêt ?

Concrètement, comment utiliser ce livre ?

Créer du lien ne se décrète pas. Ce n'est ni descendant, ni un besoin de « Youplaboum », ! J'ai donc entrepris de recenser ici toutes les bonnes pratiques qui permettent de créer cette relation. Qu'on ne s'y trompe pas, l'idée n'est pas de remettre en question un système ou une façon de travailler. Ni de vouloir tous bien s'entendre, ni de faire la révolution. L'idée est de saupoudrer des petits moments pour être soudés, grâce à de nouveaux rituels, routines, qui maintiennent un équilibre dans les relations, et font bouger légèrement le curseur vers une culture de l'attention et de l'exigence bienveillante.

Ce qui relie les individus apporte du sens et du bonheur aux salariés. Et c'est aussi un vecteur de performance sociale et financière : j'ai donc décidé de comprendre les actions concrètes qui permettent de connecter les salariés entre eux et de booster l'intérêt que nous avons les uns pour les autres. Qui enclenche le relationnel et l'agilité en premier, mon manager ou moi ? C'est un peu le questionnement sur l'œuf ou la poule, nous avons tous notre part de responsabilité pour enclencher la transformation de l'entreprise. C'est pour cela que j'ai identifié les petits pas à la portée de chacun, dans tout type d'entreprise, pour créer plus de liens autour de soi.

Moteurs d'engagement parle de ce qui nous relie aux autres au travail, génère du collectif, de l'engagement. Que ce soit pour progresser en management, optimiser les négociations, renforcer la coopération et la culture du groupe, ou simplement pour vous connecter aux autres, ce livre a été écrit au service de votre objectif.

Fruit de 250 témoignages et 2 000 heures d'interviews, deux ans de recherche, l'analyse de 80 études et d'une centaine de vidéos, *Moteurs d'engagement* propose des bonnes pratiques pragmatiques et impactantes, complétées de témoignages et de chiffres clés, pour en faire – qui sait ? – une forme d'art de vivre.

• Les chapitres qui suivent sont construits de façon identique : tout d'abord un recueil de données théoriques et contextuelles sur la façon dont chaque levier génère du collectif, puis des témoignages et enfin la liste des actions concrètes que chacun peut déployer sur ce thème.
• Les bonnes pratiques sont proposées et classées en catégories dans chaque chapitre :

Des PETITES ACTIONS du quotidien pour tout un chacun, comme : féliciter, valoriser des collègues, sans raison, démarrer et terminer la journée par l'annonce d'une bonne nouvelle, finir ses rendez-vous par un feedback positif, se forcer à sourire chaque heure à quelqu'un y compris à ceux qui ne le font pas en retour.

Des actions un peu PLUS IMPLIQUANTES, nécessitant de la réflexion ou un peu d'organisation, comme stopper la critique, s'entraîner à trouver ce en quoi l'autre a raison y compris lorsque les personnes nous énervent, être à l'initiative d'une célébration pour fêter quelque chose au bureau, faire une cure de compliments, développer l'art de questionner pour comprendre les autres, parler régulièrement de l'échec, demander de pouvoir donner ses RTT à un collègue dont un enfant est gravement malade.

Des actions à destination des MANAGERS d'équipes. Le manager est concerné par toutes les actions citées dans le livre comme tout salarié, en complément, celles-ci lui sont particulièrement destinées s'il souhaite mettre en place des dispositifs pour son équipe. Exemples : Échanger en binôme avec les membres de l'équipe sous la forme d'un portrait miroir, rapporter des spécialités gastronomiques locales quand on part en voyage professionnel, installer un « mur du kif » pour célébrer les bonnes nouvelles, mettre du ludique dans les process avec l'utilisation de jeux de cartes, challenges, quiz...

Des initiatives PEU COURANTES recensées : dans cette rubrique les plus avertis trouveront les initiatives avant-gardistes peu répandues comme la venue des animaux de compagnie au bureau, les temps d'introspection, les espaces de défoulement, réunions de congratulation, fêtes de la défaite, hébergement de start-up, projets d'écriture collective sur le sens donné au projet d'entreprise, primes à l'ouverture d'esprit, nomination d'un gardien du sens en réunion.

• Pour faciliter la prise en main, les actions sont toutes numérotées.
• Une aide au « passage à l'acte » est proposée à chaque fin de chapitre. Vous pouvez y noter les propositions que vous imaginez bien tester ou que vous aimeriez proposer au travail. J'y ai ajouté un échantillon des microcontenus ayant généré le plus de discussions entre les utilisateurs de l'expérience digitale de la WE box, pour vous permettre d'enclencher tout de suite la méthode.
• Testez plusieurs actions d'un même thème, par exemple 1 action par jour, constatez le changement au bout d'une semaine et faites le point des sensations que cela vous procure.
• Testez plusieurs actions auprès de votre famille, l'air de rien, en intégrant certaines routines à la maison (par exemple : faire un gâteau pour une réunion de famille, écouter et questionner sans

parler de soi lors d'un dîner, échanger avec son conjoint sur les questions de fond de la vie, méditer, s'interdire de critiquer ou d'être négatif, encourager un projet un peu original d'un enfant...).
• Consacrez-y trois à 10 minutes par jour maximum. Démarrez par trois minutes chaque jour, ensuite quelque chose se déclenche et cela devient plus simple d'y consacrer plus de temps.
• Incitez votre employeur à déployer l'expérience digitale, la WE box[24], qui prolonge le livre *Moteurs d'engagement* jour après jour au travail. Les 365 actions y sont découpées en microcontenus saupoudrés quotidiennement à des communautés de salariés et managers, pour ancrer de nouvelles pratiques dans le temps, par étapes et en équipe.

Point de vigilance à garder en tête par les managers. Que l'on parle de « boire des coups » ou de faire du foot à midi, laissons chacun avoir son style. Après le *green washing*, traduit en français par l'écoblanchiment, qui est un procédé utilisé par certaines organisations ayant mené des actions dans le principal but d'avoir une image écologique responsable, attention désormais au *happy washing* et à la tentation de planifier de la méditation en pleine conscience pour tous.
L'objectif est que chacun trouve sa place. Certains n'aiment pas boire des coups le soir ni méditer. Si contenter tout le monde revient à faire une synthèse molle des envies de chacun, respectons la liberté d'autrui et assumons nos choix sans stigmatiser telle ou telle personne qui n'y adhère pas.

C'est parti !

LEVIER

1

Se connaître et connaître l'autre

« On est tous le voisin de quelqu'un. La connaissance de soi et de l'autre est donc le premier déclencheur de la création de lien. Nous démarrons par le chapitre le plus « psy » du livre, que cela n'effraie pas les plus pragmatiques. »

Que nous apprennent les experts ?

Se connaître est le premier pilier pour créer du lien. En effet comment s'ouvrir à l'autre si l'on ne se connaît pas soi-même ?

Voici quelques citations pour prendre conscience de ce qui est en jeu :

« Connaître les autres c'est sagesse, se connaître soi-même c'est sagesse supérieure »
Lao Tseu.

« Aime ton prochain comme toi-même »
Citation de la Bible qui signifie notamment de s'aimer en premier lieu.

« Connais-toi toi-même »
Le plus ancien des préceptes, gravés à l'entrée du temple de Delphes et repris par Socrate, cette sagesse nous incite à construire une vie dans laquelle nous faisons naturellement ce que l'on sait faire pour ensuite améliorer la qualité de la vie des autres.

Comment aller à la rencontre de l'autre ?

« L'individu qui ne s'intéresse pas à ses semblables est celui qui rencontre le plus de difficultés dans l'existence et nuit le plus aux autres [25] », nous dit le philosophe Alfred Adler.
Une étude [26] de l'université du Michigan démontre que 30 % des collégiens sont déprimés à cause de l'explosion du narcissisme et du règne du moi. La connaissance de l'autre permet d'explorer l'originalité de chacun, de s'ouvrir à ses collègues, de diminuer les clichés, de découvrir la face cachée de chacun. Selon le concept

de reliance (qui signifie « relier ») du sociologue Marcel Bolle de Bal : c'est « le partage des solitudes acceptées, et l'échange des différences respectées [27] ».
La connaissance de chacun permet également au manager d'identifier et de cultiver les forces de chaque membre de son équipe pour gagner en efficacité. Des chercheurs nous apprennent en effet que cultiver les forces de ses collaborateurs, plutôt que de tenter de corriger leurs défauts ou faiblesses, permet à chacun de gagner en performance. Le *Corporate Leadership Council* a ainsi suivi 19 187 salariés en 2002, et démontré que lorsque le manager mobilise les forces de ses collaborateurs, la performance de l'entreprise gagne jusqu'à 37 %. À l'inverse, quand il travaille sur leurs faiblesses, la performance peut chuter jusqu'à 27 % [28] .

Quand prendre le temps de connaître l'autre au bureau ?

Quand nous examinons une photo de groupe, dont nous faisons partie, qui regardons-nous en premier ? Nous sommes tous centrés sur nous-même et c'est pour cela que le relationnel n'est pas si simple au travail. Souvent, nous nous intéressons aux autres uniquement lorsqu'ils s'intéressent à nous. Nous devons inverser la tendance. Commençons l'échange, ouvrons-nous à la nouveauté, à la différence, nous pouvons nous y aventurer sans crainte !

Le sujet n'est pas d'aimer l'autre. Toutefois lorsqu'on ne le connaît pas cela fait naître des préjugés et des quiproquos qui génèrent des situations dont on a parfois du mal à se dépatouiller. Il n'est pas question de parler de ses opinions politiques ou de sa vie intime.

Nous sommes, en revanche, invités à favoriser l'échange sur nos valeurs, émotions, passions… sans avoir peur de l'inconnu et en respectant les opinions : « Regarder l'autre, l'écouter, lui sourire, s'intéresser à lui, c'est le commencement de l'être humain », nous dit Sœur Emmanuelle.

Synthèse des rencontres

Les salariés déclarent qu'on a peu l'occasion de connaître ses collègues en entreprise. Les réorganisations, les déménagements, les changements stratégiques et les arrivées constantes de nouvelles têtes s'enchaînent, ce qui génère une forme de lassitude des relations humaines professionnelles, entraînant de l'indifférence et du repli sur soi. Or, être trop lisse est ennuyeux pour tout le monde. Se connaître permet de cultiver sa différence, de ne pas se conformer au moule et d'avoir des échanges beaucoup plus profonds. Pour se connaître, nous sommes invités à faire un peu d'introspection, nécessaire pour prendre les bonnes décisions et aller à l'instinct dans une société qui nous incite à la vitesse. L'introspection nous aide à nous connaître dans toute notre originalité, avant de s'ouvrir aux autres. Une fois cette pratique ritualisée, nous sommes alors en mesure d'exprimer aux autres nos envies, nos idées, nos besoins.

« Se confier à quelqu'un est bon pour le corps et l'esprit »
David G. Myers.

Pour certains managers, aller à la rencontre de l'autre est un véritable choix stratégique.

Parmi mes rencontres, Karine Saupin-Abadia, manager RH pour le Département des Yvelines, en est le parfait exemple :
« Dans le cadre de mes fonctions, j'ai la volonté de prendre le prisme du collectif. Tout d'abord, j'ai choisi de créer du lien avec tous les niveaux hiérarchiques. Cela me permet d'être en mesure de switcher entre la vision très opérationnelle des collaborateurs en poste et la vision stratégique de la Direction. Cette proximité par la rencontre évite la rumeur. Ce sentiment d'accompagnement est très important, les personnes ont besoin de se sentir soutenues. Cela véhicule un message fort : "C'est important pour moi de passer du temps avec vous, je suis là pour vous et je serais là également dans les moments difficiles." Le temps, je ne l'ai pas, mais je le prends, c'est pour moi l'une des clés pour construire et entretenir des relations saines pour la suite, basées sur la confiance. »

J'ai également été impressionnée par la simplicité de Vianney Tuffal, Directeur Général adjoint de Waterair (29 pays, 350 salariés), qui me confia que pour développer sa posture de leader il faut à la fois faire rêver ses équipes, trouver quelque chose d'entraînant, qui fasse sens, dans lequel les gens aient envie de se donner, et « peupler ses rêves » avec ses équipes.
« Il est très difficile de raconter une belle histoire si on est en décalage avec le quotidien des équipes. Sinon, à leurs yeux, le "projet d'entreprise" c'est du cinéma. Je me déplace pour aller au contact à la moindre occasion et m'intéresser au quotidien des personnes. Mouiller ainsi la chemise sur le terrain quand on vient d'être nommé DG crée la confiance, ça rassure que le patron s'intéresse au métier. Cette accessibilité fait prendre "la greffe de la relation" avec les équipes. Le manager de proximité est souvent happé par le quotidien, or quand le patron se fait plaisir dans la technique, les chiffres ou l'expertise, il en oublie le rêve. »

Témoignage
Quel type de connaissance de l'autre au travail ?

À propos de la connaissance de soi et des autres, j'ai eu la chance d'interviewer une femme cadre dirigeante à hautes responsabilités dans un grand groupe :
« On passe beaucoup de temps au travail, autant que ce soit du bon temps, j'essaie au maximum de développer cela avec mes équipes. J'ai la réputation d'être une manageuse exigeante et juste qui fait grandir ses équipes et aime les voir évoluer. Pour cela, je veille tout d'abord à ce que les gens aient un projet commun dans lequel ils grandissent, à les embarquer sur une ambition partagée. Cela passe ensuite par la compréhension de l'environnement dans lequel on est, avec une vision holistique : découvrir quels sont les moteurs des autres, comment on peut agir, prendre du temps pour comprendre les contextes des autres, leurs enjeux, leurs freins, en quoi un projet les sert ou les contrarie.
J'ai parfois été amenée à manager des équipes que je n'avais pas choisies et que je m'étais engagée à garder, ce fut une véritable source de développement personnel que d'aller chercher les qualités des autres dans un tel contexte et c'est assez grisant. C'est aussi un mélange d'intuition, d'expérience dans le décodage des organisations, permettant d'être attentif à chacun en sortant du côté statutaire de la fonction, pour laisser l'autre se découvrir et nous donner des clés. C'est aussi lors du rituel du bonjour individualisé du matin où, en fonction du regard, de la nature de la poignée de main, on peut sentir l'humeur du jour. J'ai également institué la suppression des e-mails au sein d'un même plateau pour favoriser les échanges physiques directs, et je permets aux

équipes de se poser quand ça ne va pas, car la perfection n'est pas de ce monde. Je suis également un peu rebelle face aux non-dits et à l'autocensure en entreprise, je n'hésite pas à être un peu directe avec un peu d'humour, à mettre les pieds dans le plat en sortant de la posture institutionnelle. Je peux dire une énormité que personne n'osait dire mais que tout le monde pense, le truc énorme qui soulage et fait du bien à toute l'équipe. J'ai des antennes partout pour sentir les choses, une capacité à suivre d'une oreille une conversation dans le couloir tout en étant concentrée sur autre chose, j'ai un radar sensoriel très développé. Quand j'étais jeune on m'a appris qu'on a «deux oreilles et une bouche», je m'astreins depuis à écouter deux fois plus.
Je repense à une période particulièrement difficile que nous avons traversée dans l'adversité, en équipe, nous avions alors tous ressenti le besoin de vivre des moments authentiques autour d'un simple déjeuner, où nous redevenions simplement humains pour s'en sortir tous ensemble.»

Actions pragmatiques : Comment concrètement se connaître et connaître l'autre au bureau ?

Pour se connaître, pas de petites astuces ! Se connaître nécessite de retrouver des moments de silence dans la journée, de prendre le temps de respirer et de se poser quelques questions. Tenez bon, cette partie est la plus impliquante du livre !

Se connaître : Actions nécessitant de la réflexion ou un peu d'organisation

1

S'interroger

Interrogez-vous sur ce qui vous fait vibrer, ce qui vous inspire, ce qui se passe bien, ce qui vous procure des émotions positives (satisfaction, joie, motivation...), mais aussi sur ce qui vous fait fuir, les situations qui vous paraissent difficiles, qui polluent les journées, pour faire les choix qui vous correspondent.

Demandez-vous quelles sont vos priorités

Tout le monde n'a pas un rêve d'enfant vers lequel se tourner pour savoir quelles sont ses aspirations professionnelles (policier, chercheuse, avocat, infirmière, instituteur...). Mais il y a, à tous les coins de rue, des guides, magazines, librairies spécialisées dans le développement personnel, sans parler des numéros de téléphone de coachs qui circulent entre amis. Tout accompagnement de ce type est bon à prendre ! Cela permet d'avancer pour s'interroger. Certains vont ainsi trouver la caractéristique intéressante cachée derrière le fait de se sentir décalé, d'autres vont comprendre que leur bizarrerie fait partie de leur valeur ajoutée et qu'elle peut être utile au travail.

Se connaître, c'est aussi aller au fond de soi. On a tous nos névroses, freins à l'action, certaines peurs liées à notre éducation.

2

Connaître ses valeurs et ses talents

Pour garder en tête vos qualités et vos valeurs, commencez par les écrire sur un Post-It®, un carnet ou même votre poignet. Ces caractéristiques sont des repères à mémoriser pour ne pas s'égarer dans la relation à l'autre.

Si l'écrit n'est pas votre support préféré, récitez-les à voix haute, chantez-les, dessinez-les, dansez-les... bref trouvez la méthode qui vous les fera enregistrer pour de bon.

En fin de journée, questionnez-vous : comment avez-vous utilisé vos forces ? Comment avez-vous été en phase avec vos valeurs aujourd'hui ? Comment faire mieux demain ?

Pour vous aider à identifier les vôtres, voici la liste des 10 valeurs de base en psychologie sociale[29].

• Autonomie (créativité, liberté, indépendance, curiosité, choisir ses propres buts).

• Stimulation (vie audacieuse, variée et passionnante).

• Hédonisme (plaisir, profiter de la vie).

• Réussite (ambition, orientation vers le succès, compétence, influence).

• Pouvoir (autorité, leadership, dominance).

• Sécurité (propreté, sécurité de la famille, sécurité nationale, stabilité de l'ordre social, réciprocité des faveurs, santé, sentiment d'appartenance).

• Conformité (autodiscipline, obéissance).

• Tradition (humilité, dévotion, respect de la tradition, modération).

• Bienveillance (serviabilité, honnêteté, pardon, loyauté, responsabilité, amitié).

• Universalisme (ouverture d'esprit, sagesse, justice sociale, égalité, paix dans le monde, monde de beauté, unité avec la nature, protection de l'environnement, harmonie intérieure).

3

Identifier ses forces de caractère

C'est beaucoup plus agréable et efficace que de se focaliser sur ses défauts.

Quand vous avez une baisse de moral, quelle force utilisez-vous pour remonter ? Voici, pour vous aider, les 24 forces de caractère de la psychologie positive[30] :

• Créativité, ingéniosité, et originalité.

• Curiosité et intérêt accordé au monde.

- Discernement, pensée critique, et ouverture d'esprit.
- Amour de l'étude, de l'apprentissage.
- Perspective, sagesse.
- Courage et vaillance.
- Assiduité, application, et persévérance.
- Honnêteté, intégrité, et sincérité.
- Joie de vivre, enthousiasme, vigueur et énergie.
- Capacité d'aimer et d'être aimé(e).
- Gentillesse et générosité.
- Intelligence sociale, facilité d'insertion dans différents cadres sociaux.
- Citoyenneté, travail d'équipe et fidélité.
- Impartialité, équité et justice.
- Leadership (capacité à diriger).
- Le pardon.
- Modestie et humilité.
- Précaution, prudence, et discrétion.
- Maîtrise de soi et autorégulation.
- Reconnaissance de la beauté.
- Gratitude.
- Espoir, optimisme, et anticipation du futur.
- Humour et enjouement.
- Spiritualité, religiosité, but dans la vie, et foi.

4

Utiliser des mots déclencheurs de poussée positive

Certains mots stimulent et donnent la sensation d'être au top rien qu'en les lisant. Dressez la liste de vos mots positifs, gardez-la à portée de main et intégrez ces éléments dans les petites choses de la vie quotidienne au bureau.

Vous pouvez vous inspirer de la boîte à outils : *50 exercices pour gérer ses émotions* de Valérie Di Daniel, dont sont extraits les mots ci-dessous :

Aider Créer Maîtrise Relation

Améliorer Énergie Modèle Santé

Authentique Expertise Notoriété Simplifier

Beau Gagnant Nourrir Solution

Bon Innover Ouvrir Tendresse

Clarifier Instinct Organiser Terre

Construire Juste Prioriser Valeur

5

Lister ce dont on ne veut plus

Écrivez ce que vous voulez changer sur des avions en papier et lancez-les du haut d'une terrasse, ou sous forme de bateaux en papier qui partent voguer sur la mer.

Par exemple: « Fini le perfectionnisme », « Je stoppe la sinistrose », « Je sors de ma coquille », « Je refuse cette compétition »...

C'est symbolique, mais intéressant à tester.

6

Se dévoiler (un peu)

Il existe différentes manières de se dévoiler pour permettre aux autres de nous connaître: par la parole, par des métaphores, en parlant de quelque chose que l'on a aimé, en accueillant un objet artistique sur son bureau...

Une responsable des ressources humaines passionnée de littérature m'a raconté sa façon originale de dévoiler une partie d'elle. Lorsqu'elle souhaite être reliée à quelqu'un, pour construire quelque chose avec cette personne, elle lui offre un livre qu'elle aime, un livre qui lui parle, qui révèle un aspect de sa personnalité, dont elle apprécie le style, dont l'humour est proche du sien. « Offrir un livre que l'on aime donne à savoir sur soi, c'est intime sans l'être trop. »

Une commerciale, interviewée lors de mon enquête, m'a dit: « Pour donner envie de créer une relation avec nous, il faut montrer aux autres qu'on se ressemble en se dévoilant. Se livrer crée du lien car on se dit que la personne est en confiance pour le faire. »

Connaître les autres : Petites actions du quotidien

7

Encourager l'autre à parler de lui

En rendez-vous, au bureau ou autour d'un café, commencez par demander des nouvelles de votre interlocuteur pour le laisser parler en premier. Il a sans doute plein de choses à dire qui lui tiennent à cœur, cela lui fera plaisir. De plus, en vous empêchant de parler en premier, vous pouvez mieux l'écouter et adapter vos propos pour rebondir sur les siens. Faire le premier pas, encourager l'autre à parler de lui, s'il en a envie, parler de ce qui le fait vibrer, touche le cœur et avantage les deux membres de la discussion. Comme disait un manager interviewé : « La famille d'abord ! les gens en seront reconnaissants ! »

On ne parle pas ici de faire semblant de s'intéresser à l'autre, mais de se comporter et de le considérer comme nous le ferions avec un proche.

8

Consulter les autres

Demander aux autres leur avis, quel que soit le lien hiérarchique, permet de diffuser les bonnes pratiques, et c'est également très valorisant.

Demandez régulièrement l'avis des autres sur des domaines qui ne sont pas forcément leur cœur de responsabilité.

Ou lancez un sujet dans le bureau et créez un moment d'échange, questionnez vos collaborateurs, vos clients... et arrêtez de faire des suppositions.

9

S'impliquer dans des tâches banales et concrètes du quotidien

Au travail, sur le terrain, se créent des rencontres affectives, des liens émotionnels, un peu comme dans les vestiaires d'une équipe sportive, ou quand on prépare ensemble le feu pour le barbecue. C'est dans les petits moments anodins que se crée la confiance en toute simplicité.

Remplir le caddie pour organiser un pot de départ, partager un trajet pour aller en rendez-vous ou à une vente du comité d'entreprise, faire une nocturne dans un salon professionnel, ou apporter une solution à un souci concret du quotidien. Ces moments nous sortent de nos tâches routinières souvent morcelées, virtuelles, et sont propices à la découverte de points communs.

Lors d'une interview, une cadre dirigeante m'a confié : « Lorsque je change de job, je me mets en disposition complète pour les autres, avec une posture ouverte, pour rendre service sur n'importe quel sujet en lien avec mon domaine. Cela me permet de connaître les interlocuteurs de tous niveaux, d'être connue, et de découvrir la culture de l'entreprise sur le terrain. Lorsque les personnes m'ont bien identifiée et que cela prend un peu trop d'ampleur, je filtre et prends un peu de distance. »

10

Lire le journal interne de l'entreprise

Pour suivre les réalisations des autres et s'y intéresser.

11

Faire sa pause-café à un autre étage

Pour rencontrer les équipes avec qui vous travaillez sans toutefois les voir beaucoup.

12

Écouter vraiment

Quand quelqu'un vous parle, arrêter ce que vous êtes en train de faire pour l'écouter, ou prévenez-le si vous n'êtes pas disponible et dites quand vous le serez. Mais n'écoutez pas à moitié !

Astuce : une façon de s'y tenir lors de longues conférences téléphoniques, où chacun est tenté de faire autre chose, est de proposer l'usage de la caméra pour garder le lien avec son interlocuteur et mieux se concentrer sur l'échange en cours.

13

Demander comment ça va ?

J'ai compris un peu tard que cette tradition du « Comment ça va ? » ou « Comment allez-vous ? » tient plutôt de la routine de politesse anglaise « How Do you Do? » à laquelle on répond « How Do you Do? ». N'y voyons pas ici un manque d'intérêt pour la personne, mais plutôt une forme de bienveillance qui va plus loin que le simple « Bonjour ». Adopter cette formule complète, que ça aille ou non, c'est se conformer aux règles de la société. Car il s'agit bien d'un code de la vie en société. Le relationnel en entreprise regorge de codes, c'est en ayant ou pas les mêmes codes que quelqu'un s'intègre plus ou moins dans un groupe au travers du vocabulaire, de la façon de s'habiller, du comportement, de l'attitude, des postures... reflets des aspects socioculturels et de l'éducation des uns et des autres. Bref, moi ça va merci, et vous, comment allez-vous ?

Connaître les autres : Actions un peu plus impliquantes, nécessitant de la réflexion ou un peu d'organisation

14

Être réellement ouvert à la discussion, sur tous les sujets

Questionnez (par petites touches, sans enquêter comme un inspecteur !), demandez comment, pourquoi ? Soyez curieux pour comprendre l'originalité des autres, leurs motivations, leurs objectifs de vie. Ne soyez pas d'accord sur tout pour générer des discussions avec un minimum de relief.

15

Proposer de grignoter

Toutes les occasions conviviales sont bonnes pour apprendre à se connaître, créer de la complicité professionnelle, casser les moules hiérarchiques et équilibrer les relations.

La nourriture tient une place importante quand on évoque le relationnel au bureau, elle est citée massivement : « la brioche du vendredi », « les chouquettes du matin », « les gâteaux faits maison », « la madeleine du partage », sans oublier les croissants, déjeuners, dîner, apéro, afterwork, dîners d'équipe, ateliers cuisine, tablette de chocolat dans le tiroir, ou fruits et noix pour les plus *healthy*.

Dévoilez-vous en apportant une spécialité régionale que vous apprécié, ou en cuisinant votre recette préférée apprise de votre grand-mère.

Que vous soyez salarié, manager, client, prestataire... suscitez des occasions d'apprendre à se connaître : apportez des bonbons pour célébrer un recrutement, un nouveau contrat, les grands succès comme les petits, les fiertés de la semaine, les victoires...

N'oubliez pas que le point de rendez-vous essentiel au lien social est le café, même si on ne boit pas de café (comme la pause non-clope pour ceux qui ne fument pas !).

Proposez à un collègue de déjeuner ensemble, sans raison particulière.

Organisez des apéros, after-work, avec des paris sportifs sans enjeu financier comme le « Vendée Globe virtuel », ou des déjeuners surprises : tirer au sort des noms de salariés, collègues ou non, et déjeuner ensemble.

16

Créer des occasions conviviales

Organisez des « challenges points communs » entre plusieurs personnes en un minimum de temps. Par exemple : trouve quelqu'un de 20 ans de moins ou de plus environ (ou quelqu'un dont on est très différent, d'un point de vue vestimentaire, taille, poids, âge, sexe, style...) qui a un point commun avec toi.

Organisez un challenge sportif connecté pour compter le nombre de pas de chacun et récompenser une association de santé.

Des applications et des accessoires connectés comptent le nombre de pas effectués par chaque équipe dans une période donnée. L'entreprise remet *in fine* à une association caritative une somme fixe pour chaque millier de pas. Ce type de challenge couple la convivialité et le sport au service d'un projet caritatif, trois thématiques qui soudent car génératrices à coup sûr de souvenirs et d'émotions.

17

Utiliser les services collaboratifs

Au-delà du monde du travail, l'utilisation de services collaboratifs comme la vente entre particuliers, le prêt de maison, le covoiturage... permet de s'entraider, sans enjeu professionnel, dans le plaisir de l'échange humain avec des inconnus, en toute simplicité, où chacun se jette à l'eau et fait l'effort de donner le meilleur de soi.

18

« Réseauter » aussi en interne

Connaître l'autre, c'est aussi inviter des personnes d'autres étages à déjeuner, et ne pas s'enfermer dans son service.

Faites le premier pas sans qu'il y ait de raison particulière, invitez votre interlocuteur de la DAF, la DSI ou des Achats à déjeuner pour faire connaissance, comprendre ses enjeux et évoquer les vôtres, découvrir des points communs, des avis convergents. N'attendez pas de devoir le relancer au sujet d'une facture pour le faire, et si c'est le cas consacrez-y cinq minutes maximum à la fin du déjeuner, sinon c'est un peu indigeste comme invitation. Organisez des déjeuners avec les nouveaux arrivants des autres services, c'est une belle façon de les accueillir. Et pour les plus timides, c'est un prétexte tout trouvé pour les inviter.

Dans les structures de taille importante vous étofferez ainsi petit à petit votre réseau interne, par exemple à raison d'un déjeuner par semaine.

19

Adopter un regard neuf

Allez vers quelqu'un que vous n'appréciez pas particulièrement et tentez de faire connaissance avec lui le plus objectivement possible. Cela est également valable pour les personnes dont tout nous sépare a priori.

« Si même le plus sphérique des connards est cabossé quelque part, il faut une grande patience pour trouver l'angle sous lequel il pourrait être votre ami [31] » est un théorème social puissant. À vous de trouver cet angle...

Connaître les autres : Vous êtes manager…

Actions que vous pouvez mettre en place vous-même

20

Identifier un « allié »

Pour de grosses équipes ou éclatées à distance, il n'est pas aisé de connaître l'ensemble de ses salariés. Dans ce cas, des relais sont utiles. Repérez dans votre équipe une personne qui pourrait vous alerter ou vous donner des conseils sur les attentes de l'équipe en matière d'ambiance, de relations, de coopération, en passant par les petits incidents ou les grandes nouvelles de la vie qui font que certains sont ponctuellement moins engagés.

21

Garder des entités à taille humaine

Veillez à limiter la taille des services pour favoriser les échanges. Constituez des équipes où tout le monde a l'opportunité de se connaître, tout en étant membre d'une communauté variée.

22

Sortir du cadre de l'entreprise

Il y a certes le « management bistrot » et le côté désinhibant du « hors-bureau » où l'on boit des coups et on se dit plus facilement les choses. Il y a également la possibilité, plus sobre, de sortir du cadre de l'entreprise, de se parler en dehors du bureau, en marchant ou en discutant en voiture sur le trajet d'un rendez-vous. Ces formats créent une atmosphère plus conviviale, d'autant plus que l'on est dans ce cas côte à côte et non en face-à-face. En effet, le psychologue Albert Mehrabian et les travaux sur la communication non verbale[32] nous apprennent que le face-à-face crée un climat de confrontation contrairement au côte-à-côte qui créé une forme de ressemblance qui rapproche. En témoignent les émissions de télévision qui se déroulent dans une voiture pour favoriser le lâcher-prise : « Il y a souvent des moments de vérité dans une bagnole, ce décor informel où on regarde le paysage et où on se laisse transporter[33] », analyse Jean-Pierre Montanay, le rédacteur en chef de l'émission *Punchline* sur C8.

23

Créer une bulle de confidentialité

Pour ce qui est des discussions en face-à-face lorsqu'on peut difficilement sortir du cadre de l'entreprise, de nouveaux concepts de fauteuils-cocons qui encadrent, isolent des autres au niveau acoustique et visuel sont propices à un échange avec plus de proximité.

24

Faire les trajets avec les équipes

Rien ne rompt plus le lien qu'un patron qui voyage en business quand un collaborateur voyage en classe éco (je l'ai vécu !), ou quand un manager a une voiture de fonction et que les collaborateurs prennent le bus. Ces trajets communs sont l'occasion de vous montrer accessible après un séminaire ou un rendez-vous avec un client.

Actions habituellement mises en place après réflexion avec les équipes

25

Laisser de l'autonomie

Les process et le manque de temps limitent parfois la sincérité de la relation nouée avec les clients. Il existe pourtant une quantité d'initiatives originales sur ce thème.

Zappos est une société réputée pour ses actions en faveur du relationnel au travail, chez qui les téléconseillers peuvent notamment discuter avec leurs clients pendant trente minutes sans aucun script. Les téléconseillers sont donc libres, dans ce laps de temps, de créer la relation qu'ils souhaitent avec les clients, que ce soit par le biais de l'humour, de la bienveillance... Aucun discours ne leur est imposé. Cela n'a semble-t-il pas pénalisé les ventes, bien au contraire, cette société a été mise en exemple à de nombreuses reprises pour sa croissance et ses succès financiers.

26

Créer les conditions pour que les individus s'expriment

Créez des occasions pour que chacun trouve des problématiques communes avec ses collègues ou son manager, pour sentir qu'au final nous sommes tous pareils.

Impulsez la création de communautés de salariés par centre d'intérêt, et de communautés soudées par des passions liées à l'entreprise (high-tech, développement durable, sport, art…). Ce sont des lieux de partage, d'apprentissage, de motivation, et des sources d'énergie lorsqu'elles sont gérées par les salariés eux-mêmes en totale autonomie.

J'ai découvert plusieurs expériences très positives autour du chant et de la musique. C'est un cadeau offert aux autres salariés lors de concerts sans prétention, les répétitions soudent, sans compter que les vibrations occasionnées et la respiration profonde nécessaire sont génératrices de bien-être. Des communautés d'intérêt émergent aussi sur les réseaux sociaux d'entreprise, comme ceux qui partagent des citations inspirantes.

Les communautés de passions peuvent être force de proposition et d'innovation pour l'entreprise si elles ont un mode de fonctionnement non structuré, sans contrôle par la direction : végétalisation des bureaux par un groupe « amateurs de nature » ou photos du journal interne par les membres du groupe « amateurs de photos ».

27

Proposer aux équipes de trouver leurs forces

Reprenez la liste des valeurs qui déclenchent des poussées positives (page 44), affichez-la sur votre bureau et encourager vos équipes à trouver les leurs pour échanger sur ce sujet.

28

Faire appel aux services d'un coach d'équipe

Étudiez la possibilité de mettre en place du coaching d'équipe pour réfléchir à la maîtrise de soi, la gestion des conflits, la relation à l'autre, la gestion des erreurs... C'est une pratique courante dans les entreprises adoptant des nouvelles formes de travail et d'organisation, où l'accent est mis sur la performance collective et le partage des décisions.

Formez-vous au codéveloppement, à l'intelligence émotionnelle, à la méthode intitulée *Process communication*, aux techniques d'écoute...

29

Discuter en équipe

Il est important de partager sur ses rêves, ses convictions, ce qu'on aime. Or le cerveau nous amène plus naturellement à parler de ce que l'on ne cautionne pas ou que l'on n'aime pas. Un exercice consiste à échanger en binôme, ou discuter en équipe sous la forme d'un portrait miroir où chacun se présente en répondant à des questions de fond: en discutant de ses forces, talents et qualités, chacun se retrouve mis en valeur, pour échanger en transparence et apprendre à se confier vraiment. Pour cela un temps privilégié au calme est opportun.

Voici un échantillon de questions qui permettent de faire connaissance. Vous pouvez par exemple en aborder une pour démarrer chaque réunion d'équipe, ou organiser des déjeuners de conversation où chacun choisit à tour de rôle une question par semaine, et s'il veut répondre ou passer son tour. Les participants peuvent en choisir certaines et éviter celles qu'ils ne souhaitent pas aborder. Les questions sont plus ou moins impliquantes, à adapter en fonction du contexte, du profil des personnes et du degré de connaissance des équipes...

- Qu'aimiez-vous faire quand vous étiez enfant ?
- Vous vous réveillez avec un superpouvoir demain matin, quel est-il ?
- Quelles activités vous font perdre la notion du temps ?
- D'où venait votre premier euro gagné et comment ça s'est passé pour vous ?
- Quelle est pour vous la meilleure façon de vieillir ?
- Que n'aimez-vous pas chez les autres ?
- Si vous deveniez imprévisible que feriez-vous ?
- Qu'aimez-vous faire de vos mains (bricolage, musique, créations, rangement, cuisine...) ?

Connaître les autres : Initiatives peu courantes recensées

30

Mettre en place des temps de silence

Pour être plus « en conscience » dans vos actions du quotidien, proposez la ritualisation d'une « heure d'introspection collective », la lecture de textes apportés par chacun ou la pratique du recueillement.

Intel a lancé des « Quiet Time » qui consistent à couper, une fois par semaine ou par mois, toute sollicitation durant les quatre premières heures de la journée pour se mettre au calme : téléphones sur répondeur, boîtes e-mails désactivées, affiches « Do not disturb » sur les portes, réunions limitées...

31

Favoriser l'échange physique entre les salariés

Vous pouvez par exemple organiser une « journée sans e-mails », voire allez plus loin en proscrivant leur usage si la personne est à moins de trente mètres. Fournissez des autocollants à ceux qui jouent le jeu « Pas d'e-mail aujourd'hui : je participe » pour diffuser leur engagement.

32

Créer un lien en amont des entretiens d'embauche

Certains ont mis en place des forums de discussion avec les réseaux de candidats intéressés par leur entreprise.

Chez Zappos, par exemple, il n'y a plus d'offre d'emploi. Tout candidat souhaitant intégrer cette société est invité à échanger avec les collaborateurs *via* un réseau social. Si, au fil des échanges, le candidat semble en adéquation avec l'entreprise et sa culture, des opportunités professionnelles lui sont alors proposées.

Dans un autre style, chez BlaBlaCar, les salariés sont recrutés parmi les utilisateurs du service de covoiturage, parfois même au sein des ambassadeurs les mieux notés.

33

Proposer un contrat relationnel

Proposez un contrat relationnel aux membres de vos équipes, pour que chacun exprime ses attentes et besoins relationnels, les sujets à aborder ou non, le style et la fréquence souhaités de contacts informels, l'utilisation de l'e-mail pour tels ou tels sujets, et autres clés sur la façon dont chacun fonctionne en groupe... Ce contrat n'est pas un nouvel outil juridique contraignant, il s'agit plus d'un pacte, d'un accord informel, fruit d'une discussion qui précise les attentes de chacun.

34

Créer un agenda d'équipe

Inscrivez les grandes échéances et informations clés du mois pour l'équipe, par exemple un support papier en grand format dans un lieu de passage. Cette pratique vient du constat, en familles notamment, que la connaissance des emplois du temps, contraintes, échéances concrètes des membres d'une communauté est génératrice de liens, notamment par les sujets de conversation que cela engendre.

De même qu'un parent voyageant beaucoup peut ainsi rebondir plus facilement sur telle compétition, tel rendez-vous médical, tel passage du code ou cours de natation pour rester en lien avec ses enfants (« alors comment ça s'est passé ? »), tout membre d'une équipe s'intéresse ainsi plus facilement à son collègue en le questionnant sur sa présentation importante réalisée, son appel d'offres rendu, sa mise en production ou son échéance budgétaire.

Passage à l'action

Actions que je vais faire lundi prochain :

....
....
....
....
....
....
....
....

Actions que je vais planifier dans le mois :

....
....
....
....
....
....
....
....

Actions que je vais proposer à mon entreprise :

....
....
....
....
....
....
....
....

• Astuce de la WE box pour passer à l'action :

Ne cherchez pas à changer ce que vous faisiez avant, mais ajoutez petit à petit des nouvelles actions positives à vos anciennes habitudes. Pour partir à l'aventure vous pouvez également piocher une action au hasard parmi les premières de la liste et l'expérimenter dès demain.

• Ils ont appliqué les bonnes pratiques *via* la WE box et m'encouragent :

« Ça supprime les *a priori* sur les contraintes et métiers de chacun. Ensuite il y a des personnalités qui se révèlent. »

• Les 2 bonnes pratiques qui génèrent le plus de discussions dans la WE box :

#NewRituel – Quand vous entendez une information (untel cherche quelque chose, ou a découvert quelque chose, perso ou pro...), identifiez quelqu'un qui serait intéressé et partagez-lui l'info. Votre défi du jour ? Le faire au moins 10 fois. Go !

#SavoirUtile – Le SmallTalking, c'est mettre à l'aise quelqu'un en s'intéressant à ses hobbies, en partageant des choses qui nous ont amusés dans la journée ou étonnés, donner ses bons plans personnels... Êtes-vous déjà un SmallTalker convaincu ? Racontez la dernière fois que vous l'avez fait.

LEVIER 2

Reconnaissance

> *Dans la fameuse pyramide de Maslow*[34]*, le besoin de considération, d'approbation et de reconnaissance fait partie des fondamentaux pour éprouver de la satisfaction dans la vie. Or ce besoin est le moins satisfait au travail.*

Que nous apprennent les experts ?

Pour les salariés, « la souffrance au travail est souvent l'expression d'une faible considération pour ce qu'ils sont et ce qu'ils apportent à l'entreprise[35]. »
Si certaines entreprises revendiquent une « culture de la discrétion » concernant les individus qui la composent, poussée à l'extrême l'indifférence décourage, donne envie de quitter son employeur pour un autre contexte plus gratifiant. Un environnement sans reconnaissance est brutal.
Selon une étude[36], manquer de reconnaissance est l'une des causes les plus courantes de la souffrance au travail : 7 salariés sur 10 en souffrent.
William James, souvent présenté comme le fondateur de la psychologie en Amérique, disait à ce titre que « le principe le plus profond de la nature humaine c'est la soif d'être apprécié ».
En 2012, une étude[37] a démontré qu'une majorité de salariés estiment que le rôle du manager n'est pas de donner du sens aux objectifs des salariés, mais de « valoriser leur travail ».
Contrairement à la maison que l'on retape nous-même, nos actions professionnelles sont de plus en plus abstraites et nous ne voyons que rarement les effets concrets de notre travail. Il faut donc trouver d'autres leviers de reconnaissance. Selon l'étude « Les balbutiements de la reconnaissance au travail en France[38] », la principale source de reconnaissance est celle des collègues de service pour 72 % des salariés interrogés. Il semble que la reconnaissance des employeurs porte principalement sur les résultats des équipes (78 % des répondants) et non sur les efforts fournis ou la pénibilité du travail (46 % des répondants). Et seuls 36 % des employeurs envisagent un changement à la marge de leur politique de reconnaissance.

Là aussi nous pouvons tous œuvrer au quotidien dans nos équipes. Féliciter est une façon de montrer à l'autre qu'on reconnaît ce qu'il fait de bien. « Selon une étude clinique menée au Canada, un mot d'encouragement, un témoignage d'attention, feraient baisser le stress de 32 % chez les hommes et 44 % chez les femmes », écrit Philippe Rodet, médecin, consultant en entreprise et auteurs d'ouvrages[39] sur le sujet. Ne nous privons pas de témoigner notre reconnaissance par des feedback :

> *« Quand il ne reçoit aucun feedback, la performance (d'un salarié) peut chuter jusqu'à 32 %. À l'inverse, quand son manager lui montre des signes de reconnaissance, ses performances peuvent grimper de plus de 40 %[40] »,* nous prévient Yves Le Bihan.

Synthèse des rencontres

La reconnaissance attendue ne s'arrête pas à nos résultats professionnels. Les salariés réclament, au contraire, la reconnaissance que l'existence ne se limite pas à l'entreprise ; cela passe par la possibilité de reconnaître nos engagements sportifs ou associatifs, nos valeurs et nos projets...

Comment connaître nos similitudes avec les autres alors que notre cerveau perçoit d'abord les différences comme des signes de danger ? En étant attentif aux autres. Nous sommes tous gagnants, car les neurosciences nous apprennent que lorsque l'on prête attention à ses semblables, ils nous le rendent en nous portant également attention. Être attentif passe par l'écoute, pour comprendre son collègue ou collaborateur et pouvoir ainsi lui expliquer les choses en transparence.

Ensuite vient la reconnaissance de l'autre, lorsque l'on a compris qu'on est plus fort en équipe que seul et que cet autre a également besoin d'assouvir ses besoins de la pyramide de Maslow. C'est alors à nous de le reconnaître dans ses différences, reconnaître les talents des uns, les qualités des collègues, l'engagement du manager…

Enfin, nous sommes invités à reconnaître, y compris en public, dès que quelque chose de positif est constaté. Pour y parvenir, il est nécessaire d'apprendre à être présent à l'autre, ce qui nécessite un effort important face à l'intensité du rythme du travail. On ne parle pas de flatter l'ego de façon grossière, mais d'une écoute présente et d'encouragements sincères.

Témoignages

Une amie, directrice des achats dans un grand groupe, m'a rapporté quelques-uns de ses bons moments au bureau qui illustrent la notion de reconnaissance par l'employeur. Son entreprise avait demandé à une championne de ski de venir témoigner sur ses exploits sportifs, une façon peut-être de donner aux salariés le goût de la prise de risque et de l'action.

Dans le déroulé de l'événement, plutôt que de mettre en valeur le comité exécutif, la direction s'est totalement effacée et a proposé aux salariés passionnés de ski de mener eux-mêmes l'interview de cette personnalité. Mon amie et ses collègues ont, à cette occasion, découvert qu'untel de la comptabilité avait fait sport-étude dans sa jeunesse et gagné des championnats de ski, qu'une telle de la communication avait gravi tous les échelons des championnats de France junior, qu'un troisième était incollable sur tout le matériel du ski professionnel… Les collègues ont ainsi découvert la « face cachée » de leurs voisins de bureaux, notamment leurs compétences et valeurs liées au sport qui s'avèrent très présentes au bureau, comme le leadership, la gestion du stress, la capacité à se dépasser, l'esprit d'équipe... « C'était un vrai cadeau d'entendre ces salariés-collègues passionnés, l'employeur s'est mis en retrait pour que les liens se créent. » Liens tissés, envie d'en savoir plus, sentiment d'appartenance étaient soudainement renforcés par cette initiative.

Un des autres exemples de reconnaissance au travail qui m'a marquée a été la mise en place chez Christian Dior Couture d'un programme de mentoring atypique. Karin Raguin, directrice développement des talents, me l'a raconté :
« Des jeunes femmes salariées, de moins de 30 ans, sélectionnées pour leur talent, dans tous les pays, ont été invitées à *mentorer* des jeunes étudiantes pour leur donner confiance en elles, insuffler l'habitude de cultiver son réseau, transmettre des clés sur le fonctionnement des entreprises et les accompagner dans leur recherche d'emploi. Au-delà de l'intérêt évident pour les étudiantes bénéficiaires du service, du plaisir et de l'effet miroir qui fit grandir les deux parties participantes, la vertu de ce type de *mentoring* pour les jeunes salariées élues a été une reconnaissance publique de leur talent et de leurs qualités professionnelles par leur employeur qui leur a proposé un challenge qui semblait les dépasser : devenir mentor après seulement quelques années d'expériences professionnelles ! »
Au cours de mes rencontres, d'autres personnes ont témoigné du succès du *mentoring* inversé. Des stagiaires ou des jeunes recrues forment les salariés plus anciens aux apprentissages qu'ils ont eus à l'école, que ce soit dans des domaines de la technologie (web, datas...), ou sur les nouvelles tendances (économie collaborative,

design thinking…). Ces moments semblent particulièrement forts. La discussion avec Nicolas Froissard, DG du groupe SOS, s'orienta également rapidement vers l'importance de la reconnaissance. « L'amour, c'est regarder ensemble dans la même direction, entend-on souvent ! Mais finalement le travail aussi non ? Les cadres et leurs équipes doivent partager le sens de l'action pour qu'elle soit la plus efficace possible. La direction d'une entreprise, les managers, peuvent prendre leurs décisions seuls. Mais ces décisions et leur mise en œuvre seront plus efficaces si elles ont été préparées collectivement. Avec mon équipe nous nous sommes installés il y a deux ans dans les anciens bureaux de *Charlie Hebdo*, locaux appartenant à la Ville de Paris et dont personne ne voulait. Je pensais que c'était une opportunité : le siège de notre groupe devenait trop petit ; les locaux de la rue Nicolas-Appert avaient la taille parfaite pour mon équipe et l'immense avantage de se trouver à 3 minutes à pied du siège dont nous devions rester proches géographiquement. Je ne sais pas ce qui se serait passé si, avec mes proches collaborateurs qui partageaient mon avis, nous avions dit à l'ensemble de l'équipe : "Voilà, prenez vos affaires, on va s'installer dans les anciens locaux de *Charlie Hebdo*." Ce lieu n'est pas tout à fait neutre. Nous avons insisté sur le fait que nous pensions que c'était une opportunité intéressante, mais que nous prendrions le temps nécessaire pour en discuter. Il y a eu des visites, des échanges nombreux, certains avaient besoin d'être rassurés ou juste de parler, chacun a pu aussi se projeter et dire ce qu'il aimerait comme agencement, décoration… Nous avons pris le temps du partage, et nous sommes tous fiers aujourd'hui d'avoir redonné vie à ces locaux. Il y a un foisonnement d'idées utiles pour nos concitoyens et beaucoup de joie dans ces murs, c'est aussi notre façon de rendre hommage à ceux qui y ont perdu la vie. Même si nous n'en parlons évidemment pas tous les jours, je crois que cette fierté nous unit. »

Actions pragmatiques : Comment concrètement témoigner de la reconnaissance au bureau ?

Reconnaissance : Petites actions du quotidien

35

Écrire vos fiertés dans un carnet

Chaque soir, écrivez ce que vous avez le plus apprécié de vous-même durant la journée : vos sources de fierté personnelles et professionnelles, ce qui a bien fonctionné, les projets que vous avez menés à terme.

36

Se fixer des petits challenges pour apprendre à écouter les autres

À la cafétéria, posez trois questions à un collègue que vous ne connaissez pas très bien, et écoutez ses réponses sans parler de vous.

37

S'entraîner à féliciter

Entraînez-vous à valoriser quelqu'un, y compris sur des aspects personnels : une nouvelle tenue, une couleur bien choisie...Il y a forcément des bonnes nouvelles, des succès à célébrer même au-delà de votre équipe ou de votre *open space*. Prenez l'habitude, le plus souvent possible, de féliciter sincèrement un collègue, sans protocole : « C'était top ce que tu as dit ce matin/le projet de la semaine passée », « j'ai trouvé ton compte rendu superclair ».

38

Prendre conscience des mercis

Notez le nombre de fois où des collègues ou vos managers vous disent : « Merci ».

39

Identifier les trois personnes qui comptent pour vous au travail

Celles qui vous font grandir professionnellement, qui vous transmettent leur optimisme, vous apportent une vision stratégique claire, sont à votre écoute face à une situation complexe, vous font rire, contribuent efficacement à vos projets ou encore celles qui ont des idées qui vous intéressent... Et trouvez votre propre façon de leur témoigner votre reconnaissance (en vous inspirant si besoin des bonnes pratiques de ce chapitre).

40

Complimenter votre patron

C'est tout à fait possible, si lui aussi se donne du mal !

Lorsque je cite cette bonne pratique, certains sourient, pourtant, pour avoir interviewé de nombreux dirigeants, je peux vous affirmer que la plupart sont également en quête de sentiment d'appartenance à cette aventure collective que l'on recherche tous. Alors tentez le « Bonjour, c'était intéressant votre discours hier », « Merci pour votre soutien pendant la réunion de ce matin ».

41

Répondre aux e-mails dans la journée

Sinon, prévenez vos collègues ou vos clients de la date à laquelle vous pourrez apporter une réponse à la question posée. L'absence de réponse à un e-mail est perçue comme impolie.

42

S'adresser au groupe

Lorsque vous parlez devant plusieurs personnes, adressez-vous à l'ensemble du groupe, sans exclure personne.

Reconnaissance : Actions un peu plus impliquantes, nécessitant de la réflexion ou un peu d'organisation

43

Faire de la place au silence

Dans une discussion, pour rester connectés à vos valeurs, vos envies, votre authenticité, prenez une respiration avant de parler. Ne redoutez pas les silences et prenez l'habitude de laisser s'écouler deux secondes avant de reprendre la parole.

44

S'entraîner à accepter les autres

Cbservez les gens sans les comparer, sans les envier, et sans juger ; soyez attentifs à ce qui nous rassemble et non à nos différences ; ne vous souciez plus de l'effet que vous faites.

45

Témoigner sa reconnaissance

Les témoignages de reconnaissance peuvent être ascendants (vers votre supérieur), descendants (vers vos équipes), à votre attention, ou transversaux, à destination d'un collègue. Cela peut se faire en constatant la progression de l'équipe sur des qualités humaines, comme la bienveillance, l'écoute, la ténacité… pas uniquement sur les résultats tangibles qui parfois dépendent d'autres facteurs externes.

Encouragez la diffusion du travail bien fait, le vôtre, mais aussi celui de vos collègues. Mettez en avant l'importance que chacun des salariés avec ses diversités de fonctionnement : les introvertis, les extravertis, les cultures différentes, les sentimentaux, les logiques…

46

Adopter des rituels collectifs

La reconnaissance passe par des rituels collectifs, comme applaudir en fin de journée ou lors d'une bonne nouvelle, ou écrire un petit mot à chacun pour reconnaître l'effort.

L'armée est un exemple où la reconnaissance de la place de chacun est particulièrement ritualisée, notamment au travers de la cohésion qui unit les militaires dans le contexte d'éloignement familial. « La cohésion, pour les militaires, n'est pas un vain mot. Esprit de corps, solidarité, expérience commune sont au cœur de la cohésion. […] Pour cela, il y a d'ailleurs des trucs, des ingrédients, des ficelles… C'est […] le fait qu'il y a un chef, le drapeau, les symboles, le cérémonial, mais aussi le sport, l'attention portée à chacun des hommes, qui fait qu'ils ne se sentent pas considérés comme des numéros[41]. »

OzVision, entreprise installée au Japon, organise chaque matin une courte réunion intitulée « C'est nouveau ou c'est bien », un rituel qui témoigne de la participation de chacun à des événements ou à des moments importants de la vie de l'entreprise.

Certains managers ont des rituels pour célébrer le lancement de chaque nouveau projet, y compris à l'échelle d'une petite équipe.

Dans un tout autre style, une équipe de consultant a pris l'habitude de faire circuler un trophée en forme de « H » (H comme *Happy*) pour célébrer la réalisation d'une action positive dans la semaine. Celui qui a été identifié comme exemplaire sur le sujet reçoit le trophée, le garde toute une semaine sur son bureau. Il est invité à observer le comportement de ses collègues pour remettre à son tour le trophée à une autre personne la semaine suivante.

47

Organiser un « vis ma vie »

Pendant une heure ou deux (voire plus selon les métiers), échanger votre poste avec celui d'un collègue d'un autre service. Ce moment de partage en binôme permet de découvrir le métier d'un collaborateur.

Une agence événementielle réunionnaise de dix personnes est allée jusqu'à l'organiser pendant deux jours pour l'ensemble du personnel, y compris sa dirigeante, avec un tirage au sort des rôles attribués, pour que chacun rentre véritablement dans le métier de l'autre.

D'autres techniques permettent de partager l'information et les expériences, par exemple des interviews ou mini conférences TED d'une dizaine de minutes où les salariés peuvent présenter à la cafet' leur service, leur métier, dans un format prédéfini.

48

Donner, recevoir et demander du feedback

Donner et recevoir du feedback, c'est échanger avec son équipe et/ou son manager sur les moments où l'on s'est senti au top, ceux où l'on a ramé, sur ce que l'on apprécie ou que l'on aimerait voir évoluer. C'est aussi demander l'avis des autres et écouter ceux qui sont sur le terrain. L'absence de feedback est une agression, car nous nous sentons alors indigne d'être là.

Voici quelques exemples : « As-tu eu des doutes ? Est-ce que j'ai répondu à tes attentes ? Qu'as-tu pensé de cette situation ? Est-ce que tu as compris ma démarche, et celle du client ? » Ce type de feedback est important après à un événement délicat.

Les rois du feedback finissent leurs réunions par un tour de table du type : « Bon, on s'arrête là et on débriefe : qu'est-ce qu'on a pensé de cette réunion ? Qu'est-ce qu'on en retient ? »

L'enjeu est de créer la confiance nécessaire pour que les équipes s'expriment. Si l'on va chercher le feedback auprès des autres, ils nous sollicitent naturellement par retour pour en donner.

49

Se remémorer les bons moments

Une autre forme de reconnaissance s'illustre vis-à-vis des salariés les plus anciens, les fondateurs ou piliers qui ont laissé une trace. Il est important de se souvenir des bons moments, des épreuves franchies et des joies qui ont marqué l'histoire de l'entreprise. Cela peut passer aussi par la création d'une forme de tradition d'entreprise.

50

Informer les bonnes personnes

Lorsque l'on travaille avec des équipes sans avoir avec elles de lien hiérarchique, la qualité de la relation de partenariat et de confiance nouée se mesure souvent lorsqu'une personne est à l'origine d'un dysfonctionnement. Plutôt que de cueillir cette personne pour la prendre en défaut et alerter son manager, les « champions de la coopération » préfèrent informer en direct la personne responsable de soucis avant de prévenir leur manager. Cela lui donne le temps de réfléchir aux explications éventuelles, lui fournit des éléments pour travailler et affiner son dossier avant de voir son manager.

Ce comportement est un exemple concret de la façon dont la reconnaissance et le respect se manifestent au quotidien. Au-delà des grandes déclarations, se crée ainsi une relation constructive de partenariat dans la durée.

Reconnaissance : Vous êtes manager…

Actions que vous pouvez mettre en place vous-même

51

Regarder derrière le poteau

Les managers qui veillent à être en relation avec leurs équipes sont vigilants à la qualité du « Bonjour » quotidien, où ils cherchent à voir les visages de chacun, y compris ceux qui sont de dos ou derrière un poteau.

52

Retenir un maximum de prénoms

Appeler les gens par leur prénom/nom, ça demande un gros effort, mais ça humanise les entreprises de taille importante. Une bonne façon de se souvenir des prénoms est de les répéter ! Dans les échanges écrits, on sous-estime d'ailleurs souvent l'importance de l'orthographe du prénom/nom de nos interlocuteurs, soyez vigilants. Quand la patronne de Posson Packaging (entreprise de 25 millions d'euros au management horizontal) a reçu la Légion d'honneur, en guise de discours elle a énuméré les prénoms de la centaine de salariés de la PME de Sablé-sur-Sarthe, pour les remercier un par un. J'avais un collègue, Éric, qui faisait l'effort d'appeler tout le monde par son prénom, quels que soient les grades et quel que soit le nombre de personnes croisées dans la journée. C'était tellement agréable que le directeur général l'avait d'ailleurs donné en exemple : Éric avait été applaudi par les salariés, car son effort nous faisait du bien à tous. Cela devait lui demander un sacré travail de tout retenir, mais nous nous sentions ainsi reconnus.

53

Tutoyer ou vouvoyer ?

En la matière, chacun son style ! Au-delà de la culture d'entreprise, chaque manager peut instaurer ses propres règles. Se poser la question, c'est faire un vrai choix. Le tutoiement crée une forme de proximité. Choisir le tutoiement avec ses équipes est donc une manière de dire comment va se configurer la relation. C'est également une capacité d'aller chez les clients d'égal à égal : se tutoyer devant les clients positionne les équipes et atteste d'un certain niveau de lien avec le manager.

54

Citer tous les membres d'un projet

Lorsque l'occasion se présente, mentionnez tous les participants à un projet, même ceux qui ont eu une contribution très modeste, que ce soit à la fin du projet, pour célébrer une victoire, sur un dessin ou à l'oral…

55

Afficher sa reconnaissance

J'ai rencontré un manager qui avait accroché dans son bureau un panneau « Vous êtes tous importants ».

Vous êtes prêt ?

56

Partager sa reconnaissance par des petits gestes du quotidien

Une petite tape de reconnaissance sur l'épaule peut convenir à certains, griffonner des bravos ou des smileys sur les tableaux de chiffres ou articles de presse fait toujours plaisir... Ces petites actions sont accessibles à tous.

57

Être précis et curieux sur les difficultés et les victoires

L'objectif est que vos collaborateurs ressentent votre reconnaissance et qu'ils soient fiers de leurs réalisations.

Au-delà des petits gestes ci-dessus, il peut s'agir de demander à un collègue de partager les difficultés qu'il a surmontées, comment ça s'est passé pour en arriver là, tout ce qui fait qu'effectivement ce n'était pas facile à réaliser.

Certains spécialistes évoquent l'importance de citer trois remarques concrètes qui illustrent notre reconnaissance. Le « Bravo Michel pour ta présentation ! » devient alors « Bravo Michel pour ta présentation, j'ai trouvé que c'était superclair, tu donnais envie d'aller plus loin, et le temps de questions avec les participants était particulièrement bien animé. »

C'est par cette précision dans vos propos que vous véhiculerez votre reconnaissance sur les efforts, les compétences, le savoir-être, l'existence de la personne, ses valeurs, sa bonne humeur, son organisation, son esprit d'équipe, sa participation aux temps forts de la société, sa créativité, ses initiatives, sa présence sur les réseaux sociaux, les projets personnels ou périprofessionnels, les engagements...

58

Adapter sa reconnaissance aux besoins des équipes

Lorsque la WE box demande aux managers quelle phrase de félicitations ils aimeraient entendre, ceux-ci ne manquent pas de précision. Voici quelques exemples inspirants : « Tu as une équipe performante et motivée ! » « Tu m'as surpris. » « Merci de m'avoir appris quelque chose aujourd'hui. » « On peut compter sur toi ! » « Excellente idée ! » « Merci pour ton implication ! » « C'était pas gagné mais tu l'as fait ! » « J'ai confiance en toi. » « Sans toi, l'équipe n'y serait pas arrivée. »

Chez Filapi (réseau de centres de loisirs d'entreprises et agence événementielle pour enfants, que j'ai créé et dirigé pendant dix ans), j'ai vite compris que, dans un métier où les salaires sont très bas, la reconnaissance des équipes d'animation salariées serait la clé de notre succès. Nous nous sommes battus pour conserver les emplois en CDI, dans des conditions agréables d'exercice de leur métier, que ce soient les quotas d'encadrement des enfants, les budgets de fonctionnement confortables, les heures de préparation et de réunion rémunérées, ou la liberté totale que les équipes avaient dans la création des programmes d'activités.

Combien de personnes m'ont suggéré d'industrialiser les programmes d'activité pour faire des économies de temps (par exemple : les lundis, même programme pour toutes les structures), cela aurait stoppé l'élan créatif des salariés et leur envie de venir le matin. Notre reconnaissance des équipes qui accueillaient les enfants s'illustrait par notre participation à la professionnalisation de leur métier en se rattachant notamment à une convention collective facultative, imposant un cadre contraignant pour l'entreprise, alors que notre métier n'était couvert par aucun accord obligatoire de ce type.

Mon ancienne associée, Catherine, montrait également sa reconnaissance en se rendant disponible face à toute galère opérationnelle pour soutenir sans concession les collaborateurs (dégât des eaux, manque d'effectif à la sortie d'école, alarme déclenchée à 2 heures du matin...). Elle partageait leur quotidien professionnel et a passé son BAFA à 50 ans pour rentrer dans leur univers. Les salariés étaient soutenus, écoutés, compris, cela a déteint sur leur comportement avec les familles et les enfants, et a mis de la simplicité dans les échanges, permettant de développer de la confiance et de la collaboration sincère au quotidien.

Nous n'avons pas été exemplaires sur tous les tableaux, mais nous avons fait notre possible et cela avait des conséquences financières lourdes, pour lesquelles mon rôle était de faire rentrer sans cesse des fonds. Toutefois cet investissement humain a permis d'attirer et de fidéliser les équipes dans le marché ultra-concurrentiel de l'animation.

59

Valoriser les passions

Encouragez les salariés à faire découvrir leurs passions et compétences personnelles *via* des petites expositions de photos, des discussions autour d'œuvres artistiques qui les ont touchés, des savoir-faire à partager sur le temps du déjeuner...

J'ai reçu un témoignage anonyme qui illustre cette idée : « Chez nous, toutes les semaines, chacun donne un cours de quelque chose. »

J'ai également eu l'opportunité de passer plusieurs semaines de vacances dans un même établissement dont la mission est de créer du lien entre les clients (appelés les « Gentils Membres » ou GM) et les salariés (appelés les « Gentils Organisateurs » ou GO). Il y a ici de nombreuses méthodes qui y concourent. L'exemple qui suit n'est pas transposable dans une entreprise classique, toutefois il est riche d'enseignements. Traditionnellement, les GO animent de façon volontaire, et en plus de leurs missions, des spectacles amateurs. Chaque soir, une vingtaine d'entre eux met en avant leurs talents pour la danse, le chant, la musique...

J'ai été frappée par l'intervention de la « chef de village » (c'est-à-dire la directrice d'établissement) qui systématiquement présentait ainsi ses équipes : « C'est très important pour moi de tous vous les présenter : tout d'abord nos danseurs, Sonia qui vous accueille toujours avec plaisir à la réception, Marc qui nous vient d'Espagne et qui est serveur au restaurant, Houria qui s'occupe de l'intendance de l'hébergement... ».

Au-delà de la fierté des GO d'être ainsi reconnus à la fois pour leur rôle professionnel et pour leurs talents personnels, j'ai constaté que cela humanise également la relation avec les clients. Nous nous sommes comportés alors de façon plus respectueuse lorsque nous avons croisé Houria passer l'aspirateur dans les étages ou que nous avons demandé un verre à Marc, car nous avions l'impression de les connaître, nous étions reliés.

60

S'approprier un rituel de questionnement

Le questionnement témoigne de notre attachement à aider une personne à avancer, nous centre sur l'autre, arrête notre radio mentale, nous aide à découvrir le mystère de l'autre sans se projeter, et à répondre de façon singulière à chacun.

Mon amie Dominique Boursier, qui avait la responsabilité des milliers d'enfants fréquentant chaque jour un réseau de 500 crèches, est bien connue pour avoir des questions rituelles, simples, qui maintiennent la relation avec ses équipes : « Alors, comment vas-tu ? », « Pourquoi me parles-tu de cette situation ? », « Comment te sens-tu par rapport à cela ? ».

Pour illustrer l'impact de cette curiosité envers l'autre, certains utilisent l'expression d'« écologie relationnelle », c'est-à-dire le besoin de relation durable entre les individus.

61

Prévoir des pauses-café

À heure fixe, pour se retrouver en équipe.

62

Maintenir le contact avec les équipes

Cela prend d'autant plus d'importance si vous managez une équipe à distance. Dès que possible, déplacez-vous dans les différents sites, pour transmettre l'importance que chaque personne a dans l'équipe.

63

Célébrer les succès en équipe

Dès que l'occasion se présente, fêtez un accomplissement commun. Et soyez à l'initiative de la célébration.

64

Partager l'exotisme de votre quotidien

Lorsque vous partez en voyage pour le travail, rapportez des spécialités gastronomiques locales, signe de votre pensée pour les équipes qui sont restées au bureau poursuivre leurs missions.

65

Finir chaque jour positivement

Terminez la journée de travail par un compliment à chaque membre de l'équipe, individuellement, en soulignant quelque chose de positif, de constructif ou qui s'est bien passé, même futile, mais sincère.

66

Commencer la journée par les personnes et non par les dossiers

Dire bonjour individuellement à chaque membre de son équipe et s'intéresser à ceux qui semblent avoir besoin de parler est la meilleure manière de bien commencer la journée : « Prendre chaque jour une minute pour regarder dans les yeux tous ceux et celles qui travaillent sous notre responsabilité, en nous disant qu'ils sont nos plus précieuses ressources[42]. »

Pour des équipes de taille importante, certains créent un rituel pour dire bonjour à tout le monde chaque semaine ou chaque mois, y consacrant parfois deux heures avec sincérité, avec l'envie de partager un court moment avec chacun, des anecdotes, des nouvelles.

Accordez un petit mot positif à chacun, en veillant à ce que les « petits mots » tournent si les équipes sont nombreuses, et que chacun en bénéficie quel que soit son statut ou sa personnalité.

Ces moments informels sont également l'occasion de mettre les pieds dans le plat de façon positive, humoristique ou légère concernant les débuts de ragots, pour ne rien laisser s'installer, déminer les débuts de petites bombes et rassurer les personnes sur un sujet qui circule (« ah c'est super tu as pu… », « n'hésite pas à passer me voir si tu sens que… », « sois rassuré… »). Prendre ce temps permet de sentir si le lien est toujours présent, ou s'il est rompu.

L'entreprise Mars organise toutes les six semaines une réunion de trente minutes, intitulée « Ça se discute », où le P-DG répond à toutes les questions des collaborateurs. Chez Facebook, Mark Zuckerberg répond en vidéo en direct à des questions qui ont fait l'objet d'un vote préalable par les salariés. D'autres appellent cela l'*open hour*, symbole de l'ouverture souhaitée : l'entreprise créée des contraintes, mais tous les collaborateurs peuvent ainsi contribuer à inventer des nouvelles façons de travailler. Cette pratique est d'autant plus intéressante lorsque l'on sait que les salariés ont beaucoup moins confiance en leurs dirigeants qu'en leurs managers directs.

67

Adopter des outils de management visuel[43]

Il peut s'agir de grands murs recouverts de Post-It® qui rappellent à chaque instant l'avancement des tâches de l'équipe, les questions à résoudre et difficultés en cours.
Matérialiser les contributions de chacun dans le projet participe à la reconnaissance des équipes et renforce la coopération et le sentiment d'appartenance.

68

Mettre en visibilité les équipes

Claude Onesta, ancien entraîneur de l'équipe de France de handball, raconte : « Les joueurs souffrent, en silence, de la surexposition médiatique de l'un d'eux. [...] Désormais, dans les interviews, je n'aurai de cesse d'insister sur l'apport décisif d'untel ou d'untel, jusqu'aux remplaçants les plus discrets. [...] De concurrents potentiels, ils doivent se muer en collaborateurs, en associés, en auxiliaires de performance. Sans eux, l'autre n'est plus qu'un soliste sans orchestre. [...] Fini le temps du chacun pour sa pomme[44].

• Créez une rubrique « Ils font l'entreprise » comprenant des témoignages de salariés dans les newsletters envoyées aux clients. Chez Filapi, nous avions une rubrique « Ils font Filapi » dans les newsletters envoyées aux clients, mettant en valeur tous les deux mois un salarié de l'entreprise, sans aucune censure sur le format ni le contenu de son intervention. J'adorais ces contributions, certains ont écrit des poèmes, d'autres des rébus, ou des témoignages très émouvants.

• Créez un collectif regroupant les salariés sur un sujet qui les intéresse et qui concerne également l'entreprise (par exemple, le numérique pour une société digitale). Ce collectif livre des produits finis (livre blanc, ouvrages...) diffusés par l'entreprise et mettant en visibilité les équipes au travers des contenus qu'ils produisent.

• Inspirez-vous du patron d'une concession automobile qui indique dans ses véhicules livrés aux clients le nom du mécanicien qui a procédé à l'examen du moteur et de celui qui a préparé la voiture.

Dans un autre style, lors de ma visite dans une fonderie, tous les techniciens portaient un tee-shirt noir avec leur prénom bien visible en lettres blanches, cela a tout de suite permis de reconnaître la place de chacun : « Éric, c'est le ciseleur ».

• Rédigez une recommandation pour un collaborateur sur les réseaux sociaux.

69

Inviter à intervenir

Invitez vos collaborateurs à intervenir en comité de direction, chez des clients, *via* des témoignages dans le journal interne, sur les réseaux sociaux, dans des écoles, lors d'une journée portes ouvertes… Cela participe à la reconnaissance de leur expertise.

70

Participer à des concours

Quand on n'a pas de supérieur hiérarchique ni un salaire de marché, la reconnaissance de l'entrepreneur passe par d'autres leviers, (car personne n'est là pour cela). Il existe quantité de prix, labels, awards qui récompensent l'audace, l'innovation, l'esprit d'équipe ou l'aspect technique d'un métier. Reste à trouver le sujet qui fait la force de votre équipe, gagnez et diffusez cette information rafraîchissante !

Actions habituellement mises en place après réflexion avec les équipes

71

Briser la glace

De nombreuses actions appelées *IceBreaker* peuvent être mise en place pour s'assurer que chacun est reconnu comme membre actif de l'équipe. Cela décloisonne.

En tant que manager, proposez de :

- Faire un tour de table où chacun se présente en trois mots : une qualité, un loisir et une spécialité régionale préférée.
- Organiser un petit jeu en démarrant une réunion, pour insister sur les similarités entre les membres d'une équipe, chacun apporte une image qui le caractérise (lieu, animal, objet, couleurs, sports...) et explique aux autres pourquoi ça le décrit.
- Demander à chaque participant d'apporter de chez lui un objet qui le représente ou qu'il affectionne et parler des émotions que suscite cet objet.
- Dire une qualité positive décrivant son coéquipier voisin de réunion.

72

Constituer des binômes

Diverses formes de *mentoring* favorisent la reconnaissance des individus. À titre d'exemple, le *mentoring* intergénérationnel permet de créer des binômes de générations différentes.

Les aînés apportent leur expérience sur le relationnel, les plus jeunes sur les outils numériques ou le collectif.
Essayez aussi le mentoring de jeunes étudiants par des jeunes salariés, des binômes de services différents permettant de s'ouvrir à des collègues ayant des façons de penser et de fonctionner différentes ouvre à la diversité des mentalités.
Dans cet état d'esprit, certaines entreprises invitent à chaque réunion un collaborateur qui n'est pas concerné par le sujet de la réunion pour faire connaissance et qu'il découvre d'autres facettes de l'entreprise. Chez Michel et Augustin, c'est « Tournez manège ! », chaque collaborateur rencontre un collègue pendant une heure pour se connaître et se comprendre.

73

Soigner l'accueil des nouveaux arrivants

Le processus d'accueil dans l'équipe est très important : remise d'un livret d'accueil, attribution d'un nom de promotion, de parrains, marraines, nommés pour accompagner les nouvelles recrues dans l'entreprise.

Vous pouvez, par exemple, offrir un kit d'intégration aux nouveaux arrivants dans un joli coffret-cadeau : accessoires utiles au bureau (tasse, porte-badge, téléphone, badges prêts), questionnaire avec pointe d'humour pour retrouver les prénoms des collègues, autocollants fun, objets publicitaires aux couleurs de l'entreprise (calendrier, Post-It®, carnet, gobelet...), charte des droits du collaborateur (« tu as le droit de dire que tu ne sais pas »...), feuille de route de la première semaine, carte de bienvenue signée par l'équipe, guide explicatif des locaux (salles de réunions, numéros utiles...)...

Lors de la présentation des équipes, ne vous contentez pas des nom, prénom, poste de chacun. Essayez de fournir quelques éléments, qualités, hobbys, engagements, centres d'intérêt périprofessionnels qui permettront d'entamer par la suite des conversations, et faire plus ample connaissance sans passer par les banalités qui nous enferment et parfois nous ennuient. J'ai connu une femme diplomate qui organisait beaucoup de dîners. Elle tenait des carnets de réceptions, précisant les plats servis, les cadeaux offerts, le plan de tables, les centres d'intérêt, enfants, habitudes et points communs des invités pour faire de ses dîners des moments délicieux. Sans vous transformer en manuel de conversation mondain, gardez en tête ces quelques clés pour accueillir au mieux et créer du lien avec les nouveaux arrivants.

Chez Zappos, lorsque les employés allument leurs ordinateurs, ils sont invités à jouer à associer un nom et une photo d'un collègue qui apparaît sur leur écran de manière aléatoire avant de saisir leur mot de passe, une façon de créer du lien *via* la connaissance des autres. D'autres sociétés ont décliné cette idée avec un questionnaire papier remis à chaque nouvelle recrue, où il faut relier les visages et les prénoms de collègues, voir, un album d'autocollant Panini avec des photos des membres de l'équipe à récolter.

74

Ouvrir le débat

Vous vous demandez quelle est la limite entre le compliment et la flatterie ? Vous n'êtes pas très à l'aise avec le principe de la reconnaissance en public ? Vous pensez qu'entre personnes de sexe opposé il est difficile de complimenter ? Proposez d'en discuter lors d'un point d'équipe pour écouter les avis de chacun et préciser votre fonctionnement collectif. Vous serez étonné du besoin de libérer la parole sur ce sujet.

75

Donner en exemple les personnes admirables

Récompensez-les en mettant en valeurs leurs actions : la présentation la plus osée, l'esprit d'équipe le plus marqué, celui qui s'est défait d'une situation compliquée, celle sans qui on ne s'en serait pas sorti sur tel projet... Offrez des stickers pour décorer les espaces de travail, exemple : « le propriétaire de cet ordinateur a fait la plus belle présentation de l'année », « le locataire de ce bureau a un esprit d'équipe dont on peut s'inspirer ».

Quoi qu'il en soit, trouvez votre style et le leur, car certains collaborateurs préfèrent un témoignage de reconnaissance en *one to one*, d'autres à l'écrit, pour d'autres c'est important en collectif.

Reconnaissance : Initiatives peu courantes recensées

76

Organiser des pots de « on-est-toujours-là »

Dites à un collègue ce qui vous impressionne chez lui, ce que vous appréciez, comme lors d'un pot de départ où les collègues ont plus tendance à s'exprimer : organisez des « pots de tu es toujours là » à tour de rôle.

Un lycée berlinois appelle cela les « réunions de congratulation » entre élèves, professeurs et personnel administratif qui « considèrent que cette séance hebdomadaire est caractéristique de l'extraordinaire esprit d'apprentissage et de collaboration de cette école, et de la maturité qui y règne[45] ».

77

Intégrer du « fait maison » dans l'entreprise

Constituez un groupe de volontaires pour enregistrer une chanson qui sera la musique d'attente du standard de l'entreprise. Une de nos directrices l'avait mis en place avec les enfants que nous accueillions, le résultat est particulièrement « reliant ».

Lancez un concours de vidéos « faites maison » où les salariés illustrent librement la façon dont ils vivent les valeurs, le projet d'entreprise...

78

Renommer les salles de réunion

Certains donnent aux salles de réunion des noms de salariés fidèles.

79

Proposer un projet d'écriture collective

Au sein de l'entreprise, à l'image de Wikipédia, récoltez les écrits de chacun sur un sujet défini. La collaboration augmente la richesse des écrits et participe à la reconnaissance de tous ses auteurs. Il peut s'agir de textes sur l'histoire de l'entreprise, ses moments forts, un sujet en lien avec ses valeurs...

80

Créer la rencontre avec d'autres contributeurs de l'entreprise

Transmettre les témoignages de satisfaction des clients aux personnes y ayant participé, permettre aux employés de tout type de profil de rencontrer des clients, créer des occasions de contact entre nos équipes et les équipes à l'autre bout de la chaîne de production: toutes ces initiatives valorisent la contribution de chacun dans cette chaîne humaine (« Lorsque je valide cette demande sur l'outil information, ensuite untel prend le relais et *in fine* le client obtient sa réponse »).

Cette rencontre donne à chacun une illustration concrète de son utilité dans la prestation globale délivrée par l'entreprise.

81

Être à l'écoute

Dans les entreprises les plus avancées concernant le collectif, l'écoute est au cœur du quotidien et se matérialise parfois par un créneau hebdomadaire de 15 à 30 minutes d'échange entre le manager et chaque membre de l'équipe, individuellement, sans traiter de sujet opérationnel, pour simplement savoir si tout se passe bien.

82

Déléguer à un binôme l'organisation des réunions

Deux personnes se portent volontaires à chaque réunion. L'une a une semaine pour faire le tour des participants et récolter les sujets à mettre à l'ordre du jour ; l'autre sera gardien du temps. La première soumet au manager une proposition d'agenda la veille, et la seconde est maître du temps, pour signifier à un participant lorsque son temps de parole est écoulé.

83

Valoriser les réussites

Cherchez des façons frappantes voire visuelles de diffuser les réussites avec l'ensemble de l'entreprise, un marquage au sol ou, comme chez l'éditeur de solutions e-commerce PrestaShop, un ascenseur qui change de couleur lorsqu'une nouvelle ligne de code est mise en ligne.

84

Résumer en une phrase le métier de chaque membre de l'équipe

Comme si on parlait à un enfant, ou à un voisin, ou un sénior néophyte. J'ai été marquée par un dispositif mis en place par Isabelle, une employée du service informatique d'un grand groupe bancaire, qui a proposé d'interviewer l'ensemble des collègues de sa direction pour comprendre le métier de chacun et le synthétiser en une phrase qui l'expliquerait à un enfant de 6 ans. Isabelle a ensuite dressé le portrait de chaque salarié sous forme de BD avec ces phrases, ainsi tout le monde comprenait mieux le rôle de chacun.

Passage à l'action

Actions que je vais faire lundi prochain :

....

....

....

....

....

....

....

....

Actions que je vais planifier dans le mois :

....

....

....

....

....

....

....

....

Actions que je vais proposer à mon entreprise :

....

....

....

....

....

....

....

....

• Astuce de la WE box pour passer à l'action :

Certains suivent la méthode à plusieurs au sein d'une équipe, c'est plus motivant et plus drôle.

• Ils ont appliqué les bonnes pratiques *via* la WE box et m'encouragent :

« Du contenu très pertinent qui pousse à se poser des questions ! »

• Les 2 bonnes pratiques qui génèrent le plus de discussions dans la WE box :

Que pensez-vous des petites animations de réunion qui aident à mieux se comprendre : se présenter avec 3 mots, une photo ou un objet, raconter un truc bizarre qu'on a déjà fait, dessiner son voisin… Et vous, avez-vous une astuce de ce type que vous aimeriez expérimenter ?

Quelle phrase de félicitations rêvez-vous d'entendre un jour au boulot ? Parce que ça fait toujours plaisir, complimentez une personne maintenant, où que vous soyez !

LEVIER

3

Optimisme

« *Être optimiste, c'est avoir une certaine confiance en l'avenir, la capacité à reconnaître ses victoires, à se relever après un échec, à relativiser les événements qui barrent notre route.* »

Que nous apprennent les experts ?

Plutôt que l'optimisme, Jacques Lecomte évoque dans son dernier livre [46] « l'opti-réalisme, association de l'optimisme et du réalisme, un optimisme de l'action et de l'engagement, qui donne envie d'agir ». En effet, être positif ne suffit pas, il faut être réaliste : « L'optimiste n'est pas naïvement celui qui pense que tout va bien en gardant les pouces en l'air, l'optimiste, selon Matthieu Ricard, voit le verre à moitié plein dans la plupart des situations pour consacrer son énergie sur les points clés où il y a un facteur de risque important, il concentre son énergie et ne l'éparpille pas sur tous les petits soucis du quotidien [47]. » Autrement dit : « envisagez toujours l'avenir avec optimisme et comptez sur la chance. Entre-temps, n'attendez pas passivement que ce soit votre tour, agissez positivement et développez vos aptitudes et ne vous accrochez pas à de vieilles règles du jeu [48] », nous dit Ekaterina Selezneva, collaboratrice scientifique à l'Institut de l'Europe de l'Est.

Vous n'êtes pas convaincu ?

Vous avez peur de tomber dans le gnangnan ?
Nous avons de la marge nous les Français ! Soyez légèrement égoïstes un instant et devenez optimistes ne serait-ce que pour prendre soin de vous, car il est prouvé que voir les choses en noir endommage notre cerveau. L'optimisme permet non seulement d'avoir une meilleure santé physique et mentale, de soulager le stress, mais il est également vecteur de performance. Certes, l'esprit d'équipe ce n'est pas que « Youplaboum », mais retenez tout de même qu'un cerveau positif est 31 % plus productif que la moyenne et une étude [49] menée sur des commerciaux recrutés pour leur optimisme et non leurs compétences a démontré qu'ils dépassaient de 57 % les résultats habituels.

« Observons ! Qui a changé le monde ?
Ce ne sont assurément pas les grincheux et les cyniques[50] *! »*,
nous dit Alexandre Jollien, philosophe et écrivain.

Synthèse des rencontres

Je me souviens de Robert Papin (fondateur et directeur du mastère spécialisé entrepreneurs d'HEC), qui lors des conférences présentait les intervenants comme des héros – dont nous allions avoir la chance d'entendre le témoignage. Son enthousiasme nous faisait lever le matin pour ne pas rater une goutte de l'allocution à venir, car nous allions grâce à elle changer le monde !
Je me souviens également de mon grand-père, fin optimiste, qui avait vécu les deux guerres, été emprisonné, s'était évadé, avait parcouru 500 kilomètres à pied pour rejoindre sa famille. Son expression fétiche était : « Hauts les cœurs ! »
De nombreux sites prônent les vertus de l'optimisme, du kif, des dîners d'optimistes… Des conférences s'organisent dans toute la France nous informant qu'être optimiste est bon pour la santé et vecteur de cohésion.

Qu'en est-il au travail ?

31 % des salariés[51] déclarent dire « Oui » pour paraitre positif, et râler par la suite !
« Les gens naissent bons, le système les écrabouille » m'a dit Benjamin Sylvand, docteur en philosophie des sciences cognitives. « Les grandes entreprises broient les esprits positifs », ai-je également entendu en interview. Quel dommage que le monde du travail encourage peu l'attitude positive, l'optimisme est un des 12 leviers qui facilitent les interactions sociales.

En effet, l'optimiste ayant un regard positif sur ce qu'il vit, il donne envie de rentrer en lien avec lui.
Un patron d'une PME de 100 personnes, élue Great place to Work, m'a confié sa stratégie : « Recruter des gens humbles et positifs qui s'émerveillent de tout ». Cela me rappelle l'expression de Sœur Emmanuelle : « Yallah ! » (signifiant « En avant !), qui transmet la joie et permet de relever bien des défis tous ensemble, toujours prêts à se lancer avec humilité.
Si nous donnons de l'attention à nos problèmes nous faisons fuir les autres, alors que si nous donnons de l'attention à la réussite nous créons plus de réussite et facilitons le contact avec les autres. Par une attitude positive nous générons autour de nous une spirale positive.
En synthèse, « l'optimisme est une forme de courage qui donne confiance aux autres et mène au succès[52]. »

Témoignages

Pour parler d'optimisme, j'ai tout de suite pensé à mon amie Sandra Le Grand, marraine du réseau 92 Entreprendre. Entrepreneuse, fondatrice de Kalidea et cofondatrice de Yapuka, conférencière, Sandra incarne l'optimisme dans sa vie professionnelle, mais aussi dans l'ensemble des causes pour lesquelles elle donne du temps.

Les pratiques de Sandra Le Grand

« Diffuser le positif, ça commence en partageant les compétences, les bonnes histoires, les chiffres, les idées novatrices, et également en partageant quelque chose que l'on a fait de ses mains comme un bon gâteau. J'ai instauré un *stand up success story meeting*. Chaque mois les équipes opérationnelles partagent leurs bonnes nouvelles : celui qui a debuggé un outil informatique, celle qui a trouvé une solution pour un souci de gestion de stock, celle qui a débloqué une situation avec le banquier… Cela génère un mouvement positif sur la durée, car chacun réfléchi à ce qu'il a à célébrer, puis l'énergie dure dans le temps avec les e-mails de félicitations, en bref tout le monde est fier de sa boîte et de son travail.

Je prône une culture de la convivialité et de la simplicité… Tout le monde joue le jeu, car le partage et le sens de l'équipe constituent le critère clé de notre recrutement.

Pour générer de l'optimisme, il faut pousser les gens à la créativité, à être en "mode solution" pour apporter des réponses, avec un juste équilibre entre le contrôle et la liberté ! J'ai toujours eu à cœur de vérifier que tout le monde ait le sourire. Il n'y a aucun inconvénient à la bonne humeur, mais c'est vrai qu'il faut se donner du mal pour aller bien : "Le pessimisme est d'humeur, l'optimisme est de volonté." Le positivisme, ça s'entretient et tous les jours, je m'entraîne. Une fois que nos besoins vitaux basiques sont assouvis, il faut se forcer un peu au début, et ensuite c'est comme le jogging ça devient naturel. Avoir la pêche, la banane, c'est la base de la vie en collectivité, la bonne humeur est contagieuse et ensuite la chance nous sourit ! Le point de vigilance et la limite de cette générosité constante est qu'il faut toutefois de l'équilibre entre donner et oser demander.

Le lien ainsi créé entre les équipes et l'entreprise est très fort et, face à un drame dans la vie personnelle d'un salarié, comme une maison qui brûle ou la perte d'un être cher, une chaîne de solidarité s'instaure toujours. »

Actions pragmatiques : Comment concrètement adopter une attitude positive en entreprise ?

L'optimisme résulte d'un choix. Le choix de son attitude au bureau, c'est un travail sur soi de tous les jours. Il y a plein de façons pragmatiques d'avoir une attitude positive au bureau. Pour ma part quand ça ne va pas très bien, il m'arrive régulièrement de me forcer à sourire, de lister des faits positifs de la journée, de travailler en musique et j'ai remarqué que cela changeait vraiment l'humeur.

L'optimisme ouvre bien des portes. Il n'y a pas eu un jour, en dix années chez Filapi, où je ne me suis pas dit : « Allez on va y arriver, on va trouver des solutions, c'est sûr. » Nous étions un peu « perchés » : la joie et l'optimisme sont pour moi une deuxième nature. Cette force nous a permis de convaincre, fédérer, et de sortir du lot vis-à-vis de toute la communauté qui nous entourait.

Ce chapitre propose une boîte à outils d'actions pragmatiques pour progresser : servez-vous et testez-les ! Et que pensez-vous de garder une photocopie de ces pages pour les jours où vous ressentez de la morosité au travail ? Une sorte de bouée de secours ?

Optimisme : Petites actions du quotidien

85

Démarrer chaque journée par l'annonce d'une bonne nouvelle

À vos équipes ou vos collègues, annoncez une bonne nouvelle ou raconter une actualité amusante.

Si vous manquez d'inspiration, allez consulter des sites d'actualités décalés ou humoristiques (topito.com, legorafi.fr...), des sites positifs comme loptimisme.com, ou les revues de presse et newsletters qui recensent les bonnes nouvelles du monde.

Certaines personnes vont jusqu'à commencer la journée avec trois bonnes nouvelles pour ancrer cette attitude positive.

86

Reconnaître les petites victoires

Chez Filapi, j'ai lutté contre ma tendance perfectionniste qui consistait à dire : « Oui, mais... » (« Oui il s'est passé cela, mais il reste cela à faire »), cette façon morose de voir les choses qui casse la confiance en soi. J'ai donc cherché les petites victoires puissantes dont j'étais à l'origine, les étapes franchies, les avancées positives, sans trop me focaliser sur les problèmes ou les épreuves qu'il restait à surmonter.

Et vous quelle est votre petite victoire du jour ?

87

Terminer la journée par de bonnes nouvelles

De la même façon qu'on démarre une journée par une bonne nouvelle, la conclure par un échange positif avec ses équipes entretien l'attitude positive.

Demandez-vous: que m'est-il arrivé d'agréable aujourd'hui ? De quoi suis-je fier ? Qu'ai-je apprécié aujourd'hui ? Quelle satisfaction ai-je eu au travail ? Qu'ai-je appris ? Quelqu'un a-t-il illuminé ma journée ? Et partagez ces bonnes nouvelles avec vos collègues.

88

Toujours finir un rendez-vous par un feedback positif

« C'était top la réunion ! », « Je suis ravie, on a enfin terminé cette présentation ! », « On va cartonner au séminaire ! »...

J'ai rencontré un certain nombre de coachs, consultants et formateurs durant mes 250 interviews, et j'ai remarqué que la plupart appliquent cette règle, de finir un entretien par un feedback positif. Personnellement, je l'ai même notée sur le coin d'un cahier pour la garder en tête lors de réunions formelles où je n'y aurais pas pensé spontanément. « J'ai bien apprécié cet échange car nous avons tous pu nous exprimer », « Bravo pour cette présentation très claire »...

Vous verrez c'est très agréable et apprécié.

89

Privilégier les médias et les relations positifs

L'optimisme, tout comme un tempérament défaitiste, s'acquiert au fil du temps, pas à pas. Soyez vigilant quant à tout ce que vous écoutez, regardez et aux personnes que vous côtoyez. *Fake news*, vies de people éloignées des nôtres, presse à sensation et faits divers, musiques ou propos dégradants... tout influence notre cerveau dans un sens comme dans l'autre. Filtrez !

90

Enquêter sur ce qui donne envie de travailler

Interrogez vos collègues sur ce qui les rend heureux au travail, sur ce qui les motive à quitter le foyer tous les matins pour venir travailler : les relations avec les collègues, l'aventure collective, l'autonomie avec le télétravail, l'univers créatif dans lequel ils baignent, les échanges intellectuels avec les collègues...

Et vous, qu'est-ce qui vous rend heureux au travail ? Et vos équipes et collègues ?

91

Se rendre utile

Davantage de discussions à deux, moins de réunions, des comptes rendus plus clairs sur la répartition des rôles, un bureau mieux rangé, des moments de convivialité, un avis sur une restitution à présenter... Demandez aux autres ce que vous pourriez faire qui les rendrait heureux dans le projet sur lequel ils travaillent.

92

Appeler quelqu'un avec qui on peut facilement discuter de façon positive

Rapprochez-vous de ce type de personne dès que des aspects négatifs du quotidien viennent polluer votre optimisme.

93

Chaque fois qu'on apprend une bonne nouvelle, en parler à trois personnes

Trois personnes « au moins », comme le suggère Yves Le Bihan dans son ouvrage *Le leader positif*[53]. Le chiffre 3 revient souvent dans ces bonnes pratiques : cela participe à ancrer votre attitude positive et à la diffuser autour de vous.

94

Arrêter de dire : « Bon courage »

La journée est-elle aussi sinistre ? Pourquoi ne pas clôturer nos discussions plutôt par « Bonne journée », « Amuse-toi bien », « À très vite » ? Proscrire les « vivement ce soir qu'on se couche... » ou « ça va comme un lundi matin », qui n'intéressent personne et ne sont pas bons pour votre mental ; rester positif aussi lors les moments de pause. Finir ses e-mails par « excellente journée ».

95

Arrêter de râler

Bien que râler de la même chose puisse nous rapprocher de temps en temps (râler contre la météo, contre les concurrents...) car cela permet de partager un sujet de discussion, râler fait globalement plutôt fuir les autres: à nous de chercher d'autres moyens de gérer nos frustrations.

Pour parvenir à cet objectif, lisez le livre *J'arrête de râler – l'intégrale* de Christine Lewicki: « Nous avons tellement l'habitude de râler ensemble que de prime abord, nous pensons que faire autrement nous ferait sortir de la norme, nous exclurait. [...] On s'attache à nos malheurs et on a ensuite encore plus de raisons de râler dans notre vie. [...] Râler, c'est diffuser de l'énergie négative, et l'énergie négative ne peut pas créer de résultat positif. [...] En râlant, nous croyons punir les autres mais en fait, nous nous punissons nous-même. »

Bref, comme Christine Lewicki nous le rappelle: « On généralise, on omet, on exagère, on amplifie... On finit par croire ce que l'on dit et cela distord notre réalité ! »

Une action pragmatique pour cesser de râler consiste à analyser la situation source de râlerie et de trouver deux opportunités positives à cette situation. Par exemple, lorsque l'on se trompe de chemin, c'est l'occasion de la découverte d'un nouvel endroit. Un malentendu se transforme alors en rencontre fortuite, un rendez-vous annulé à la dernière minute peut générer du temps pour faire autre chose... Et face à une personne qui râle il est important de la questionner, de revenir à des faits pour voir si ses propos sont confirmés.

96

Fuir les alarmistes

Côtoyez des gens qui vous font du bien, ignorez ceux qui boudent, râlent.

Militez contre une dynamique de groupe négative en étant différent, en faisant relativiser vos interlocuteurs et soulignez qu'on peut penser différemment.

97

Afficher ses convictions

Accolez une affiche sur la porte de votre bureau : « Cette porte mène à un bureau positif. » Cette initiative un peu osée peut paraître agressive dans certains contextes, personnellement j'ai opté pour une collection de cahiers colorés et inspirants qui véhiculent ma lutte contre les comportements négatifs lors de mes prises de notes en réunion.

98

Utiliser quelques astuces neuroscientifiques

Pour un quotidien plus positif, appliquez ces quelques petites astuces. Ça marche, c'est prouvé scientifiquement !

• Regarder le plafond permet tout de suite d'arrêter la tristesse (merci le cerveau…).

• Proclamer à voix haute des affirmations positives améliore l'humeur[54]. Le faire en équipe ou seul, et crier au choix : « je suis inspiré », « je suis confiant », « j'ai plein d'idées », « je n'ai pas peur de me tromper », « on est une superteam ! »...

Wendy Suzuki explique dans son livre *Bouge ton cerveau*[55] que si nous disons ce genre de phrases en faisant du sport (jogging, vélo...) cela augmente la puissance de l'intention car l'exercice physique associé à des expériences enrichissantes contribue à la naissance de nouvelles cellules cérébrales !

Vous pouvez également prononcer ces mots devant un miroir et vous observer droit dans les yeux pendant un instant (5 à 10 secondes).

• Pratiquer une petite méditation antidéprime : créer un mot de 5 syllabes, sans signification, mais dont le son vous plaît, par exemple, répétez « MiChouMaLisTA » en boucle pendant 10 minutes, cela chasse la déprime et permet de mieux profiter des émotions positives qui suivront, si vous respectez le timing bien long de 10 minutes.

99

Chercher ce qui procure des émotions positives

Lorsque l'on vient de vivre une émotion « désagréable » au bureau, notre objectif est de la contrebalancer par deux voire trois émotions positives, c'est ce que l'on appelle la « recherche de l'équilibre émotionnel ».

Faisons une expérience dont les scientifiques ont démontré son impact sur le rythme cardiaque. Tenez un stylo horizontalement entre les dents en vous forçant à ouvrir la bouche, patientez quelques instants, que ressentez-vous ? Normalement de la joie car cela stimule les zones de bonheur de notre cerveau. À l'inverse, tenez ce même crayon horizontal sous le nez en remontant votre lèvre supérieure, que ressentez-vous ? *A priori* la moue ainsi créée vous rend dubitatif... À l'image de ce stylo, un léger sourire, un micro rictus au bureau peut transformer votre façon de voir les choses. Essayez maintenant... Alors, ça fonctionne ?

Optimisme : Actions un peu plus impliquantes, nécessitant de la réflexion ou un peu d'organisation

100

Discuter avec un collègue d'un souvenir où l'on a chacun manqué d'optimisme

Écoutez sa propre expérience, sans jugement, tentez de comprendre ensemble pourquoi vous avez manqué d'optimisme et quels sont les mécanismes qui l'expliquent. Envisagez un nouveau projet où votre optimisme sera mis à l'épreuve et votre responsabilité engagée permet de passer à l'action par petits pas pour bouger petit à petit le curseur vers plus d'optimisme.

101

Faire une cure de compliments

Demandez aux gens qui vous connaissent de dire ce qu'ils apprécient chez vous, en l'illustrant concrètement. Il suffit d'un temps au calme autour d'un café pour discuter avec un collègue de quelques situations précises, cela permet d'entendre les termes qui illustrent concrètement les aspects positifs de votre travail ou de votre personnalité : « sur tel projet, j'ai particulièrement apprécié ton action/lorsque tu es intervenu pour recadrer le débat/ta délicatesse pour faire passer les messages/ton message inspirant/ton efficacité, merci, ça m'a aidé ».

Cette pratique est particulièrement intense et libératrice lorsqu'elle se déroule de façon réciproque au sein d'équipes où il y a des tensions relationnelles.

102

Bannir les mots négatifs

Nous pouvons éduquer notre cerveau et lui façonner de nouvelles connexions. Cela vaut pour les phrases négatives comme «il pleut» (préférer: «vivement que le soleil revienne !»), mais aussi pour les questions (dire: «que pourrions-nous faire mieux ?» plutôt que «qu'est-ce qui ne va pas ?»). Plusieurs études[56] indiquent que s'interdire d'utiliser des mots négatifs tous les jours pendant 12 jours reprogramme les connexions neuronales de notre cerveau pour que cela devienne automatique. N'oubliez pas: il existe plein d'alternatives au «bon courage» de la rentrée ! «Enjoy», «Profite !», «Bonne journée !»...

103

Stopper la critique négative

La critique négative met l'autre sur la défensive et le pousse à se justifier. Elle provoque la rancune, décourage sans pour autant apporter de solution durable au différend. Pour plus de force, cette action peut être enclenchée sur une journée test où aucune critique négative n'est possible, y compris contre quelque chose d'anodin comme la piètre qualité d'un programme télévisé, le propos d'une personnalité politique, l'acteur d'une publicité... Ce travail permet en quelque sorte de reprogrammer notre cerveau.

Personne n'est obligé de critiquer quelque chose qui lui semble perfectible ; si l'envie est trop pressante changez juste de sujet de discussion et évoquez des sujets positifs, des actions inspirantes, des projets ou des choses positives de votre équipe, votre famille, votre communauté. Il y a toujours des bonnes nouvelles à mettre en valeur.

Une autre façon de contourner cette envie de critiquer est de proposer des suggestions pour résoudre vous-même le problème identifié et sous un angle d'opportunité à saisir: que ce soit de donner du temps pour soutenir une cause, ou proposer un projet concret qui fasse avancer un sujet de société, nous avons rarement des idées en étant pessimiste.

Optimisme : Vous êtes manager...

104

Installer un mur des bonnes nouvelles

Chacun griffonne son message du jour au feutre ou sur un mur de craie. Un simple paperboard peut faire l'affaire pour une équipe ou un *open space*.

105

Démarrer les réunions ou les déjeuners d'équipes par un tour de table d'événements positifs

Chacun peut trouver son style pour démarrer une réunion avec une attitude positive. Certains managers m'ont confié aimer démarrer par la blague du jour, la citation du jour, un café, une animation… Attention toutefois à ne pas vous sentir en décalage avec l'ambiance et l'enjeu de la réunion. Certains optent pour quelque chose de plus professionnel, comme une bonne nouvelle sur un projet, ou une idée nouvelle à proposer, comme le montre ce témoignage anonyme reçu sur les réseaux sociaux pendant mes recherches : « J'essaie d'avoir une petite innovation positive ou un petit succès par semaine pour que tout le monde continue à croire au projet. »

Optimisme : Initiatives peu courantes recensées

106

Se créer un récipient à bonnes nouvelles

Notez, datez et conservez toutes vos bonnes nouvelles sur des petits papiers que vous pouvez piocher et relire à tout moment. Certains conçoivent même un récipient visible et accessible à tous, en alternative du « mur de bonnes nouvelles ».

107

Instaurer un « *Stand up success story meeting* »

Il s'agit d'une réunion rapide (15 minutes en moyenne), debout, souvent hebdomadaire, pendant laquelle les équipes opérationnelles partagent les bonnes nouvelles du terrain qui n'intéressent peut-être pas la presse, mais font fonctionner l'entreprise au quotidien. Au début, les équipes ne savent parfois pas trop quoi dire, aidez-les avec des exemples concrets que vous avez pu observer. Bravo à celui qui a finalisé le contrat, celle qui a trouvé une solution pour le site internet qui avait planté, celle qui a réussi à livrer les palettes coincées chez le transporteur...

Passage à l'action

Actions que je vais faire lundi prochain :

....

....

....

....

....

....

....

....

Actions que je vais planifier dans le mois :

....

....

....

....

....

....

....

....

Actions que je vais proposer à mon entreprise :

....

....

....

....

....

....

....

....

• Astuce de la WE box pour passer à l'action :

Une façon de suivre la méthode peut être de s'engager auprès d'un proche à le faire, comme un défi, en matérialisant cet engagement par une photo si possible en situation au bureau.

• Ils ont appliqué les bonnes pratiques *via* la WE box et m'encouragent :

« Quand on se lance ça devient contagieux chez les autres »

• Les 2 bonnes pratiques qui génèrent le plus de discussions dans la WE box :

La WE box va vous faire voir la journée en positif ! Terminez vos rendez-vous par des feedbacks positifs, annoncez une nouvelle positive à vos collègues et si vous en annoncez trois, votre cerveau oubliera le négatif ! Promis, c'est positivement magique !

#TuTentes ? Certaines équipes créent un récipient à bonnes nouvelles, les conservant sur des petits papiers à piocher, ou affichées sur un tableau visible de tous, ou bien un récipient digital. Vous aimeriez essayer ?

LEVIER

4

Joies simples et culture du jeu

> « *La seule chose absolue dans un monde comme le nôtre, c'est l'humour.* »
> Albert Einstein

Que nous apprennent les experts ?

« Il est rare que les gens réussissent
s'ils ne s'amusent pas à ce qu'ils font[57] »,
selon l'auteur de développement personnel à succès Dale Carnegie.

Certaines entreprises assument totalement ce positionnement « *Fun and Serious*[58] ». C'est le cas de la société de covoiturage BlaBlaCar dont cette maxime fait partie des valeurs, ou encore de l'éditeur de solutions e-commerce PrestaShop dont la devise est « *Work like a captain, play like a pirate*[59] ».

Étudions plus en détail en quoi cela contribue positivement à l'entreprise. Tout d'abord, la joie est bonne pour notre santé. Matthieu Ricard, moine bouddhiste tibétain, auteur et photographe, cite une étude[60] réalisée sur 2 000 Mexicains qui conclut que la mortalité des personnes qui manifestent principalement des émotions négatives est deux fois supérieure à celle des personnes de tempérament heureux qui vivent des émotions positives.

Le sourire exclut certaines émotions négatives : essayez de sourire tout en réveillant une antipathie à l'égard de quelqu'un ou de vous mettre en colère, que se passe-t-il ?

Mais, cela nous rend également plus performants. Les clients réclament de la bonne humeur et, comme a dit lors d'une conférence Antoine Riboud, le fondateur de Danone : « La règle de base pour les négociations ? Faites marrer les gens, que ce soit pour les mettre à l'aise ou au contraire pour les déconcerter[61]. »

> *Avez-vous remarqué que les managers les plus charismatiques et les plus fédérateurs sont ceux qui ont un bon sens de l'humour ?*
> *La bonne humeur est contagieuse, comme toute émotion.*

Quand nous vivons des émotions positives nous sommes plus proches de l'autre. La découverte des « neurones miroirs » nous apprend l'importance de la réciprocité dans nos actions quotidiennes. Tout comme nous ouvrons la bouche lorsque nous donnons une cuillère de purée à un bébé, ou que nous regardons là où les gens regardent, de la même façon, le sourire, l'amabilité, la politesse entraînent la plupart du temps une attitude identique, appelée « miroir ». Cette théorie des « neurones miroirs[62] » démontre ainsi que la joie crée du lien car, par mimétisme, nous devenons joyeux pour ressembler à l'autre.

Avez-vous déjà regardé une vidéo virale de fou rire ? Le rire partagé entre individus est créateur de liens. Le *smile* nous connecte aux autres, la bonne ambiance renforce la cohésion de groupe. Dans une ambiance joyeuse, les collègues « apprennent à mieux se connaître les uns les autres, ont de meilleures connexions, et sont plus aptes à s'aider les uns les autres[63] ».

Enfin, des études démontrent que les collaborateurs travaillant dans des environnements « funs » seraient plus enclins à essayer de nouvelles idées et moins stressés par la peur de l'échec. L'expert Idriss Aberkane nous confirme d'ailleurs l'intérêt du jeu dans l'apprentissage : « Jouer est la façon naturelle d'apprendre. Pourquoi ? Parce que le jeu encourage une pratique prolongée et assidue. [...] C'est aussi une des raisons pour lesquelles on forme les pilotes au simulateur. C'est pour la même raison que les officiers s'entraînent aux wargames, que le football américain fut utilisé pour former les cadets à la stratégie, et que les chirurgiens qui jouent aux jeux vidéo d'action sont plus performants. [...] Si le jeu nous stimule, c'est parce qu'il est désiré et non subi[64]. »

Comment faire ?

Pour Michèle Come, humoriste (*Comeinc Humour Incorporated*), créer du lien c'est aussi assumer et dévoiler « son clown ». Nous avons peur de surprendre en dévoilant notre clown, de peur de traîner une casserole. Or, plus on dévoile son clown, au travers d'un relationnel sincère et authentique, plus on est aligné. Alors faisons sortir notre clown !

Synthèse des rencontres

Au fil des entretiens que j'ai menés, les salariés décrivent l'entreprise comme un lieu vidé de toute joie authentique. En même temps, le principe d'apporter du ludique au bureau est pour certains assez flou, un ami m'a d'ailleurs demandé si cela signifiait de faire venir des clowns. D'autres, en revanche, l'ont vécu. Un directeur marketing d'un groupe de produits de consommation m'a confié que son meilleur souvenir professionnel fut, lorsqu'il était junior, le côté clown de son manager qui rentrait parfois dans les salles de réunion effectivement déguisé (y compris lors d'entretiens de recrutement), ou lorsqu'il décidait de transformer par surprise le bureau d'un collègue en déplaçant l'intégralité de son contenu, ce qui dans le contexte de cette équipe ne choquait personne. Derrière le côté bon enfant de cet exemple un peu caricatural, le fait de partager des joies si simples et spontanées permettait ensuite de retourner travailler le cœur léger.

Certains salariés ont un naturel ludique à la maison et aimeraient l'exprimer au bureau, mais n'y pensent pas, ou estiment que ce n'est pas adapté. J'ai une amie de profil financier qui, à la maison, a le don naturel pour le jeu. Elle invente des histoires pour ses enfants, avec des peluches ou des jeux de mots, emporte toujours une boîte de jeu en vacances, me parle avec les yeux qui pétillent de soirées où des inconnus viennent dîner en ayant interdiction de parler de leur métier... Sa maison regorge de jeux, et quand elle en parle son visage rayonne ! Mais au travail, c'est une autre histoire...

D'autres sont naturellement « dans le jeu » au travail, comme mon amie Florence, cette directrice grands comptes qui témoigne : « Je suis la récréation de mes clients. Avec l'humour, je peux retourner les situations, pousser mon interlocuteur dans ses retranchements, inverser les règles, casser le moule. J'arrive avec des solutions à leurs problèmes, mais surtout je les fais rire. »

Rire ensemble rapproche et sourire humanise. C'est une source importante de confiance, une clé d'accès aux autres par l'énergie transmise. Or rien de plus simple, la joie se sent dès le bonjour, même un sourire s'entend au téléphone. Le jeu et la joie nous font, quant à eux, retomber en enfance : revivre des émotions d'enfance, des goûts, des odeurs, des mots... tout cela participe à nous redonner de la simplicité dans les petits plaisirs de la vie et dans la relation aux autres.

Cela me rappelle également l'ambiance qui fédère les équipes sportives. Dans ce domaine, pas besoin d'être champion ! J'entends chaque jour par la fenêtre les hurlements des enfants d'une école primaire : « Vas-y ! », « On est, on est, on est les champions ! », « À la soupe ! », « Hop-hop-hop-hop-hop-hop ! » C'est aussi cette joie, cette euphorie bon enfant qui crée l'esprit d'équipe. Comment peut-on s'en inspirer au bureau ?

Un point de vigilance réside dans notre capacité à rire et à partager de la joie avec ses clients ou partenaires tout en veillant à bien placer le curseur entre convivialité et familiarité, blague légère et humour déplacé. Il est conseillé de tester des approches pour trouver son style en fonction de la culture d'entreprise ou face à un interlocuteur peu réceptif.

Témoignages

J'ai eu le privilège d'interviewer Christophe Larrenduche, directeur général fondateur de l'agence de communication Sagarmatha, entreprise humaniste de 50 salariés, placée 2e au palmarès *Great Place to Work*. Sagarmatha illustre particulièrement l'authenticité du relationnel et la joie dans les petites choses du quotidien. Attardons-nous ici sur la façon dont le relationnel y est abordé car, parmi les entreprises que j'ai observées, Sagarmatha est celle qui a mis en place le plus d'actions pour créer du lien au quotidien.

Les pratiques de Christophe Larrenduche

« Tout d'abord, l'entreprise célèbre tout, les événements personnels importants des salariés avec des messages personnels pour chacun, la diversité des équipes avec les "apéros des régions" où chacun présente une spécialité de sa région ou de son pays, car la nourriture c'est le partage.

Cela se concrétise également par des séminaires annuels où toutes les équipes partent bivouaquer dans le désert ou marcher au Népal pour vivre une aventure humaine forte et un peu intime qui soude.

Il y a également l'importance du festif et des temps forts collectifs, créateurs de liens, comme peut l'être la troisième mi-temps au rugby, que ce soit pour les collaborateurs comme pour les clients.

Dans un autre registre, un "mur des mercis" centralise les messages de gratitude des salariés entre eux et également ceux des

clients, fort levier de reconnaissance pour les équipes, et une journée est consacrée à faire une petite attention anonyme à un collègue. C'est l'opération "anges gardiens".
D'autres initiatives illustrent l'univers fun de notre agence, comme le "trombinoscope Panini" où chaque salarié a ses propres photos autocollantes et doit remplir son album avec les photos des collègues, ou encore les réunions événementialisées, animées à tour de rôle par les équipes qui proposent un thème amusant. Les équipes se retrouvent alors déguisées ou réunies autour d'une dégustation de produits, tout en traitant des sujets habituels d'une réunion hebdomadaire.
Pour favoriser la créativité, une "prime culturelle" est remise à chacun contre l'engagement moral de la dépenser pour une "occasion d'ouverture d'esprit" (entrée au musée, achat de livres...) sans que cela ne soit à justifier, et une bibliothèque est accessible à tous, nourrie d'ouvrages sur le bien-être et le management.
Tous les salariés sont invités à mettre du ludique et du partage au bureau : une collaboratrice anime des cours de cordes à sauter, une autre un cours de yoga ; un collaborateur a pris l'initiative d'envoyer chaque semaine la "photo du vendredi", une photo d'archive mythique et drôle...
Au-delà de ces initiatives, les managers ont été formés à la "conversation courageuse", une méthode proche de la communication non violente qui permet de se dire les choses simplement, en conservant une bonne ambiance. En effet, dans une atmosphère aussi attentionnée et affective, même si les rôles de chacun sont parfaitement clairs et les responsabilités ne portent jamais à confusion, il n'était pas évident d'exprimer les difficultés ou les désaccords. Grâce à cela, nous avons pris l'habitude de nous reprendre entre nous quand l'un dérape, critique ou prend quelque chose personnellement. »

La raison d'être des pratiques de Christophe Larrenduche

En arrivant chez Sagarmatha, je suis tout d'abord frappée par l'aspect très ludique des bureaux où le DG est au milieu de ses équipes, sans place fixe, entouré de photos, chapeaux de fêtes, poufs... mais très vite je comprends que ce qui est bien plus important, c'est la raison d'être de l'agence, qui consiste à toujours se concentrer sur l'humain : *Start with People*[65].

« Notre métier est particulièrement stressant, avec de gros horaires, beaucoup de stress lié aux opérations, et notre valeur ajoutée repose sur la bonne entente de nos équipes. Notre principal enjeu est que les gens soient bien, qu'ils révèlent le meilleur d'eux-mêmes, c'est la priorité absolue devant tout le reste. Notre objectif est que le bureau soit un havre de paix pour les équipes, où chacun se sente en confiance. Ici, les valeurs remplacent les règles, le sens de l'équipe en fait partie, et nous sommes intransigeants sur leur respect par tous. Tout le monde peut faire des erreurs, mais on doit rester dans nos valeurs, car elles sont garantes de la cohérence de l'agence et donc de sa réputation.

Concernant l'esprit d'équipe, cela passe surtout par une attention au quotidien, on est tous un ange gardien pour l'autre. Notre conviction ? *Give first*[66]. Cela passe, par exemple, par une forte culture du partage, et de l'écoute. Les managers sont des "leaders-serviteurs[67]" au service des collaborateurs. L'attention que l'on porte aux équipes est ensuite virale, les salariés se l'approprient et ont le sens de l'entraide entre eux, il y a une solidarité impressionnante qui frappe les clients, chacun est attentif aux autres. Les liens ainsi facilités par tous ces moments de vie quotidienne, créent une histoire commune avec ses collaborateurs, on travaille alors mieux, avec ses collègues, simplement parce qu'on a envie de le faire. »

La clé pour y parvenir

« La clé pour que cet équilibre soit maintenu entre responsabilité, liberté, humanité et performance ? Tout d'abord nous recrutons des personnes qui nous ressemblent. En entretien, je passe plus de temps à discuter de nos valeurs et de notre vision, claires et concrètes, que des compétences techniques des candidats, car nous avons constaté que lorsqu'une personne ne convient pas dans sa mission, le souci porte rarement sur les compétences. D'ailleurs, les équipes travaillant en binômes tournants, ceux qui ne se reconnaissent pas dans la culture de l'entreprise s'excluent d'eux-mêmes. Il y a ainsi un cercle doublement vertueux sur le long terme, d'une part le projet d'entreprise fidélise, d'autre part ce faible turnover permet lui aussi le déploiement total de notre projet d'entreprise. »

Actions pragmatiques : Joies simples et culture du jeu au bureau, comment faire concrètement ?

En préparant ce livre, j'ai diffusé plusieurs enquêtes sur les réseaux sociaux. Les contributions ont fait ressortir très tôt l'importance de la bonne humeur : les managers et collaborateurs aiment « être joyeux, festif », autoriser la « déconnade », « prendre des petits moments pour raconter des bricoles », « décrisper par l'humour », « l'autodérision »... « l'humour est un outil puissant pour relativiser » et « faire rire ceux qui sont en repli ».

Voici une palette d'actions positives, dans laquelle piocher selon la culture de son entreprise :

Joies simples et culture du jeu : Petites actions du quotidien

108

S'exercer devant un miroir

Avant d'aller travailler, offrez-vous une séance de grimaces : tirer la langue dans tous les sens, crier, mimer des émotions en forçant le trait, de la joie à la tristesse, épeler les voyelles de façon caricaturale...

109

Chasser la mauvaise humeur

Si vous êtes de mauvaise humeur, et que vous n'avez pas envie de parler aux autres, écoutez de la musique, dessinez ou faites quelque chose que vous aimez. Cela permet d'éviter de mal se comporter envers les autres.

110

Proposer des petites animations amusantes

Inventer des proverbes, retrouver les noms des salariés à partir de photos d'eux bébés, organiser des concours photos, des quiz sur les métiers de chacun, diffuser des mots ou expressions nouvelles récemment découvertes, retrouver qui a dit quoi avec des verbatims et expressions fétiches amusantes internes et informelles dont il faut découvrir l'auteur... Il existe mille façons de mettre de la simplicité dans les échanges.

Je me souviens notamment d'un match de baseball réunissant cinquante mille spectateurs à New York, où les joueurs de l'équipe des Yankees répondaient sans retenue à une interview décalée sur le thème: « peut-on dire qu'un hot-dog est un sandwich ? », pendant qu'une caméra diffusait sur écran géant les visages des spectateurs amusés par les réponses improbables des héros et heureux de saluer à leur tour le public complice de ce joyeux intermède, parenthèse légère dans cette compétition sportive impitoyable.

111

Inventer son rituel d'équipe

Inspirez-vous des communautés pour trouver vos rituels. Par exemple : inventer des jingles ou des cris de ralliement pour fêter les petites victoires et s'encourager, créer un totem de l'équipe brandi à certaines occasions choisies, inventer une chanson de bienvenue à chaque recrutement, lancer une play-list dédiée ou faire sonner une cloche à chaque bonne nouvelle (comme chez Michel et Augustin où elle est appelée « cloche de la grosse vache » en référence aux produits de la marque). Inspirez-vous également de l'initiative danoise « *High Five Me it's Monday* », qui consiste à faire un check[68] comme les sportifs le lundi matin. Une façon ludique de démarrer la semaine tous ensemble.

112

S'inscrire par équipe à des manifestations extérieures et sportives

Courir entre collègue pour soutenir une association qui lutte contre le cancer, récolter des bouchons pour un projet de recyclage, aller nettoyer tous ensemble des plages ou parcs parisiens... Ces occasions sont autant de moments de partage et de joie en équipe.

113

Adopter quelques astuces qui dopent la joie

Il existe de nombreuses astuces pour déclencher la joie, car le cerveau est dupe :

• Parlez en remplaçant les voyelles par des i.
Cela fait rire à coup sûr...

• Buvez du thé noir. Qu'il soit glacé ou chaud, le thé noir est un anti déprime.

• Portez des lunettes de soleil quand c'est nécessaire. Si vous êtes obligé de plisser les yeux parce que le soleil vous éblouit, le cerveau associe cela à un signe d'inquiétude et vous fait ressentir cette émotion.

• Souriez ! On peut « tromper » le cerveau en souriant. Il se dira : « si je souris, je dois être heureux ! » et cela vous fera ressentir de la joie. Forcez-vous à sourire, chaque heure à quelqu'un, y compris à ceux qui sont froids et ne le font pas en retour. Souriez lorsque vous passez devant le monsieur de la sécurité à l'accueil, et chaque fois où vous croisez le regard de quelqu'un.

• Tenez un stylo horizontalement entre les dents en vous forçant à ouvrir la bouche, patientez quelques instants, que ressentez-vous ? Normalement de la joie car cela stimule les zones de bonheur de notre cerveau.

114

Écouter de la musique qui donne la pêche

Voici les 10 chansons à écouter en équipe ou seul, selon le site loptimisme.com et les travaux menés par Jacob Jolij, neuroscientifique et professeur à l'université de sciences sociales Groningen :

- *Don't Stop Me Now*, Queen
- *Dancing Queen*, Abba
- *Good Vibrations*, The Beach Boys
- *Uptown Girl*, Billy Joel
- *Eye of the Tiger*, Survivor
- *I'm a Believer*, The Monkeys
- *Girls Just Wanna Have Fun*, Cyndi Lauper
- *Livin' on a Prayer*, Bon Jovi
- *I Will Survive*, Gloria Gaynor
- *Walking on Sunshine*, Katrina & The Waves

115

Créer un *moodboard*

Le *moodboard* peut prendre la forme d'un mur décoré par toute l'équipe ou d'un cahier plus personnel, regroupant tout ce qui donne le sourire et fait du bien : des images, des coupures de magazines, des dessins, des photos, des petites phrases sur l'humeur du jour ont facilement leur place à côté de la machine à café.

116

Coller un sticker amusant au dos de sa carte d'identité

Cette action peut paraître surprenante mais elle fonctionne pour créer de la proximité par l'humour. Un de mes confrères ne passe jamais inaperçu lorsqu'il arrive à l'accueil d'une entreprise. Une petite photo de Didier Deschamps est collée au dos de sa carte d'identité. J'ai pu observer un grand nombre de fois sa capacité à créer du lien dès le bureau d'accueil et à marquer les esprits lorsqu'on lui demande sa pièce d'identité. Voir la photo de Didier Deschamps crée immédiatement la sympathie, certains l'imitent ou le caricaturent et cela leur donne le sourire. Que vous aimiez le football ou tout autre chose, cette astuce peut être déclinée à l'infini avec d'autres personnages ou des citations... Pour donner le sourire à vos interlocuteurs dès votre arrivée à un rendez-vous.

117

Avoir un panel de mantras

Notez les phrases qui vous inspirent et relisez-les souvent.

Par exemple :

- « Nous sommes programmés pour être heureux, mais la réalisation concrète de cet objectif dépend en grande mesure de notre créativité personnelle », Sergiu Baltatescu[69].

• « Le bonheur est un état d'esprit subjectif plutôt qu'une circonstance objective. Il reflète surtout la disposition d'esprit d'une personne à l'égard de la vie. », David Watso[70].

• « Le bonheur est comme un muscle que l'on peut développer. Entraînons-le et il deviendra plus fort. Le bonheur est une quête qui engage non seulement l'esprit, mais aussi le corps et l'âme », Miriam Akhtar, expert en psychologie positive.

• « Le bonheur ne dépend pas des conditions extérieures, nous avons le pouvoir de modifier nos états d'âme, la joie est déjà en nous et le restera », Guy Corneau.

• « Vis comme si tu devais mourir demain, apprends comme si tu devais vivre toujours », Gandhi.

• « Un rêve se réalise quand on y pense tout le temps », Paul Valéry.

• « Un sourire coûte moins cher que l'électricité mais donne autant de lumière », l'abbé Pierre.

Joies simples et culture du jeu : Actions un peu plus impliquantes, nécessitant de la réflexion ou un peu d'organisation

118

Organiser des concours bon enfant (ou y participer)

Placer un mot improbable en réunion (par exemple, bachi-bouzouk), faire une photo d'équipe dans le plus petit lieu possible (voiture, minisalle de réunion…), retrouver les photos de chaque collègue enfant, faire la plus belle photo de paire de chaussettes, la photo-archive d'équipe la plus collector, redécorer son bureau de façon originale, inventer des slogans improbables sur des produits imaginaires, choisir un mot qu'il est interdit de prononcer sous peine de gage… et donner des gages comme servir le café à toute l'équipe… Voici autant d'idées de concours ludiques qui mettent une bonne ambiance au travail.

Veillez à ce que les gains soient collectifs et conviviaux : un repas partagé, tous ensemble, à la bonne franquette, et où le gagnant est invité ; un pique-nique offert par le manager…

À vous de choisir ce qui convient selon la culture de votre entreprise, en y allant par petite étape, pour ne pas tomber à plat. J'ai connu des équipes où le concours de la plus belle paire de chaussette était presque routinier, mais dans d'autres contextes, apporter une simple photo de soi enfant serait particulièrement surprenant.

119

Fêter les anniversaires

Je n'ai jamais compris les entreprises où il est coutume de demander à celui qui fête son anniversaire d'apporter quelque chose. Nous parlons ici à l'inverse de lui faire la surprise de s'en occuper pour lui !

Apportez un gâteau, des bonbons, organiser un concours de gâteaux... pour tous types d'anniversaires (des salariés, de l'entreprise, de l'ancienneté des salariés...).

120

Admirer les petites choses de la vie et s'en réjouir

Se réjouir de voir des gens heureux, faire preuve de gentillesse, de courtoisie dans la relation avec les autres, rire si possible tous les jours... sont source de joies simples

Comme Raphaëlle Giordano l'a écrit dans son livre *Ta deuxième vie commence quand tu comprends que tu n'en as qu'une*[71]: « Être à l'affût du beau. Quand vous sortirez, au lieu de vous focaliser sur les choses désagréables, laides ou contrariantes, vous tenterez de fixer votre attention sur des choses jolies et agréables [...] L'expérience se révèle surprenante ! Au lieu d'avoir les yeux rivés sur les mendiants, les passants grincheux, le bébé hurleur, je me surprends à observer la couleur du ciel, l'oiseau joli en train de faire son nid, un couple d'amoureux s'embrasser, une maman faire un câlin à son enfant, un monsieur venir en aide à une dame pour lui porter sa valise dans les escaliers, à écouter le bruissement doux du feuillage… »

121

Créer la surprise

Quelles que soient les actions menées, mettez le plus possible de surprise dans le projet, c'est un élément de motivation supplémentaire.

Si vous organisez un jeu, pensez aux déguisements et aux accessoires qui aident à rentrer dedans.

Joies simples et culture du jeu : Vous êtes manager…

Actions que vous pouvez mettre en place vous-même

122

Proposer un rituel, et le tester

La pause-café en équipe est une habitude clé de la vie au bureau qui procure des joies simples dans la vie quotidienne et créé du relationnel entre les collègues. La neutralité de l'espace permet de discuter sur un ton à la fois libéré et franc. Ce type de moments permet également d'avoir un aparté informel pour aborder un sujet professionnel dans un style plus détendu que le cadre d'une réunion.

Le rituel en entreprise « constitue un mode d'emploi pour agir avec les autres [...] une conduite à suivre dans une situation donnée[72] ». Il facilite « l'intégration des individus au sein de la communauté en créant des pratiques partagées par tous. Le rituel est une activité collective symbolique qui favorise la transmission et la communication des éléments d'identité, voire d'idéologie, caractérisant la communauté qui les met en scène, tout en véhiculant des émotions[73] ».

La force du rituel en entreprise est de souder une équipe lors d'un moment habituel, collectif, où tout le monde sait ce qu'il a à faire.

À chacun son rituel en fonction de la taille de l'équipe, des profils des participants, des envies du groupe. À vous de trouver ceux qui correspondent à l'esprit de votre entreprise et aux attentes de vos équipes. La première fois qu'on lance un nouveau rituel, on est un peu « coincé », il faut alors inviter à la récurrence, démultiplier les occasions informelles pour que les liens se créent. Lors de ces rituels ou moments informels collectifs, ne partagez que les bonnes nouvelles. Les difficultés du quotidien sont plutôt discutées en petit comité avec les personnes concernées.

Voici quelques exemples que j'ai pu observer :

• Photos des petites victoires d'équipes ou des anniversaires, choix d'un lieu fétiche pour célébrer les bons moments (le café du coin, la terrasse ou le bureau du patron ?), fond de décor frappant pour accentuer la célébration, stock d'accessoires festifs à disposition si besoin, musique culte de l'équipe...

• Les joies simples en France passent souvent par le partage d'un repas, d'un goûter après un effort ou une période intense.

On trinque, on mange, on porte un toast, on mange une galette... pour célébrer le groupe et être bien tous ensemble, affirmer ce que l'on a en commun. Pas besoin de gros moyens, un bon fromage, une tablette de chocolat ou quelques chouquettes font l'affaire ; c'est juste de la joie de vivre authentique ;

Organiser un pot de fin de mission, fêter les succès de l'entreprise, les fêtes de fin d'année, ritualiser les dégustations de vins, fromages, charcuterie, les petits-déjeuners hebdomadaires à heure fixe, les brioches du vendredi à l'heure du goûter, les flash mob party ou les parties de pétanque...

• Proposer une journée avec des codes couleurs, une journée déguisée par équipe, (certaines sociétés organisent la « Journée en pyjama » !).

• Recueillir les photos des événements de l'année et imprimer « l'album des bons moments ».

• Inclure à ces rituels les personnes en télétravail ou à distance, par exemple en organisant des pizza party virtuelles où toute l'équipe mange des pizzas au même moment, y compris avec ceux qui sont présents par Skype. Planifier, sur le même principe, une « machine à café virtuelle » où l'on se retrouve 5 minutes autour d'un café à distance.

• Pour l'organisation de rendez-vous festifs, mettre certains membres de l'équipe dans la confidence et leur donner un rôle comme animer un jeu, *brainstormer* sur de nouvelles idées... tout en gardant le suspense jusqu'au bout sur le format final de l'événement.

• Proposer des rituels joyeux dont vous êtes absent pour que l'équipe se soude aussi en dehors de la présence de son manager. Suggérez des dîners du « club de l'énergie positive » ou toute forme de retrouvailles organisées par les salariés souhaitant s'en saisir.

Un dirigeant de PME m'a confié qu'il avait ressenti à la fois de la satisfaction et de la frustration à le faire. C'est selon lui un acte de management ultime de ne pas participer systématiquement à ces rituels, car l'autorité qu'incarne le manager peut être un frein à la simplicité du bon vivre ensemble de certains moments conviviaux.

123

Instituer des traditions

Dans le même esprit que les rituels, Nicolas Froissard, DG du groupe SOS, m'a raconté comment les souvenirs de voyage atypiques sont devenus coutumiers.

« J'ai découvert qu'on pouvait être extrêmement sérieux sans se prendre au sérieux. Le Groupe SOS est aujourd'hui un acteur clé d'un modèle que l'on appelle « économie sociale et solidaire » ou « entrepreneuriat social ». Nous étions 400 quand je l'ai rejoint en 2000. Nous sommes aujourd'hui 15 000. Le travail est réalisé avec beaucoup de bonne humeur, d'humour, de moments de convivialité (les apéros d'équipe ne sont pas rares...). Et je crois que c'est finalement notre force : quand on prend du plaisir dans son travail et avec les personnes avec lesquelles on travaille, on est meilleur. « La légèreté n'est pas le contraire de la profondeur, mais de la lourdeur[74]. »

Aujourd'hui, au sein de mon équipe, quand quelqu'un part en voyage, il ramène une boule à neige du pays ou de la ville visitée. C'est une façon un peu kitch, mais très drôle d'évoquer et partager ce moment de l'autre vie, la vie « perso ». Je ne crois pas que ce soit moi qui aie décrété un jour (et d'ailleurs il n'y a évidemment aucune obligation) qu'il fallait désormais ramener une boule à neige de ses voyages... Ça s'est fait comme ça, je ne sais plus qui en est à l'origine, mais ce qui est important, c'est que c'est le cadre général dans lequel nous évoluons qui le permet. Ces petites traditions, ces moments de convivialité et de partage peuvent paraître anecdotiques. Ils sont au contraire de la plus haute importance. »

124

Terminer les réunions par une touche qui fait sourire

Dites simplement et sincèrement : « Surtout, amusez-vous bien », « éclatez-vous », « enjoy », « On est vraiment trop forts ! »...

125

Installer des tables de déjeuner plus grandes

Comme à l'école ou dans les maisons de familles nombreuses. Plusieurs études ont démontré que les employés s'asseyant aux tables les plus grandes des salles de pause sont plus productifs que ceux qui choisissent de petites tables, car ils communiquent davantage avec toute l'entreprise.

126

Surprendre avec un quiz musical pendant une pause

Utilisez une playlist pour blind test disponible sur internet.

127

Célébrer tout ce qui peut l'être

Fêtez avec autant d'importance un contrat majeur et le premier client décroché par un junior.

Actions habituellement mises en place après réflexion avec les équipes :

128

Organiser une bourse aux talents

Dénichez les talents musicaux, théâtraux de vos équipes… et proposez de monter un spectacle, par exemple le jour de la fête de la musique ou à toute autre occasion de rassemblement (Journée des enfants des salariés, anniversaires…).

129

Diffuser des anecdotes d'expériences exceptionnelles

Conservez, voire formalisez des histoires, situations frappantes et positives que tout le monde aime raconter dans l'entreprise. Selon les talents de vos équipes, cela peut prendre la forme d'un livre d'or, d'une bande dessinée, d'une exposition photos, de témoignages dans l'Intranet ou la newsletter interne.

130

Proposer la confection de sweat ou tee-shirt de promo

Nombreux sont les entrepreneurs qui désormais arborent quotidiennement un tee-shirt à l'effigie de leur entreprise, qui est à la fois un support de communication vivant plein de simplicité, mais également une façon d'incarner et de véhiculer le fort sentiment d'appartenance à l'entreprise. J'ai en revanche remarqué que ces tee-shirt n'ont pas le même effet dans les grands groupes où le «tee-shirt de la boîte» est souvent relégué à l'usage de chiffons, pyjama ou en dépannage pour le sport.

À l'image des universités américaines, sans utiliser la charte graphique de l'entreprise, imaginez plutôt ensemble des tee-shirts et des sweats avec un nom de promo qui fait référence à quelque chose qui soude l'équipe, où chacun peut s'inventer un surnom qui sera imprimé.

131

Donner un nom et un logo à chaque projet

Déclinez-les sur des tee-shirts, stylos, bloc-notes... pour toute l'équipe.

132

Diffuser les réalisations avec simplicité

Vous souhaitez diffuser la culture de l'action et partager les apprentissages liés aux erreurs commises ? Trouvez le format qui correspond à votre culture et qui se déploie sans contrainte pour les équipes.

Un coach en charge de l'accompagnement au changement d'un grand groupe de construction témoigne: «Dans une des filiales, les équipes se voient tous les jeudis matin pour présenter à tour de rôle un sujet libre, en 15 minutes. Ce qui plaît c'est que tout est simple puisqu'il n'y a aucune règle pour le fonctionnement. Les volontaires pour s'exprimer s'inscrivent sur un calendrier partagé, chacun apporte des gâteaux faits maison, tout le monde fait comme il veut pour présenter une méthode, une start-up, soit pour donner plus de visibilité à un projet, expliquer la stratégie, répondre aux questions sur la mutuelle… Comme c'est simple et convivial, ça fonctionne tout seul. Dans d'autres équipes en mode projet, chaque semaine chacun partage en 2 minutes à tour de rôle ce qu'il a fait et ce qu'il va faire dans la semaine. Personne n'a le droit de couper ni de questionner celui qui parle. Ce rituel a lieu même si certains participants sont absents, ceux-ci étant invités à aller chercher eux-mêmes l'information qu'ils ont manquée. Cela peut paraître simpliste mais ce rituel déployé à l'échelle d'un projet permet de recouper l'information et de se sentir soutenu par le groupe. »

Joies simples et culture du jeu : Initiatives peu courantes recensées

133

Mettre du ludique au travail

Les salariés ont tous envie de légèreté, de fun. La joie se transmet en mettant du ludique au travail, par exemple en utilisant un vocabulaire léger pour un projet (je connais une entreprise où l'Intranet s'appelle « *Smile* »), ou de façon plus impliquante, en revenant en enfance de temps en temps pour mettre du jeu dans le travail, y compris avec les clients. Nous avons beaucoup à apprendre des enfants qui créent naturellement du lien par leur capacité à être sincères, entiers, spontanés.

À ce titre, lisez *Fish! Philosophie*[75] qui explique l'importance d'illuminer la journée de nos équipes, nos clients, nos collègues : « Au bureau c'est important de jouer avec les clients, tout en restant présents à eux, en les regardant dans les yeux, dans une atmosphère d'échange et de participation comme avec de vieux amis. ».

Mettre du ludique... Comment faire ?
Voici quelques idées...

• Introduire au sein de l'entreprise l'utilisation de jeux de cartes, jeux de construction, challenges, quiz, cocotte en papier... Une société a, par exemple, inclus dans son mode de recrutement une cession de bricolage en équipe. Une responsable des ressources humaines a inclus dans ses entretiens des cartes comprenant des questions personnelles un peu décalées : le candidat en tire au sort une ou deux : « Quelle est votre recette préférée ? »,

« Avez-vous la main verte ? », « Quel type de film ou de livres aimez-vous ? », « Quel est votre style de musique ? ».

• Créer un chemin d'arrivée à son poste de travail sur le modèle d'Ikea, permettant de traverser tous les locaux et de saluer les collègues.

• Chaque processus peut être rendu plus ludique, comme une chasse au trésor organisée lors de l'intégration d'un nouveau salarié, pour lui faire découvrir des informations clés sur l'entreprise, ou une adaptation de « Questions pour un champion » avec jeu de cartes sur les objections des clients et la manière d'y répondre. Le but du jeu est de savoir répondre à toutes les cartes le plus rapidement possible[76].

Dans un autre style, chez Michel et Augustin, des responsables des ressources humaines sont allés dans les rames du métro, vêtus d'un tablier de cuisine pour diffuser leurs offres d'emploi et aller à la rencontre de candidats comme s'ils vendaient du poisson à la criée.

• Créer la surprise avec une pause conviviale imprévue, parce qu'il est plus important de passer 15 minutes « humaines » avec ses collègues que de se précipiter sur les tâches ou réunions prévues.

• Imaginer des mises en scènes qui créent l'émotion, transgressent des symboles, sortent du monde ordinaire, des rites de passages et situations hors du commun, pour surprendre les équipes ou s'immerger dans l'univers de nos clients : décorations, costumes, parodies, vidéos...

• Organiser un concours de poésie pour que les salariés décrivent leur entreprise en vers pour la présenter aux visiteurs.

• Lors de l'arrivée d'une nouvelle recrue, lui remettre une pièce d'un puzzle à chaque étape de son parcours de bienvenue, jusqu'à la finalisation d'un puzzle complet qui marque son intégration.

• Et si, lorsque quelqu'un fait une petite boulette du quotidien (comme ne pas éteindre la lumière ou laisser son ordinateur ouvert), on proposait d'inviter en son nom tout le service pour un petit déjeuner bienveillant et fun, une façon de faire passer le message tout en étant dans la joie, le jeu et le collectif ? Ou bien toute personne prise en flagrant délit de consulter son mobile en réunion apporte un goûter ?

Quand j'étais chez Filapi, nous avions le goût pour les réunions en chaussons, sur des poufs, toujours prêts à tester les déguisements… Des clients passaient parfois au bureau mettre une toge, un chapeau, se lâchaient le temps d'une photo souvenir, puis repartaient gérer leur compte d'exploitation ou préparer leur intervention en comité exécutif. Lors de mon pot de départ, les messages des collègues évoquaient ma « joie de vivre », ma « bonne humeur », pour rendre la « vie plus vivante » et « pétillante ». J'étais affublée par certains du surnom de « Fée Clochette », dégageant « quelque chose de superpositif et entraînant », et qui « faisait du bien ». Quant à mon associée, Catherine, elle avait cette capacité à ne jamais se prendre au sérieux, saisissant l'ironie et le comique de chaque situation. J'ai également un souvenir mémorable d'une collègue travaillant à la comptabilité clients, dont le rire particulièrement communicatif irradiait les bureaux voisins, elle avait de ravissantes tresses en macaron sur les oreilles. Quelle joie de l'entendre alors que son métier était tellement sérieux, elle nous mettait le cœur à l'ouvrage.

134

Organiser un *Lunch Beat*

Il s'agit d'une pause de 15 minutes à 1 heure, sur le temps du déjeuner, où les salariés sont invités à danser ou à écouter de la musique.

135

Pimenter la journée de spectaculaire

Lorsque la culture de la fête vient d'en haut, d'une manière sincère et qu'il y a de la confiance, certaines sociétés créent un mur de blagues et une boîte à rire, l'effet est garanti si cela reste respectueux de tous.

Vous pouvez également proposer une expérience magique ou décalée lorsque les clients viennent visiter les bureaux, pour les étonner, les enchanter. Mais ce type de dispositif ne s'applique pas dans toutes les cultures d'entreprise.

Passage à l'action

Actions que je vais faire lundi prochain :

....
....
....
....
....
....
....
....

Actions que je vais planifier dans le mois :

....
....
....
....
....
....
....
....

Actions que je vais proposer à mon entreprise :

....
....
....
....
....
....
....
....

• Astuce de la WE box pour passer à l'action :

Il n'y a que le premier pas qui compte, or le cerveau n'aime pas changer d'habitude, donc allez-y graduellement, en commençant par des actions du quotidien peu impliquantes. En effet, mettre en place un mur de blague alors qu'il y a des insatisfactions profondes dans vos équipes ne semble pas la meilleure idée, mais partager une tablette de chocolat ou un café semble jouable dans tous les contextes. Alors vous commencez par quoi ?

• Ils ont appliqué les bonnes pratiques *via* la WE box et m'encouragent :

43 % des sondés déclarent avoir perdu leur côté enfantin, et qu'un peu de légèreté ne ferait pas de mal[77].

• Les 2 bonnes pratiques qui génèrent le plus de discussions dans la WE box :

Il y a toujours une bonne excuse pour fêter quelque chose… Qui formule un toast dans le chat ou avec des voisins de bureau ? « À Claire, pour son indéfectible sourire en toutes circonstances… »

C'était fou vous vous souvenez ? Quel est le souvenir le plus drôle au bureau qui vous vient à l'esprit ?

LEVIER

5

Place de l'émotion et empathie

« *L'empathie au travail est souvent mal comprise, c'est pourquoi j'ai choisi d'y consacrer un peu plus d'éléments de fond. Faut-il être mielleux ? Non, surtout pas. Il n'est pas question d'angélisme non plus.* »

Que nous apprennent les experts ?

En psychologie, l'empathie est la capacité de ressentir les émotions, les sentiments, les expériences d'une autre personne ou de se mettre à sa place. L'empathie c'est donc repérer les signaux faibles, se mettre dans les chaussures de l'autre pour essayer de le comprendre, savoir ce qu'il ressent, ce qu'il désire, considérer ses sentiments comme étant aussi importants que les siens. C'est la capacité à être curieux. Au lieu de critiquer les autres, l'empathie permet de les saisir pour vraiment rentrer dans l'échange, de rechercher le comportement adapté face à une situation donnée.

Tous les humains ont besoin de sécurité, de stimulation, de spontanéité, d'affection, d'estime et de reconnaissance, d'autonomie, de liberté d'expression, de cohérence… si un de ces besoins n'est pas satisfait cela déclenche une émotion désagréable comme la peur ou la tristesse. C'est donc la cause de l'émotion qu'il est important de décortiquer et de traiter pour trouver le besoin sous-jacent qui est non satisfait.

Au Danemark, pays champion du bonheur selon ses habitants, des cours d'empathie sont désormais proposés une heure par semaine à l'école pour préparer les prochaines générations. Les Danois affirment que ces cours d'empathie obligatoires offerts aux enfants et adolescents de 6 et 16 ans contribuent à rendre les enfants plus heureux dans leur vie d'adulte.

Dans le monde des adultes au travail, les chercheurs Robert I. Sutton et Anat Rafaeli [78] ont montré que la façon dont les collaborateurs expriment leurs émotions au bureau a un impact sur les résultats de l'entreprise. Emmanuel Toniutti, auteur du livre *Le leadership de l'amour*, philosophe et théologien de formation, fait référence quant à lui à de nombreuses sources académiques pour définir le leadership de l'amour : il s'agit de « notre capacité de leader à prendre en charge nos propres émotions et celles des autres sans perdre de vue l'objectif à atteindre. Cela pour passer de la méfiance naturelle à la confiance. Le leadership de l'amour est une inversion totale des modèles habituels de leadership. Quand les personnes se sentent respectées et prises en considération pour ce qu'elles sont, elles développent naturellement une énergie positive engageante, tournée vers le succès [79]. »

L'empathie pourrait se résumer dans l'expression fétiche « *Are you with me ?* » de Joe Dispenzia, neuroscientifique [80] et conférencier, qui demande à son public avec énergie s'il est bien là avec lui, une forme d'invitation à expérimenter la puissance du « Bonjour ! », à être attentif à l'autre. Oui oui, nous sommes bien là, bien présents à l'autre dès le bonjour.

Lorsque l'on génère une émotion, quelle qu'elle soit, cela renforce la motivation de notre interlocuteur à passer à l'action. C'est en sollicitant l'humour, l'étonnement, le questionnement décalé, pour déclencher une émotion chez notre interlocuteur, qu'on le captive et qu'il mémorise nos messages. Pour le cerveau, l'émotion signifie que quelque chose d'important est en train de se passer.

« *Partager des moments tristes et gais de la vie ou se sentir entouré dans la joie comme dans l'adversité procure de bons sentiments et resserre les liens* [81] », affirme Laurence Vanhée, spécialiste du bonheur au travail.

Mais pourquoi alors est-ce difficile de faire preuve d'empathie, et spécifiquement au bureau, alors que nous avons tous soif de compréhension ? À l'âge adulte, les émotions sont reléguées au second plan au profit de la performance dont nous sommes particulièrement soucieux.
De plus, nous avons peur des émotions de nos semblables. Les neurosciences nous apprennent que le chagrin de l'autre génère chez nous aussi de la peine, c'est pourquoi nous préférons nous tenir à l'écart. Personne ne sait comment réagir face au décès d'un enfant ou à la perte du conjoint d'un collègue. L'angoisse des personnes vivant ce type de situations empire alors lorsque tout le monde fait « comme si de rien n'était » et qu'il faut à tout prix rester dans les valeurs de « joie et dynamisme » de l'entreprise.

Synthèse des rencontres

Professeur empathique. Tout comme la place du manager, la place de l'enseignant a évolué vers plus de relationnel. Les jeunes n'ont plus la même notion du respect *a priori* de l'autorité du professeur, c'est aux enseignants de créer ce respect par la personne qu'ils sont et non juste par leur statut. Voici un témoignage d'une enseignante qui a développé une pédagogie empathique pour être en lien avec ses élèves : « Tout d'abord, je suis fidèle à ma personnalité, quitte à chambouler les codes de l'enseignement et à moins «jouer au prof», sinon les élèves le sentent, ça sonne faux et ils décrochent. Cela passe par une capacité à sentir quand ça ne va pas, lorsque les adolescents ont des doutes ou inquiétudes qui les empêchent de suivre un cours (les attentats, un conflit dans la classe, de la fatigue après des examens...), dans ce cas le cours s'arrête pour prendre le temps d'en discuter. Une meilleure connaissance de la température de la classe, et de la mienne, associée au dialogue quotidien, permet ainsi d'expérimenter des choses plus adaptées à la classe et à l'humeur du jour (travailler avec des vidéos, des cas réels, avec des entreprises, sortir...). Je suis ainsi à leur service, et cela me donne le sentiment d'être vraiment utile. Prendre ce type de risque nécessite d'avoir une certaine maturité pour être à l'aise avec ce qu'on attend de soi et d'avoir du recul sur ce qui est important pour les jeunes. »

Qu'on le souhaite ou non, l'anxiété du manager se transmet de toutes les façons à ses équipes : avec les stratégies changeantes, les messages contradictoires, les exigences trop élevées, l'agressivité... personne ne peut cacher une émotion puisque la plupart des messages affectifs passent par l'expression du visage et du corps. Un sourire, un mouvement de recul, un haussement d'épaules en disent bien plus qu'un discours qui se veut rassurant.

En matière d'empathie au travail, point trop n'en faut toutefois. D'un côté, certains de mes interlocuteurs mettent en garde contre le risque de manipulation managériale sur la base des émotions connues des collaborateurs. D'autre part, les champions de l'empathie m'ont unanimement confié qu'ils ne savaient pas prendre soin d'eux. À force de se mettre dans les souliers des autres, certains grossissent ou maigrissent au gré des difficultés de leurs équipes, avouent avoir une vie sentimentale chaotique ou souffrent d'une hernie ou d'un lumbago.

Témoignages

Prenons l'exemple des relations hommes-femmes en entreprise. Les rapports entre les deux sexes sont parfois limités ou faussés par la peur qu'un comportement soit interprété comme de la drague feutrée, ou comme une blague sexiste. Cette distance entre les hommes et les femmes est également constatée dans toutes les formes de diversité.

Jean-Michel Monnot, consultant spécialisé dans les programmes en faveur de la diversité en entreprises, témoigne :

« La solitude au bureau est un vrai drame. Notre capacité à inclure les autres, c'est que chacun se sente en sécurité, respecté et valorisé. Chaque personne est une combinaison unique de plein de facettes, c'est notre diversité ; il est important de donner à chacun la possibilité d'être qui il est, pour se sentir bien et se développer. L'inclusion passe par l'intérêt que l'on a réellement pour l'autre, sa vie, ses passions, sa famille, avant de s'intéresser à sa fonction. L'humain prime, je dis souvent cela ainsi : *people first*. On a tous des biais, des jugements, d'autant plus que la conformité est une règle qui s'impose facilement. Faisons preuve d'empathie, pour créer un état d'esprit où les équipes se sentent à l'aise pour s'exprimer, et osent parler quand elles sont témoins d'une attitude non convenable. »

L'empathie est illustrée par ma rencontre avec Mikaël Schetter, *global human resources director* de Make Up For Ever (groupe LVMH). Pourtant, cette société de 2 000 personnes a vu sa taille multipliée par 14 en 10 ans, dans un marché particulièrement compétitif, à l'heure où des marques iconiques de beauté évoluent très vite. Dès l'accueil pour cette interview, la poignée de main est soutenue et le regard particulièrement bienveillant…

Les pratiques de Mikaël Schetter pour favoriser l'ouverture au monde

« Pour écouter les plus jeunes, un comité que l'on a appelé "BB Dragons" a été créé, une forme de laboratoire d'innovation composé de salariés-*millennials* sélectionnés, afin de les aider à apporter leurs idées face à la transformation du marché du maquillage et nourrir le plan stratégique de la maison. Pour s'ouvrir aux différents points de vue, chaque mois, des événements sont également organisés pour rencontrer des personnes qui n'ont rien à voir avec le business de la beauté, mais qui sont inspirantes, comme des artistes, des sportifs, des start-up… Il y a aussi une revue de presse hebdomadaire pour sensibiliser les collaborateurs à l'intelligence émotionnelle ou à bien d'autres sujets qui ouvrent au monde, des déjeuners qui permettent de partager autour des métiers et ainsi supprimer les silos entre les services.
D'autre part, l'engouement pour l'esprit de tribu est constamment animé dans le "tipi" (nom donné au siège social). Il a été demandé aux collaborateurs d'envoyer des vidéos courtes et réalisées avec les moyens du bord, qui illustrent librement la façon dont ils vivent les mots-clés de l'ADN de l'entreprise : artistique, professionnel, exubérant. La créativité des centaines de vidéos reçues a été frappante (des films inspirés de mangas, de Charlie Chaplin, de Bollywood…). Dans notre entreprise où la philosophie est "*life is a stage*[82]", ce projet à dimension artistique a créé de l'énergie et de l'engouement autour des valeurs de façon universelle dans tous les pays où la marque est présente.
Il y a également une proximité et de la simplicité relationnelle dans la tribu. Tout d'abord, tous les deux mois, le président prend le temps de déjeuner avec plusieurs salariés. D'autre part, les comités sont des véritables zones d'échanges.

Le comité de direction est par exemple éveillé au codéveloppement, à l'intelligence émotionnelle, à la Process communication. Le projet *Ubuntu* (traduisez : "Je suis ce que nous sommes") a ainsi permis de fédérer le comité des managers seniors d'Asie autour d'un socle commun : le partage d'émotions, rires, pleurs, exercices de collages pour illustrer les fondamentaux de sa vie personnelle et de sa vision, scénarisation des réunions, techniques d'écoute, de relaxation… ont permis au comité de se découvrir et de faire vivre ce lien au fil des mois. »

Le sens des actions selon Mikaël Schetter

« Depuis sa création, la société incarne un esprit communautaire autour des maquilleurs professionnels, pour créer une tribu. Comment pérenniser l'esprit collectif et entrepreneurial d'origine avec une telle croissance ? Mon mot d'ordre est : "Faisons simple mais créons du lien."
La proximité du président donne une forme d'exemplarité, le rôle du DRH est ensuite de conserver la dynamique de proximité et d'écoute, pour faire fructifier les valeurs fortes de la maison, tout en s'assurant que la tribu reste inclusive. C'est une combinaison entre bienveillance et détermination, avec à la fois de l'écoute, du respect, de l'ouverture, du collectif, de la liberté et également une approche opérationnelle pragmatique orientée vers le business. »

Actions pragmatiques : Place de l'émotion et empathie en entreprise, comment faire concrètement ?

Nous avons listé ici certaines actions à réaliser au travail, complétées par des astuces scientifiquement prouvées pour le quotidien, que ce soit dans les transports, avec sa famille et ses amis. Car si l'émotion a un impact sur le physique (mal au ventre, troubles du sommeil…), à l'inverse le physique a aussi une influence sur l'émotion, y compris en dehors des heures de travail.

Place de l'émotion et empathie : Petites actions du quotidien

136

Utiliser des émoticônes au bureau

Les émoticônes constituent une nouvelle forme de communication, comme du langage non verbal, privilégiée par les jeunes générations. Selon un sondage [83] OpinionWay pour la Française des jeux, l'émoticône donne du ton à un texte, renforce le propos, l'illustre, en souligne le sens (75 %), exprime un sentiment plus facilement (61 %), met un terme aux quiproquos (43 %), ou permet d'aborder des sujets difficiles tout en préservant la sensibilité de l'interlocuteur (39 %).

137

Afficher son humeur

Collez sur votre bureau un Post-It® avec un smiley, par exemple : ☺ ou ☹, pour informer vos interlocuteurs de votre état d'esprit du moment afin qu'ils le prennent en compte. Cela peut éventuellement déclencher une discussion à ce sujet, et encourager l'autre à en faire autant en toute simplicité.

138

Générer des émotions autour de soi

Vos paroles, vos actes... suscitent une réaction chez vos interlocuteurs. Apportez des fleurs, un bon parfum, un goûter, parlez d'artistes, d'exposition, entourez-vous de photos d'art dans votre environnement de travail, exprimez vos émotions positives, soyez joyeux, surpris...

139

Éveiller ses sens

Regardez deux minutes une feuille d'arbre (ou un carré de chocolat), en l'observant dans toute sa dimension, son odeur, sa couleur, sa texture, son épaisseur, en la faisant tournoyer dans vos doigts.

Un autre petit jeu pour développer ses sens consiste à rester les yeux bandés 15 minutes, percevoir les choses, les bruits, les odeurs, les gens, cela développe les sens.

Faire cette expérience à plusieurs permet également d'échanger à propos de vos sensations.

Marcher pieds nus et ressentir le sol, s'étirer comme un chat, enlever ses chaussures en rentrant du travail, caresser son animal de compagnie, sentir l'odeur du café en se réveillant, chanter dans sa voiture, traînasser, écouter sa chanson préférée, danser sans réfléchir, faire un feu et le regarder attentivement, savourer la première gorgée de thé le matin... Tout cela éveille vos sens et vous aide à être en empathie avec les autres.

140

Écouter sans chercher à conseiller

Essayez de dire cette semaine à quelqu'un (uniquement si c'est sincère) : « je comprends très bien ce que tu ressens, à ta place j'aurais sans doute réagi de la même façon », sans chercher à donner des conseils du type : « je pense que tu devrais faire ça ». Le but est juste d'écouter. Ne pas vouloir « faire » quelque chose à la place des autres, ni trouver une solution, mais écouter, simplement.

141

Adopter une posture ouverte

Savez-vous qu'opter pour une posture les bras croisés derrière la tête est semblable à la tactique de déploiement du corps utilisée par les animaux pour montrer leur supériorité et faire fuir leur ennemi (par exemple : les oiseaux avec leurs ailes ou même le cobra à sa manière) ?

Les bras croisés, que ce soit sur le ventre ou derrière la tête, renvoient une image de fermeture, de repli sur soi ou de supériorité.

Décroiser les bras au moment de la discussion signifie à votre interlocuteur que vous êtes disposé à l'écouter, sans préjugé, avec ouverture d'esprit. Avoir une attitude corporelle détendue avec un contact visuel amical met l'autre en confiance.

Une spécialiste des comportements humains m'a expliqué le principe qui consiste à adopter des postures corporelles ouvertes, pour que le cerveau se mette dans un registre d'ouverture aux autres. Ainsi, le fait d'ouvrir grand les bras pendant deux minutes avant un rendez-vous facilite l'échange.

142

Repérer les émotions

Jouez à repérer les émotions de vos interlocuteurs, comme si vous observiez la scène de l'extérieur, regardez les expressions faciales et les postures des collègues, les échanges entre les individus en réunion, ceux qui ont une mine maussade ou tendue, ceux qui sont ailleurs et tapotent leur mobile, sourcils tirés vers le bas, dents visibles ou lèvres serrées, tête en arrière, yeux écarquillés, bouche affaissée, visage pâle, mâchoires serrées et narines dilatées... Prêtez attention aux changements dans le langage non verbal : timbre de voix, coloration de la peau, transpiration, mouvements fréquents et répétitifs, activité oculaire, expressions faciales et posture. Le cas échéant, transformez le ton, voire le déroulé de la réunion en fonction de votre ressenti.

143

Imaginer la vie d'inconnus

Lorsque vous croisez des inconnus dans le métro ou au café, essayez d'imaginer quelle est leur vie, leurs soucis, leurs sources de joie, ce qu'ils ont en tête en ce moment, comme si vous étiez à leur place.

144

Soigner les cadeaux

Quand vous offrez un cadeau, demandez-vous ce qui fera plaisir à la personne qui le reçoit. Pensez au papier cadeau, au petit mot manuscrit qui l'accompagne, le petit détail personnalisé, émotionnel, qui touche.

145

Mettre des mots anonymes et sympas sur les bureaux des collègues

« Have fun ! », « excellente journée ! »

Place de l'émotion et empathie : Actions un peu plus impliquantes, nécessitant de la réflexion ou un peu d'organisation

146

Se former au langage non verbal

Notre attitude physique en dit beaucoup plus que le contenu de nos discussions, c'est quelque chose que l'on apprend peu à l'école alors que c'est indispensable pour donner envie aux autres d'entrer en relation avec nous.

Notre attitude véhicule nos pensées. Les micromouvements du visage, la position du regard, le débit de la parole... aident à comprendre les autres. Ce qui fait qu'on a envie ou non d'écouter une personne passe beaucoup par son attitude physique, l'effet qu'elle produit, l'image qu'elle donne.

Le regard permet de s'adapter aux personnes que l'on a en face, de se mettre à leur place, de déceler qui est l'autre, comment il réagit, de capter la façon dont les gens répondent sans parler, ou décrochent.

Je me souviens notamment d'une collègue à qui je demandais si tout allait bien à la maison à l'approche de son petit dernier. Elle me répondit « oui oui ! » et en même temps son visage refléta soudainement une forme de panique, yeux écarquillés, front plissé, respiration coupée... Je ne l'avais jamais vue ainsi. Le message me paraissait clair, ça n'allait pas.

Être sensible à ce que l'autre communique inconsciemment nécessite d'être moins préoccupé par ce qu'on a à dire, et centré sur le lien que l'on crée avec les autres.

Pour partager vos idées avec vos managers, collègues, clients, utilisez des anecdotes, métaphores, travaillez votre langage corporel pour être en lien avec votre interlocuteur. Pour cela cessez quelques instants d'écouter le sens des mots utilisés pour porter attention aux tons de la voix, aux rythmes de la parole, aux respirations...

147

Exprimer ses émotions

Partagez vos émotions avec ceux qui sont en mesure d'écouter ce type d'expression au bureau, cela incitera par contagion les autres à le faire. Faire preuve d'empathie s'illustre par exemple dans notre capacité à sortir des généralités et des « y a qu'à », « faut qu'on » en précisant notre pensée et celle de l'autre *via* l'utilisation du « je » et du « tu » dans nos discussions. Une étude publiée dans le *Journal of Educational Psychology* (n° 93), démontre d'ailleurs que lorsque les informations sont communiquées selon une approche conversationnelle, en utilisant le « je » et le « tu », le cerveau devient bien plus vigilant et réceptif et les messages sont mieux transmis...

En dix années chez Filapi, j'ai connu la peur, la colère qui fait oublier l'autre, la tristesse qui enferme quand l'harmonie est rompue, mais cela a été aussi très joyeux. Je me souviens notamment avoir littéralement explosé de joie avec mon associée Catherine, comme des enfants, assumé un fou rire après avoir dit ou entendu une énormité, été émue aux larmes face à une marque de gentillesse dans un moment douloureux... Il y avait une place énorme pour l'expression des émotions.

148

Poser des mots sur ce que l'on ressent

Prenez l'habitude de poser des mots sur vos émotions et affinez votre vocabulaire pour être précis. Par exemple, en cas de tristesse vous pouvez exprimer que vous êtes abattu, affligé, bouleversé, cafardeux, chagriné, découragé, déçu, démoralisé, démotivé, éploré, esseulé, fatigué, impuissant, mélancolique, misérable, morne, nostalgique, pessimiste, piteux, résigné, triste, vain...

C'est par la verbalisation que l'on parvient à dire à l'autre qu'une colère s'est exprimée en cas de frustrations, d'injustice ou de manque de respect ; la peur, en cas de danger ressenti ou réel ; la honte en cas d'échec, de moquerie, de transgression d'une norme. En utilisant les bons mots, on en dit davantage sur ses points de vue, on est plus ouvert à l'échange, c'est un levier puissant pour entrer en relation avec les autres et comprendre son interlocuteur, ses points de vue en évitant de répondre du tac au tac.

149

S'imaginer en terre inconnue

Et si nous nous comportions avec les autres comme s'ils débarquaient d'un pays lointain ?

J'ai interrogé des salariés travaillant sur des projets internationaux, où les équipes parfois éclatées dans 35 pays sont interdépendantes et où la qualité du relationnel est cruciale pour atteindre l'objectif commun, malgré les barrières culturelles et difficultés de langage.

Ici, tout le monde a beaucoup voyagé et fait donc preuve d'ouverture et de beaucoup de tolérance pour accueillir l'autre sans le juger. Les équipes vont surtout se découvrir sur le terrain, dans les pays, et le lien se créer dans les temps morts ou informels. Chacun fait l'effort de donner le meilleur de lui-même pour accueillir l'étranger, est curieux et questionne les différences culturelles ; les collaborateurs s'invitent parfois pour présenter des collègues de même nationalité, d'autres s'offrent des billets pour des matchs sportifs locaux, ou apportent une spécialité locale pour les familles... C'est un investissement personnel fort pour les équipes qui se retrouvent loin de leurs familles. Chacun se met ainsi à la place de celui qui débarque dans sa chambre d'hôtel, ne connaissant personne et pour qui c'est la première venue dans ce pays. Dans un environnement où tout le monde est étranger, où l'éloignement rend les amitiés limitées, tous ces moments pleins d'empathie génèrent de la confiance relationnelle.

C'est finalement un peu comme si, plus nous sommes loin de chez nous, plus nous nous rapprochons des autres :

150

Décortiquer les émotions des autres

Prêtez attention aux émotions de vos interlocuteurs et affinez votre capacité à les identifier. Par exemple : « un client m'a paru frustré par la qualité décevante d'un produit qu'il a acheté chez nous » ; « Je sens que si je n'interviens pas, il va se mettre en colère. » ; « Comment sauver la situation sans multiplier les remises commerciales ? » ; « Je viens d'être insulté par un collègue que je sens jaloux. Que faire ? ».

151

Lâcher un peu le contrôle

Exprimer sa joie ou sa colère, et être moins sur la retenue, en augmentant son débit de parole à plus de trois mots par seconde est une bonne manière d'évacuer nos émotions.

Pour contrôler une colère avant qu'elle n'explose, arrêtez votre activité et pratiquez une respiration abdominale profonde. Inspirez lentement par le nez en gonflant le ventre pendant 5 secondes, puis expirez pendant le même laps de temps. Recommencez l'opération en ajoutant une seconde à chaque fois.

En cas de colère également, il est conseillé de boire un verre d'eau tout doucement (l'eau éteint le feu !) et de se forcer à chuchoter...

152

Faire bénéficier les autres de nos talents en matière d'empathie

Si vous vous en sentez capable, proposez-vous pour agir en tant que conciliateur lorsque des collègues sont en désaccord, ou pour soutenir moralement un collègue qui rencontre des difficultés.

153

Identifier les situations où les autres sont en empathie

Remarquez quand vos enfants se comprennent, ou qu'un manager se met à la place de ses équipes pour prendre une décision... « Plus on recherche l'empathie avec nos antennes sociales, plus on arrive à la voir, et plus cela efface l'ancien cadre étriqué[84]. »

154

S'intéresser aux avis différents

Posez des questions à votre entourage pour avoir son opinion. En s'ouvrant aux autres, on se sent moins agressé.

Chez Filapi, nous avions une relation très empathique avec nos clients. J'ai passé un temps colossal à interviewer toute personne qui, de près ou de loin, avait un lien avec le sujet de l'enfance : parents, collègues parents, professeur des écoles, amis de promo devenus orthophonistes... Une centaine de rendez-vous ont été organisés pour écouter, absorber de la connaissance, comprendre leur organisation familiale, leurs attentes, sans œillères, être en empathie avec eux et créer des liens entre tout ce qu'on me disait. J'ai contacté des classes pour aller à la rencontre des familles, je suis allée dans les écoles tous les jours d'une année scolaire, je pensais que donner de ma personne, sur le terrain, était une bonne méthode : l'empathie avec le client permet de vivre son besoin en direct. Tous ces contacts étaient nécessaires car seules des discussions approfondies permettent de creuser les critères importants des clients. L'écoute et l'empathie sont essentielles pour créer de nouveaux projets avec les clients. C'est peut-être pour cela que nous gagnions 75 % des devis ?

155

Développer l'art de questionner

Face à une problématique, posez des questions à l'autre et ne cherchez pas de réplique. Concentrez-vous sur l'écoute en laissant des temps de silence : « Qu'est-ce que tu en penses ? » ; « Comment puis-je t'aider ? » ; « Qu'attends-tu de moi ? » ; « Comment tu vois les choses ? » ; « Comment on peut être plus fort ensemble ? » ; « S'il n'y avait aucune contrainte que ferais-tu ?» ; « Quel est ton objectif dans ce projet ? » ; « Que faut-il qu'on arrête de faire ? » ; « Que veux-tu ? » ; « Qu'est-ce qui te réveille la nuit ? » ; « Quel est le risque ?» ; « Qu'en penserait la personne qui te fait le plus rire ? »... « Je t'écoute ».

Posez des questions pour comprendre les autres au travers des conversations, sans pour autant devenir inspecteur !

Appliquez la règle des « 5 pourquoi » : face à une situation décortiquez-la en posant 5 fois la question « pourquoi ? » après chaque réponse.

N'oubliez pas de vous intéresser aux personnes que vous connaissez déjà, car avec le temps on a l'impression de connaître les gens et on s'imagine des choses, pensant savoir qui ils sont. Et c'est comme ça que le lien se détériore : questionnez vos proches sur leurs choix, avec un œil tout neuf.

Témoignage entendu : « Je tente de regarder ce qu'il y a de bien, surtout chez les gens qui m'énervent. »

156

Mettre en scène son émotion pour la caricaturer

« Surjouer l'émotion ressentie peut la désamorcer et éviter sa progression, comme le comédien qui commence par un « qu'est-ce que j'ai le trac ! ». Par exemple, pour un geste de colère, jeter sa serviette sur la table et faire semblant de se lever.

157

Inventer des jeux de rôles

S'inventer secrètement des jeux de rôles pour humaniser nos relations au travail : lors d'une réunion tendue, imaginez votre interlocuteur en plein fou rire, à quatre pattes avec ses enfants, en train de faire de la poterie ou de repasser sa chemise ; face à un collaborateur avachi sur son fauteuil, imaginez qu'il est en pleine réflexion et qu'il va vous proposer prochainement une idée lumineuse, imaginez ses rêves. Quant à celui que vous appréciez peu, imaginez-le dans une situation que vous adorez (lieu, posture, hobby, voyage...), comme si c'était un point commun.

158

Déceler le mensonge

Comme pour les émotions, déceler le mensonge chez un interlocuteur alerte sur la situation et permet de réagir en fonction.

Les personnes qui mentent touchent souvent leur nez, se grattent le visage, clignent des yeux, ont du mal à maintenir le contact visuel ou au contraire fixent les yeux de leur interlocuteur. Elles ne sourient qu'à moitié, parlent avec trop de détails lorsqu'elles inventent des choses, utilisent des négations au lieu d'affirmations. Leur posture corporelle est fermée : bras croisés ou tenant un « objet bouclier », comme une tasse de café. Le silence les rend nerveux.

159

Se rebeller face à l'intolérable

Si votre empathie vous permet de sentir qu'une situation est intolérable, exprimez-le.

« Nous assimilons trop facilement la soumission à l'autorité et abandonnons nos instincts empathiques. Ce qui distingue les personnes très empathiques, c'est leur désir et leur capacité à défier l'autorité lorsque c'est nécessaire [85]. »

160

Passer à la vidéo

Utilisez la vidéo pour faire passer les messages importants, et diffuser les témoignages de salariés que ce soit sur des sujets formels ou sur des ressentis. Pour diffuser des témoignages, la vidéo plaît par son côté spontané et vivant, pour les communications descendantes le format court d'une vidéo de 1 ou 3 minutes impose d'être synthétique et empathique avec le spectateur.

Un manager RH d'un groupe industriel me confia ses bonnes pratiques: « Nous avons arrêté les notes de service, pour les remplacer par des messages vidéos de 1 à 3 minutes que les salariés peuvent liker et commenter. Avec ce dispositif, les managers volontaires font passer les messages avec plus d'empathie, ils sont également incités à choisir leurs messages en résumant leur sujet, par exemple en une phrase de 12 mots qui répond à la question: "Que veux-tu que les salariés disent à leur conjoint ce soir ?" Techniquement c'est très simple, nous filmons avec un smartphone ; cela porte sur tout sujet, que ce soit une nouvelle procédure de chantier ou le pitch de délégués syndicaux. Au-delà de cela, l'avantage du digital c'est qu'on voit rapidement des réactions des équipes. Nous utilisons également la vidéo pour diffuser à un service ce que les autres pensent d'eux, l'image qu'ils dégagent. Nous interviewons des gens personnes en interne qui gravitent autour de tel service: collègues, RH, directeur de BU... qui en une minute chacun, partagent un court feedback. Les messages passent bien car les gens sont bienveillants face à la caméra et les choses sont dites simplement, par exemple pour un bureau d'étude, des ouvriers leur ont dit: "On ne vous voit pas assez." Ce type de feedback est régulièrement diffusé pour des séminaires d'équipe. »

Place de l'émotion et empathie : Vous êtes manager…

Actions que vous pouvez mettre en place vous-même

161

Être démonstratif avec ses équipes

Montrez à vos collaborateurs que vous êtes prêts à leur consacrer du temps et que vous vous souciez d'eux : « Tout va bien pour toi ? », « Si tu as besoin n'hésite pas »…

Voici le témoignage de Saïda Laurore, chef d'agence (73 collaborateurs dont 23 en direct) chez Paris Habitat : « Nous avons instauré le "parler vrai" et travaillons sur la symétrie des attentions. Parfois la culture-client apparaît plus forte que la culture-salariés : les collaborateurs pensent qu'on est moins à leur écoute qu'à celle des clients. Or, pour qu'un salarié ait une approche empathique vis-à-vis du client, il faut que l'on ait cette même approche vis-à-vis des collaborateurs. Je veille donc à être en relation avec tout le monde, du "bonjour" où je cherche surtout à voir tous les visages (y compris ceux de dos ou derrière un poteau), jusqu'aux personnes en télétravail ou à temps partiel, pour lesquels perdre le lien fragilise la cohésion. Lors des évaluations annuelles, je laisse parler les collaborateurs, sur ce qu'ils ont pensé de l'année, leurs réussites puis la relation avec moi. "As-tu eu des doutes, est-ce que j'ai répondu à tes attentes ?" "Sur telle situation, est-ce que tu as compris ma démarche, et celle du client ?"

162

Organiser des entretiens informels et courts

Chaque semaine, échangez à 5 à 10 minutes avec vos équipes, sur le plaisir ou le déplaisir que l'on a au bureau.

163

Exprimer sa vulnérabilité devant ses équipes

Une fois que la confiance est instaurée, vous pouvez par exemple partager des anecdotes touchantes au sujet de vos enfants ou de votre quotidien personnel... Nous avons peur de tomber dans le gnangnan, de paraître simplet, si l'on parle d'une émotion, d'un doute, de notre goût pour tel loisir ou si l'on prend des nouvelles du petit dernier de son collègue. Or, si on n'ose plus dire les choses que l'on ressent, de peur de froisser ou de tomber à plat, c'est ainsi que petit à petit la relation devient froide.

164

Renouer avec les vertus du savoir-vivre

Sans tomber dans l'écriture du « guide des bonnes manières au travail » ni s'affubler du surnom de Nadine comme on me l'a dit avec humour, voici quelques grands classiques remontés par les salariés eux-mêmes.

Si vous fêtez un événement, oubliez les coupes en plastique et le Sopalin pour boire du champagne tiède. Optez pour moins de grosses dépenses ostentatoires, mais plus de qualité au quotidien, et allez jusqu'au bout de l'émotion générée par un événement au bureau : s'entourer de beau, de jolies matières, avec un brin de folie créative, retrouver un minimum de savoir vivre, comme nous le ferions chez nous pour des amis.

165

Préparer les réunions

Faire preuve d'empathie pour un manager ce n'est pas forcément sortir les mouchoirs. S'il y a un moment presque quotidien durant lequel nous pouvons parfois manquer d'empathie, c'est bien lors de l'organisation d'une réunion. Savez-vous que 56 %[86] des salariés assistent plusieurs fois par semaine à des réunions qu'ils jugent inutiles, et parmi les explications, 52 % pensent qu'elles ne sont pas assez préparées.

Tenue des horaires, qualité de l'information, répartition des rôles... se mettre à la place des autres commence par adopter quelques règles simples. Voici la synthèse des contributions recueillies par la WE box[87] sur le sujet des réunions, qui génère le plus de débat parmi les utilisateurs. Inspirez-vous de leurs bonnes pratiques :

- Permettez à chacun de se faire un avis sur l'utilité et le sens de la réunion
- Assurez-vous que chaque participant a un *a priori* positif
- Assurez-vous que tout le monde a lu les documents au préalable

166

Animer les réunions

• Commencez par un «Bonjour» et un sourire, et éventuellement une bonne citation, la blague du jour, un café ou un tour de table ludique pour détendre l'atmosphère.

• Invitez les participants à partager leur humeur du jour et tenez-en compte.

• Veillez à ce que l'ordre du jour et le timing soient respectés.

• Veillez à ce que tout le monde soit vraiment présent: pas de téléphone, chacun écoute l'autre, la libre expression est encadrée avec bienveillance et chacun apporte sa contribution.

• Veillez à ce que tout le monde en ressorte avec les idées claires, si les points essentiels sont tranchés et qu'un plan d'action est partagé, avec la possibilité d'en mesurer les résultats.

• Assurez-vous que chacun ressort avec l'envie de s'impliquer davantage.

• Assurez-vous que chacun sait ce qu'il a à faire en sortant et pourquoi.

• Challengez les participants.

• Assurez-vous qu'elle résout en 1 heure les problèmes insolubles individuellement.

• Faites respecter le silence.

• Proscrivez les ordinateurs allumés (sauf nécessité pour la réunion).

- Identifiez qui fera le compte rendu des décisions, si possible un peu fun, en tous les cas pas trop froid.
- Terminez par un feedback positif (voir page 108).

167

Ranger le PowerPoint

Les manager empathiques utilisent les slides PowerPoint uniquement pour faire un point visuel et synthétique sur les indicateurs factuels. Ils veillent à varier les formats et supports des réunions, avec des temps debout, des moments de discussion pour résoudre ensemble des difficultés.

168

Travailler l'après-réunion

Faites en sorte qu'il y ait des comptes rendus un peu fun et non prétentieux. Assurez-vous de pouvoir mesurer les résultats des décisions.

Actions habituellement mises en place après réflexion avec les équipes

169

Détecter les humeurs

Nous savons que ceux qui consultent la météo ont plus de chance de prendre leur parapluie pour anticiper l'averse de fin d'après-midi ou de se lancer dans une sortie à la voile en toute sécurité. Eh bien pour un manager, c'est la même chose. Faire un tour de table de l'humeur de son équipe, permet de prendre ensuite les bonnes décisions sur le déroulé de la réunion et sur la répartition des missions de chacun. Chaque collaborateur explique l'état de son travail et la perception qu'il en a cette semaine : « Ce matin, ma météo est un ciel bleu avec quelques nuages gris. »

Cet exercice en début de réunion offre à chacun la possibilité d'utiliser une métaphore pour exprimer ses besoins. Décrypter les émotions des autres facilite le cadrage les travaux prévus et l'efficacité d'une réunion.

Par exemple, lorsqu'on arrive euphorique en réunion, ce n'est pas une humeur propice à un travail de concentration assis sur une chaise. À l'inverse si les équipes ont une mine tendue et regardent leur portable, c'est peut-être le moment de transformer la réunion.

Vous pouvez également proposer un tableau où tout le monde affiche son humeur et la change au gré de la journée : si je choisis le vert, c'est que mes émotions sont agréables / si je choisis l'orange, c'est que je ne me sens pas au top de ma forme, peut-être fatigué, maussade ou dubitatif / si je choisis le rouge, c'est que ça ne va pas. On voit ainsi que ce matin d'autres sont au top ou non, de façon anonyme ou pas, ça évolue dans la journée. Savoir que l'un d'eux est au rouge même s'il ne donne pas son nom permet à tout le monde d'être plus attentif à chacun.

Dans un autre style, j'ai une amie qui dispose dans son bureau d'une poupée japonaise à 4 faces, une en colère, une calme, une joyeuse et une triste. Quand les personnes viennent à son bureau, souvent pour échanger autour d'un sujet difficile, elle leur demande d'abord d'utiliser la poupée pour confier leur humeur du jour.

170

Rendre l'art accessible

Avez-vous remarqué le succès des pianos dans les gares, des groupes de musiques dans la rue et les attroupements que cela génère ?

Un grand groupe propose des pianos en libre-service dans des salles de réunion où tout le monde peut venir jouer ou écouter un collègue à tout instant.

N'hésitez pas à suggérer l'introduction d'œuvres d'art, de musique, ou la rencontre d'artistes au sein de l'entreprise. Tout comme le sport, l'art est un moyen d'équilibrer les personnes, que les gens se connaissent plus et se respectent plus, mais cette fois-ci en faisant entrer l'émotion en entreprise...

171

Choisir les couleurs et la décoration

Lors d'un aménagement de bureaux, vérifier l'impact émotionnel des couleurs et choisissez-les avec soin. De même que la présence de petits cactus piquants n'incite pas à se sentir à l'aise, il est également fréquent d'entendre qu'il faut proscrire le rouge ou l'orange, couleurs perçues comme agressives. Si possible, associez les personnes concernées par ces choix, une belle occasion de libérer la parole et d'impliquer les équipes.

172

Se former à la lecture émotionnelle

Cette discipline permet de comprendre vos émotions et celles des autres en identifiant le véritable message caché, pour savoir comment agir, harmoniser les relations et répondre aux besoins de votre équipe.

173

Organiser une « Journée des enfants »

Organisez une journée qui permet de faire venir un membre de sa famille au bureau est toujours chargé d'émotion. Que ce soit la « Journée des enfants », une « Journée des adolescents », une « Journée des parents des salariés » (grand succès pour les entreprises dont la moyenne d'âge est proche de 25-30 ans), ou une « Journée des trois générations » mélangeant les salariés, leurs propres parents et leurs enfants… Tous ces formats permettent de partager la fierté de présenter la chair de sa chair. Côtoyer les enfants ou parents de ses collègues, voire de son manager, rapproche les êtres humains sur les fondamentaux de la vie. Pour les enfants invités qui découvrent les bureaux de leur parent, cela permet de mettre une image sur un lieu, des visages et de ressentir l'ambiance du lieu de travail qui reste sinon conceptuel.

174

Identifier des relais d'écoute

Identifier un collaborateur qui accepte de donner du temps d'écoute confidentiel à un collègue qui vit une situation de vie particulièrement difficile, pour rompre avec sa solitude face à cette situation. De tels profils peuvent être formés à l'écoute active.

175

Dessiner en réunion pour être mieux compris

Dessiner sur un *paperboard* ou une tablette casse les silos et certains managers en ont fait un point d'appui managérial. Le dessin permet à tout le monde de s'approprier les sujets : on montre les interfaces, où ça va, d'où ça vient, pour visualiser et comprendre les tenants et les aboutissants de ce que l'on fait. Dessiner permet également de prendre du recul.

Place de l'émotion et empathie: Initiatives peu courantes recensées

176

Vivre quelque chose de fort avec son équipe ou ses collègues

Expérimentez les accolades lors de la « Journée de la Gentillesse » si la culture de votre entreprise s'y prête. Cette action inspirée du mouvement australien « *Free Hugs* » part du principe que le contact humain a des vertus thérapeutiques et vous incite à partager une accolade amicale sans contrepartie.

Essayez le « *Eye Contact Experiment* » à deux, cela consiste à se regarder dans les yeux pendant une minute. Cela peut être bouleversant, mais il est possible de vivre une rencontre très profonde durant ce moment.

177

S'inspirer de la méthode Snoezelen [88]

Pour calmer les colères ou aider les émotions à s'exprimer, des spécialistes ont développé pour les enfants, personnes âgées ou en situation de handicap des espaces atypiques comprenant des meubles et accessoires multisensoriels: colonnes à bulles, fibres optiques brillantes que l'on peut toucher, projecteurs lumineux, matières à picots ou très douces, kaléidoscopes, lumières tamisées, herbes odorantes, miroirs à eau... Dans ces espaces, qui font appel aux cinq sens (ouïe, odorat, vue, goût et toucher), il n'y a rien à faire si ce n'est profiter des émotions ressenties...

Des dirigeants ont expérimenté un espace de ce type en entreprise et les équipes ne voulaient plus quitter cette salle de réunion sensorielle... Pour mettre en place ce type de lieux, des accessoires sont en vente sur des sites Internet spécialisés, comme le site hoptoys.fr.

Sinon, un espace de défouloir, pour crier, sauter, écouter une boîte à rire, frapper des coussins sans gêner ses collègues peut également avoir son petit succès.

178

Trouver une alternative au décrochage

Mettez en place un signe ou un son pour autoriser quiconque à interrompre un débat qui serait hors sujet, ou à exprimer une émotion en réunion. Ce type de codes peut être un outil accessible et ludique pour s'exprimer.

179

Offrir la liberté de se présenter à sa façon

Que pensez-vous lorsque vous recevez un e-mail de ce type : « Bienvenue à Marie au poste de contrôle de gestion, Marie était auparavant quatre années dans l'entreprise X et arrive lundi. » ?

Proposez plutôt aux nouvelles recrues d'écrire leur propre portrait pour l'e-mail de présentation envoyé aux équipes, afin que chacun puisse se présenter en disant ce qu'il souhaite. Par exemple, comme cela est fait dans certaines entreprises, en complétant ce traditionnel portrait de leurs engagements associatifs, rêves, ou centres d'intérêt. En dehors de son titre, tout un chacun pourrait ainsi compléter sa signature d'e-mail de quelques mots-clés le caractérisant. J'ai par exemple vu une amie responsable des RH pour une société dans le secteur agroalimentaire afficher dans sa signature d'e-mail « Passionnée par les livres de recettes, les gens qui aiment la cuisine et les fleurs comestibles. »

180

Se former aux choses à ne pas dire

Se former aux choses à ne pas dire et comportements à développer face à un salarié vivant une situation personnelle traumatisante, notamment pour l'accompagner petit à petit vers une reprise normale de sa vie professionnelle.

181

S'inspirer de *Roots of Empathy*

Ce programme novateur de formation des écoliers à l'empathie, né au Canada, connaît un succès mondial avec un demi-million d'enfants de cinq à douze ans formés. La méthode repose sur la venue régulière d'un bébé dans les classes pendant une année scolaire. Loin d'un moment de simple jeu, les écoliers sont invités à l'observer, comprendre son interaction avec eux et avec son parent, observer son développement au fil des mois, partager autour de ses réactions émotionnelles, comprendre le point de vue du bébé... Ce programme augmenterait l'entraide, le partage et les comportements prosociaux de 55 % et diminuerait le harcèlement à l'école surtout dans les milieux défavorisés. Observons les bébés, observons leurs émotions, allons dans les crèches, observons nos enfants !

Passage à l'action

Actions que je vais faire lundi prochain :

....

....

....

....

....

....

....

....

Actions que je vais planifier dans le mois :

....

....

....

....

....

....

....

....

Actions que je vais proposer à mon entreprise :

....

....

....

....

....

....

....

....

• Astuce de la WE box pour passer à l'action :

Si créer du lien au bureau reste difficile, une façon d'enclencher notre transformation est de commencer par entretenir les liens existants et anciens, avec ceux que nous avons connus étudiants, amis de longue date, anciens collègues, famille éloignée, communautés religieuses, associatives... avec qui garder le contact.

• Ils ont appliqué les bonnes pratiques *via* la WE box et m'encouragent :

Vous n'êtes pas tout seul, l'empathie et le fait de pouvoir prendre soin de soi sont les 2 leviers les moins bien notés dans les entreprises où intervient la WE box.

• Les 2 bonnes pratiques qui génèrent le plus de discussions dans la WE box :

Que pensez-vous du management à la papa ? Flicage à la dure, contrôle à la culotte, « y-a-qu'à / faut-qu'on »... Difficile de faire différemment si on n'a connu que cela. Pourtant la relation avec son chef est la première raison pour quitter son job. Vous êtes d'accord ? Partagez vos pires anecdotes.

#NewRituel ? Et si chacun plaçait son smartphone dans une corbeille à l'entrée des prochaines réunions ? Vous le proposez à votre prochaine réunion ? Gare aux petits malins qui gardent leurs montres connectées...

LEVIER

6

Culture de l'action et de l'erreur

> Ce qui crée un groupe relié, c'est d'oser passer à l'action.
> *« Un groupe de passagers dans un bus n'est pas une équipe. Elle peut le devenir si le bus tombe en panne*[89]
> Jean-Paul Sartre. »

Que nous apprennent les experts ?

La culture de l'action et de l'erreur ? Après 20 ans passés en start-up, c'est un peu ma seconde nature.

Chez Filapi, réseau de centres de loisirs d'entreprises et agence événementielle pour enfants de 3 à 10 ans, j'ai ainsi passé dix années passionnantes où, malgré des budgets restreints, nous avons toujours rebondi avec l'équipe, face à un salarié absent, un local perdu, une dépense importante imprévue, une mauvaise nouvelle, un timing carrément court... Nous avions de l'énergie là ou d'autres nous disaient qu'ils se seraient arrêtés. Malgré les doutes et les difficultés, j'ai traversé cette période dans un environnement épanouissant et joyeux, où l'énergie l'emporte sur la routine, avec bienveillance et sincérité, où toute l'équipe, ouverte d'esprit, s'inspire spontanément au quotidien pour progresser collectivement.

Comme dans toute start-up, j'ai eu le sentiment de passer dix années à résoudre des problèmes quotidiens, qu'ils soient stratégiques, juridiques ou opérationnels et de toujours faire face malgré la tempête. « On a 6 mois de trésorerie, c'est quoi le plan d'action ? », « Un client nous demande quelque chose qu'on n'a jamais fait, qu'est-ce qu'on répond ? ». Les soutiens du début étaient rares, il fallait oublier les mauvaises nouvelles, se protéger des ondes négatives qui brident la créativité et la prise de risque. J'en ai croisé des non convaincus, stoppeurs d'élans !

On a également eu des échecs, des mauvaises nouvelles que l'on n'a parfois jamais comprises, comme notre première banque qui nous a soudainement lâchés. Nous avons également testé plein d'offres qui n'ont pas abouti, pour la plupart lancées trop rapidement, sans aller au bout du concept, sans empathie pour le client final. Il a fallu plusieurs fois prendre la décision de stopper ces offres alors que les équipes étaient impliquées, et des dépenses enclenchées.

Ce qui a fait le succès de l'aventure Filapi, c'est finalement ce mélange de tentatives, de plan d'actions concrets et rapides, d'essais audacieux avec des petits moyens, d'échecs sur lesquels rebondir, d'efforts collectifs pour sortir du cadre, jusqu'à parvenir à bâtir le projet qui a plu au marché. C'est de cette culture de l'action et de l'erreur qui transpire des start-up dont nous allons parler dans ce chapitre.

Et vous, quelle est la meilleure erreur que vous ayez faite au travail ? Quel risque avez-vous pris dans un de vos emplois précédents ? Avez-vous déjà dérogé à une règle pour faire avancer de façon efficace vos projets ?

Pourquoi la culture de l'action et de l'erreur crée du lien ?

Alors que la peur de l'échec et du rejet tétanise, valoriser et accepter l'erreur favorise la droiture dans son travail, l'humilité et le courage de rebondir. Mieux vaut accepter les erreurs et en tirer parti que de les renier et les laisser assombrir l'ambiance et altérer la confiance. Installer un autre rapport à l'erreur, c'est multiplier les sources d'enrichissement : l'envie de faire des choses différentes sera alors plus forte que la peur d'un éventuel échec. En générant la confiance, l'acceptation de l'erreur rapproche les individus qui prennent alors plus de risques et acceptent de partir tous ensemble à l'aventure.

On parvient alors à dire « je ne sais pas » sans se sentir rabaissé, à se donner le droit de décevoir ou de rater, à demander de l'aide sans se sentir pour autant inférieur. Dans tous les cas, lorsque les idées sont valorisées même si leur mise en œuvre échoue, cela facilite l'émergence d'idées plus créatives et potentiellement utiles à l'équipe.
En œuvrant pour décomplexer l'erreur et banaliser le changement, on instaure un climat de confiance, comme lorsqu'on attaque la restauration de sa maison : il y a des couacs, mais toute la famille est fière des épreuves surmontées.
Si certaines entreprises peuvent s'offrir des projets longs et complexes, cela coûte cher et freine la créativité. Pour générer de la coopération, nous sommes invités à découper les projets en petites étapes pragmatiques, pour démontrer qu'il y a à chaque fois une valeur ajoutée. Michel Audiard disait : « Un intellectuel assis va moins loin qu'un con qui marche », car l'action est aussi l'oxygène de la confiance en soi.

Un Directeur Régional d'un réseau d'agence de travail temporaire me confia sa vision de l'action collective :
« J'ai naturellement un contact très simple, une personnalité enthousiaste et un management avec beaucoup de transparence. J'ai toujours développé cela avec mes équipes pour qu'il n'y ait pas de frein à leur engagement et que notre fonctionnement soit efficient. En tant que directeur nous avons plusieurs casquettes, celle du patron qui est garant des objectifs, celle du capitaine qui est garant de l'ambiance, et celle de coach qui permet le partage des savoir-faire pour faciliter la coconstruction. Avec le temps, j'ai choisi d'accentuer ma posture de coach. Désormais tous nos moments collectifs ne comportent pas plus de 50 % d'informations "descendantes", pour dédier 50 % du temps à la coconstruction.

Pour cela, un de mes rituels est le questionnement : "Mais comment fais-tu ?", "Que faudrait-il faire pour solutionner telle thématique ?". Le but est de questionner les équipes pour qu'ensemble elles coconstruisent le diagnostic et les solutions. Pour se lancer dans un tel projet, l'apprentissage de certaines techniques m'a été utile pour toujours adopter une posture basse, être garant du *process* de facilitation, sans juger le sujet traité. Au-delà du sens donné à la présence de chacun, ce type de pratique accentue également l'engagement dans la mise en œuvre du plan d'actions bâti collectivement. »

Encourager la culture de l'action, sans compétition interne et quand tout n'est pas calé, soude une équipe. Dans l'action, on comprend les choses, on a les moyens de s'autoriser à être optimiste. La véritable estime de soi se nourrit lorsque l'on se confronte à la réalité, sur le terrain. Se lancer rapidement dans une expérience nouvelle, c'est comme partir à l'aventure, cela permet de se confronter à l'inattendu, oblige à casser les codes et à innover.

C'est dans cette tendance que de nombreux grands groupes se rapprochent de start-up. Au-delà des enjeux d'innovation, ils souhaitent ainsi cultiver cette culture de la spontanéité, du sens pratique, l'état d'esprit débutant, de l'action, la place à l'imprévu et à l'improvisation.

Le témoignage de Myriam Tedesco, Responsable de la culture collaborative, initiatrice de l'incubateur interne Colibri chez BNP Paribas Switzerland nous permet de découvrir la puissance de cette culture start-up dans un grand groupe sur le sujet.

« Notre incubateur a permis de lancer en interne des expérimentations innovantes en un temps très court, sans budget de fonctionnement. Avant de partir en expérimentation, chaque projet interne est challengé pendant 2 fois 3 heures par un groupe de 5-6 personnes, constitué d'un mélange d'experts et de non experts, internes, sur la base du volontariat. Personne n'est rémunéré mais offre du temps collaboratif pour participer au projet, en accord avec leur manager. Cette frugalité garantit l'engagement des salariés volontaires dont la seule raison de contribuer est leur volonté d'aider un projet. Ensuite, la construction collaborative d'un projet embarque tout le monde et donne confiance aux participants qui deviennent des acteurs du changement et une véritable source de valeur ajoutée pour l'entreprise. Nous constatons que même les collègues qui gravitent autour des projets partagent également cette énergie. »

Synthèse des rencontres

> *Accepter l'erreur est le levier qui ressort comme faisant le plus défaut dans les entreprises. Si à la moindre erreur nous sommes rabroués cela coupe le lien et la confiance qui mettent ensuite beaucoup de temps à se reconstruire.*

De nombreuses personnes que j'ai rencontrées ont témoigné qu'au-delà du discours officiel sur l'importance d'accepter l'erreur, la réalité opérationnelle en entreprise était plutôt l'intolérance envers l'imperfection, qu'il y avait souvent une incohérence dès qu'il s'agissait d'assumer ensemble les responsabilités et les erreurs. Les entreprises l'identifient surtout avec l'arrivée des jeunes générations qui valorisent la prise de risque et la liberté de parole. Le problème vient de notre incapacité à assumer nos faiblesses, à les reconnaître, car « Être homme, c'est se sentir inférieur[90] », disait Alfred Adler. Le courage de reconnaître une erreur n'est pas naturel, il demande de la méthode. Partager ses propres erreurs aide l'équipe à se livrer et à ne pas se sentir obligé d'être un superhéros.

Dans les grandes entreprises difficile d'enclencher cette culture de l'action et de l'erreur, car « le diable est dans les détails [91] ». Or justement, pour en tirer les bénéfices en termes de coopération, il faut oser se lancer sans que tout soit parfaitement calé et passer en mode « commando », ce qui pour une entreprise de taille importante n'est pas aisé.
Lorsque l'on passe à l'action, c'est gratifiant pour les équipes qui voient rapidement les retours sur leur travail et réagissent mieux lors de situations d'urgence. Ceux qui ont vécu des périodes exceptionnelles dites de « charrettes », fins de missions où le temps presse et il faut aller à l'essentiel, ont tous témoigné de ce sentiment de former une équipe soudée : il est tard, le travail a été intense, nous sommes tous fatigués, mais reliés par le fait d'avoir avancé concrètement tous ensemble. On prend un dernier repas tous ensemble avant de rentrer chez soi dans la nuit, et on s'en souviendra longtemps. C'est souvent dans ces moments d'efforts collectifs intenses que l'on fait corps.

Favoriser la culture de l'action et de l'erreur passe aussi par l'acceptation d'une pointe de désobéissance, ce qui n'est pas évident dans certains environnements professionnels où, « réfléchir, c'est déjà commencer à désobéir [92] ». Il semble que nous ayons peur du rejet, de nous faire rabrouer par un leader si nous nous exprimons et prenons des initiatives.

Le droit à l'erreur devrait être appris à l'école. Pensons à nos enfants et à l'agilité dont ils devront faire preuve dans le monde de demain, il est vital de travailler notre audace pour qu'ils comprennent à leur tour que nous avons tous la possibilité de changer le monde par de petites étapes concrètes et osées.

Témoignages

Lorsque l'on pense à la culture de l'action et de l'erreur, on pense également à la prise d'initiatives, c'est pourquoi j'ai souhaité découvrir Davidson Consulting. Ce cabinet de conseil de 2 500 personnes, a été premier au classement *Great Place to Work* quatre années consécutives en France et en Europe. Un des critères de recrutement de Davidson est l'esprit entrepreneurial des candidats. J'ai rencontré Yann Kerguiduff, associé et directeur général de Davidson Energie, pour évoquer ce qui relie les salariés à l'entreprise, dans un secteur où les équipes sont la plupart du temps basées chez les clients.
« Tout d'abord, dans notre métier, le travail au quotidien est dur pour les équipes, c'est pourquoi les managers sont désormais de véritables coachs, formés et outillés pour prendre en compte l'humeur de chacun et les irritants éventuels, qu'ils soient personnels ou professionnels. Les coachs encouragent, soutiennent, développent la capacité d'écoute des collaborateurs, donnent des clés, incarnent l'esprit de l'entreprise pour que les équipes se subliment. Ils veillent notamment à la présence et à la qualité du "merci", à l'écoute sincère après la question "comment ça va ?", à l'importance du sourire, de la réciprocité des attentions, avec une forte culture de la valeur ajoutée. De plus, nous déployons le "One Minute Management [93]", ce qui limite le nombre et la durée des réunions, favorise la proximité avec nos équipes et la remise en question permanente de nos pratiques, pour toujours rester à la pointe, voire être précurseurs.
Notre culture de l'action "*You see it, You Do it* [94] " encourage également la prise d'initiatives. Des triades de collaborateurs volontaires et autonomes portent des projets jusqu'à leur mise en œuvre, qu'ils soient personnels (par exemple, favoriser la garde

d'enfants, organiser des sorties thématiques...) ou professionnels (comme la numérisation de l'entretien annuel, la réduction du nombre d'e-mails non pertinents reçus, l'efficacité des réunions, la création d'un réseau social interne...). Pour aller plus loin, nous avons lancé un hackathon [95] sur le management et nous formons au design thinking [96]. Le dernier atelier portait sur la façon dont l'erreur individuelle peut être acceptée par le collectif. Depuis, nous réfléchissons par exemple à capitaliser sur les erreurs pour en partager les enseignements.

Les salariés sont aussi régulièrement sollicités pour des projets d'écriture collective, que ce soit en interne, avec le "*Bin's* [97]" formalisant notre fonctionnement pour les nouveaux arrivants, ou le "*Management Game* [98]" pour mieux s'approprier certaines règles de fonctionnement, mais également à destination du grand public, comme le *Da Vidson Code* [99], livre diffusant au plus grand nombre nos convictions, nos pratiques et nos sources d'inspiration. Quasiment tout est fait en interne, ce qui booste l'esprit d'initiatives et libère la parole. Les salariés sont ainsi impliqués dans la vie de l'entreprise et donnent du sens à leur présence parmi nous. Ils se connaissent car ils échangent. La confiance alors gagnée les soude, dopée par la culture de l'initiative.

La méritocratie propre à notre société permet par ailleurs aux équipes de se projeter dans la création de leur propre entité au sein du groupe, comme c'est le cas pour une quinzaine de filiales. Par toutes ces initiatives, et bien d'autres présentées dans le *Da Vidson Code*, il y a désormais un véritable esprit de corps chez Davidson. Dès notre création en 2005, nous avons décidé de piloter l'entreprise par l'humain et sur le long terme ; avec un turnover de 5 % dans un marché particulièrement tendu et difficile, nous constatons que cette forme d'attachement à l'entreprise a également un impact sur le business. Si nous avons clairement des frais de structures bien supérieurs à ceux du marché, ce fonctionnement est vertueux car le recrutement des meilleurs candidats et la satisfaction des clients ont par ricochet un impact positif sur le chiffre d'affaires. »

OCTO Technology fait également partie des entreprises au fonctionnement interne très innovant. Un détail a attiré tout d'abord mon attention, ici, la cuisine ne sert pas uniquement à réchauffer les plats, mais à cuisiner, avec une véritable cuisinière et tout le matériel nécessaire. Ceci en dit long sur l'esprit collectif qui y règne. Cette société spécialisée dans les systèmes d'information fait figure de référence sur le marché, attire et fidélise ses talents par une approche des ressources humaines très atypique. Marjolaine Hamon (responsable du développement RH) m'a présenté quelques-unes de leurs pratiques.
« L'accent est mis sur la force du collectif et du partage dans les décisions ; l'entreprise recrute des experts rares sur le marché qui incarnent une culture de l'excellence avec la reconnaissance du droit à l'erreur, une grande liberté de parole et la capacité de se remettre en cause. Chacun exprime son avis avec transparence, bienveillance et authenticité, tout le monde est "force de proposition" et assume ses erreurs. Il n'y a pas de changement d'attitude de la part de qui que ce soit car tout est dit, tout le monde écoute les remarques des autres *via* des feedback respectueux entre collègues, des *Return On Time Invested* [une note qui indique si la réunion a été utile ou non]. Chacun a un sens aigu de la responsabilité *via* une culture du "*You say it, you own it*" proche de l'intrapreneuriat, c'est-à-dire que tout un chacun peut agir sur une suggestion qu'il propose et aller au bout de son idée. Tout est transparent, depuis les avis que l'on a, en passant par les locaux et les agendas. Les salariés peuvent publier du contenu reflétant

leur expertise sur un blog public très visité, sur simple validation par deux collègues. Une part du temps de travail de chacun est dédiée à faire avancer les projets internes, écrire des livres ou partager des bonnes pratiques *via* de nombreux formats de communautés, comme des déjeuners de partage, sans tenir compte des liens hiérarchiques. Un vocabulaire propre renforce la culture d'entreprise. OCTO Technology reste un cas d'école, son fonctionnement est le fruit de plus de vingt années d'évolution. »

Actions pragmatiques : Culture de l'action et de l'erreur au bureau, comment faire concrètement ?

Valoriser l'action c'est favoriser les conditions qui permettent l'intuition et la créativité. L'intuition n'arrive pas à travers la réflexion, l'inspiration survient de manière inattendue, quand nous ne cherchons rien, quand nous faisons le vide dans notre tête, quand la vie est plus légère. C'est plus complexe si on est en costume-cravate dans une tour à La Défense, c'est pour cela que certaines bonnes pratiques nous invitent à sortir du bureau. À chacun de trouver son style, pour valoriser l'erreur et encourager l'action, il y a une sorte de lâcher-prise à opérer.

« Aller jusqu'au bout ce n'est pas seulement résister,
mais aussi se laisser aller [100] »
Albert Camus.

Culture de l'action et de l'erreur : Petites actions du quotidien

182

Voir les choses avec un autre regard

Face à une situation nouvelle, lister 15 inconvénients à la réussite d'un projet et 15 avantages à l'échec de celui-ci.

183

Créer une boîte à problèmes

Chacun peut y déposer anonymement un papier sur lequel est inscrit un problème ou une idée. La boîte à problèmes révèle ainsi les difficultés des équipes et permet à chacun de donner son avis sans être pointé du doigt. Attention, cette initiative n'a d'intérêt que si elle est suivie d'une analyse approfondie des problèmes par la direction, par exemple en s'engageant à en traiter 1 à 5 par semaine.

184

Valoriser chaque semaine une idée, une prise de risque

Saisissez la moindre occasion pour valoriser une prise de risque, rebondir sur une idée d'un collègue, creuser un projet inédit, applaudir une prise de parole décalée pertinente…

185

Installer un mur à craie

Premier pas vers l'expression de nouvelles idées, le mur à craie incite les équipes à exprimer de façon anonyme leur créativité sans formalisme ni jugement : idées, dessins, mantras inspirants… C'est l'endroit également où vous pouvez écrire votre adage :

• Le slogan du mastère spécialisé entrepreneurs d'HEC : « Jetez-les à l'eau, ils apprendront à nager ».

• ou la citation de Jeff Bezos, patron d'Amazon : « La frugalité est le meilleur levier de l'innovation ».

• ou celle du fondateur de Zappos : « Faire plus avec moins ».

• ou une des valeurs de BlaBlaCar : « Mieux vaut fait que parfait » (« *Done Is Better Than Perfect* »).

186

Favoriser la découverte et la curiosité

Il existe de nombreuses façons de s'ouvrir l'esprit et de booster sa créativité.

Vous pouvez par exemple : ouvrir des magazines que vous n'auriez *a priori* jamais ouverts (que ce soit un magazine de philosophie ou une revue sur la pêche), lire des livres que vous n'auriez *a priori* pas lus, faire des choses nouvelles, aller à plusieurs écouter des conférences TED, des nouveaux styles de musiques, partager des découvertes avec les clients ou collègues, consacrer 15 minutes chaque jour à la découverte de nouvelles tendances, de nouvelles idées, de nouveaux contacts, visionner le film *Demain*, rencontrer des individus qui n'ont rien à voir avec le business, mais qui sont inspirants, créer une revue de presse pour sensibiliser aux sujets qui ouvrent au monde..

Décidez pour ce soir ou demain de faire quelque chose de nouveau, une expérience inédite : aller au cinéma voir un film d'un style qu'on ne connaît pas, laisser conjoint et enfant pour passer 3 heures seul à tester quelque chose, tirer au sort une idée de sortie, accepter une invitation pour un événement où l'on ne serait pas allé a priori, s'intéresser à un sujet qui ne nous intéresse pas et faire de cette expérience une occasion d'ouverture, discuter avec quelqu'un que vous ne connaissez pas, et qui est *a priori* très différent de vous (et si vous manquez d'inspiration pour savoir vers qui aller pour démarrer, certains proposent un café aux contacts de leur réseau LinkedIn qui portent le même prénom qu'eux !).

187

Cultiver l'envie de faire soi-même

Choisissez un projet modeste que vous pourrez mener de bout en bout, avec vos mains (bricolage, jardinage, art, instrument de musique...), proposez-le à d'autres pour booster l'esprit d'équipe. Réaliser quelque chose de ses mains génère une grande fierté, cela explique le succès d'animations de séminaires où il faut créer une pyramide en spaghettis, une tour en chamallow ou un bateau rapide en papier...

Culture de l'action et de l'erreur : Actions un peu plus impliquantes, nécessitant de la réflexion ou un peu d'organisation

188

Multiplier les occasions de passer à l'action et découper les projets

Pour se lancer et se vacciner petit à petit de la peur de l'échec, que ce soit dans sa vie personnelle (organiser un projet pour les vacances, une association...), dans ses relations (aller parler à un inconnu pour soumettre une idée) découpez les projets en sous-étapes, sans perfectionnisme, pour accumuler des petites victoires d'actions concrètes.

Commencez par faire 3 ou 4 choses plus faciles, qui renforcent la confiance en soi, et ensuite passer à l'action plus en profondeur. Commencez par exemple sur des sujets en lien avec vos rêves d'enfants comme la partie créative du projet, le volet social, collectif, humanitaire, environnemental... avant d'attaquer la suite.

Passer à l'action c'est également prendre des initiatives et bannir les « Il faut que », « Y a qu'à » en démarrant ses propos par « Je vais me charger de... ».

189

Utiliser la « baguette magique »

Cet exercice m'a été particulièrement bénéfique !

Commencez par vous mettre au calme, sans sollicitation, et imaginez un instant votre idéal professionnel en supprimant toutes les contraintes (conjoint, enfants, parents à charge, finances...). Demandez-vous quel est le cadre, qui sont les gens avec qui vous interagissez, les missions que vous réalisez, les lieux fréquentés, l'ambiance qui règne, y a-t-il des déplacements nécessaires ? Formalisez cette liste et prenez le temps de classer les sujets en les numérotant par ordre de priorité.

Pour ma part, j'avais par exemple l'envie d'œuvrer pour un monde meilleur, plus profond et rempli de joie, d'être au contact d'innovations, de ne plus être dans le speed pour rencontrer des personnes intéressantes, cohérentes, qui ont des projets, et découvrir des lieux singuliers.

Revenez ensuite dans la vraie vie et focalisez-vous sur les trois premiers sujets de la liste. Qu'il s'agisse d'être au contact de la nature, de rencontrer des gens passionnants, de travailler dans une ambiance ludique, de faire de la recherche ou de voyager pour son boulot : comment faire pour les intégrer dans votre vie professionnelle actuelle ? Posez ensuite des actions pour avancer petit à petit dans ce sens. Gardez à portée de main cette liste qui vous aidera lorsqu'il faut prendre une décision majeure.

190

Faire un rapport d'étonnement

Proposer à votre manager de lui lister vos interrogations sur le fonctionnement de l'entreprise tel que vous le vivez. Cela est l'occasion d'échanger sur les projets associés que vous imaginez, prochaines étapes proposées ou pistes d'améliorations... premier pas vers la culture de l'action et de l'erreur.

191

Proposer des microaméliorations

Face à une difficulté, cherchez des solutions concrètes avant de demander un entretien à votre manager. Quel que soit son feedback sur celles-ci, demandez-lui également de quelle manière vous pourriez améliorer votre travail. Chaque semaine ou chaque mois, proposez une microamélioration de l'offre de l'entreprise, sur laquelle vous avez la main, pour perfectionner le service client, résoudre une cause des réclamations fréquentes, supprimer quelque chose d'inutile, simplifier des actions...

C'est ainsi que vous allez pousser votre créativité, pour être en « mode solution », apporter des réponses, et avoir des raisonnements positifs. Cela devrait ainsi faire progresser votre relation avec votre manager.

192

Arrêter de vouloir avoir raison

Osez la confrontation des idées. Accepter l'erreur ça commence par accepter la sienne, en admettant que l'on peut se tromper et que l'autre aussi veut avoir raison !

Respectez la vérité de chacun et son point de vue, trouvez une voie différente pour avancer dans les projets de façon efficace sans se braquer.

Encouragez l'expression des doutes de chacun sur la capacité à atteindre le résultat, acceptez les critiques qui font grandir, acceptez les opinions différentes, les refus des autres, respectez l'expérience de l'autre. Écoutez les réfractaires pour comprendre leur position sur une nouvelle idée. Pour cela, questionnez l'autre : « comment tu penses faire cela ? », « qui pourrait faire ça ? », « dans quel but penses-tu ceci ? ».

193

Trouver des modèles

Si, dans une situation, vous êtes taraudé par la peur de l'échec, pensez à quelqu'un que vous trouvez particulièrement exemplaire sur le sujet, comment réagirait cette personne face à votre situation ? Que dirait-elle ?

194

Adopter la « technique prémortem »

Pour prendre confiance dans vos idées, avant de vous lancer, passez au crible votre projet avec la « technique prémortem » : imaginez toutes les raisons qui pourraient faire échouer ce projet (temps perdu qui flatte l'ego, actions inefficaces dictées par la peur, ou qui donnent le sentiment d'exister...) et les plans d'actions qui permettent d'y faire face. Simplifiez le projet en enlevant tout ce qui pourrait être superflu pour aller à l'essentiel.

195

Cultiver le goût de l'action à la maison

Inciter nos enfants (quand on en a) à développer des idées nous aide à cultiver le goût de l'action, des projets. Monter un groupe de rock, un projet de voyage, une activité humanitaire à plusieurs, s'inscrire à une activité où l'on part de zéro, parler d'un rêve pour plus tard même si on n'a aucune idée si cela se fera... Il est essentiel d'inciter les enfants à se projeter positivement dans l'avenir au travers de projets concrets ambitieux (« je voudrais ouvrir une boutique de surf », « j'aimerais être archéologue »...) sans conclure par « retombe sur terre mon garçon et commence par ranger ta chambre ».

196

Prendre le temps d'écouter son intuition

Une amie m'a livré qu'elle aimait écouter des conférences d'une façon très personnelle, cachée au fond d'un amphithéâtre d'où elle ne peut pas sortir discrètement: elle laisse son esprit vagabonder sur ses projets sans vraiment écouter le conférencier, et de nombreuses idées y sont souvent nées...

197

Simplifier le discours

Discutez de vos idées novatrices avec des gens qui n'y connaissent rien, vous incite à simplifier le discours et la question posée pour se centrer sur l'essentiel: simplifier toujours plus nos messages pour qu'un néophyte comprenne et puisse réagir permet de mieux nous connecter aux autres, surtout quand il s'agit d'innover.

198

S'amuser à résoudre des problèmes divers

Amusez-vous à résoudre des problèmes du quotidien de plus en plus complexes pour favoriser votre créativité dans la résolution de dilemmes.

Se questionner, s'informer sur les innovations c'est habituer votre cerveau à voir les choses sous un autre angle, à raisonner « out of the box » et *in fine* à s'ouvrir à d'autres façons de penser.

Culture de l'action et de l'erreur : Vous êtes manager…

Actions que vous pouvez mettre en place vous-même

199

Ne jamais dire non à une idée à chaud

Dès que possible, mettez en place des initiatives des salariés qui peuvent être testées, même si elles ne viennent pas des plus « gradés ». Tester une nouvelle idée rapidement est gratifiant, ça booste tout le monde de voir le résultat concret de son travail.

200

Remercier trois fois

Comme Frédéric Mazzella, fondateur de BlaBlaCar, appliquez la « règle des trois mercis pour une suggestion d'amélioration ».

Sous votre approbation, vos collaborateurs se sentiront capables de prendre des risques, libres de tenter des choses nouvelles.

201

Faire remonter les problèmes

Allez plus souvent sur le terrain pour écouter les idées et remarques des clients, écouter les conversations au centre d'appels : les opérationnels détiennent les solutions. Mettez en place des espaces de discussion avec un cadre méthodologique en s'inspirant par exemple du kit proposé sur le site Intemet de l'Anact[101] (encadrement, charte, temporalité, objectif, produits finis, modalités d'animation...).

202

Échanger sur ses propres erreurs

Face à l'erreur d'un collaborateur, parlez d'abord de vos propres erreurs à propos d'une situation semblable, avant de voir comment corriger l'erreur de l'autre.

203

Ritualiser le partage de bonnes pratiques

Le partage de bonnes pratiques est une forme de cadeau. Chacun soumet un travail au regard bienveillant de l'équipe, pour se challenger, débattre des idées. Ces ateliers génèrent de l'amélioration continue des produits, ces retours peuvent avoir lieu dans un espace dédié, appelé dans certaines entreprises le « *pitch theater* ».

204

Tester sur le terrain

N'hésitez pas à tester auprès des clients des brouillons, des prototypes, des maquettes, qu'ils soient numériques, papier ou sous forme de graphiques, et écouter les feedback des clients, en sachant qu'il y aura des flops et des succès.

Gardez en tête la devise du laboratoire de recherche MIT Media Lab : « fais un prototype ou meurs ».

Switchez du flop au fun et inspirez-vous des autres pour innover. Chez Filapi, faute de moyens, nous avons fait appel à notre créativité tous les jours, pour trouver des solutions, imaginer des innovations, présenter les choses différemment, dans la démarche commerciale, son financement, son mode de développement, son offre, sa communication pour être repérés à moindres frais... Et même si rien ne se passait comme prévu, notre aptitude à tester de nouvelles idées rapidement était gratifiante. Nous avions développé une capacité à passer d'un modèle à l'autre. Pendant presque 10 ans, nous avons fait face aux premières fois, nous avons profité quand ça a plu, pris du recul et testé autre chose quand ça ne fonctionnait pas.

205

Intégrer l'innovation dans les objectifs de vos équipes

Intégrez dans les objectifs des équipes le fait de proposer une idée d'innovation pour leur métier ou plus globalement pour l'entreprise.

Cela vous permettra également de repérer les équipes qui font preuve de créativité pour enrichir les projets.

206

Favoriser les environnements créatifs

Allez à la rencontre d'autres sociétés non concurrentes, pour ouvrir les esprits des équipes à de nouvelles idées qui révolutionnent leurs métiers. Présenter ces initiatives de façon synthétique pour favoriser l'échange et l'émergence de nouvelles propositions.

207

Favoriser le télétravail et le coworking

L'inspiration vient parfois en travaillant chez soi, dans un café ou face à la mer. Travaillez en dehors du bureau favorise la sérendipité, c'est-à-dire la découverte accidentelle, comme la découverte de la tarte Tatin, le micro-ondes ou encore le Post-It® !

208

Simplifier les projets des équipes

Simplifiez les projets pour enclencher leurs mises en œuvre, explorez des solutions nouvelles sans perfectionnisme, avec des petits budgets pour démarrer, en séquençant les projets par petites étapes (« que lancer dans un mois ? dans six mois ? »), expérimentez certains projets sans avoir tout décortiqué, ce qui permet de rapidement passer à l'action, avec l'objectif de trouver des clients et de mesurer les retours sur le terrain.

Ne vous perdez pas en trop longues réflexions ou en expérimentations trop ambitieuses. Démarrez de façon pragmatique et modeste, partez de l'idée que ce sera un succès pour diffuser cette idée avec enthousiasme auprès des équipes et des clients. Les idées les plus innovantes et les plus créatives peuvent émerger de partout ! C'est par la simplicité de l'idée et sa pertinence que l'on peut se lancer facilement dans l'action et booster l'équipe.

209

Laisser la place à l'interprétation pour favoriser la créativité

Vous débordez d'idées ? Proposez-les à vos collaborateurs d'une façon sujette à interprétations, non ficelées, pas totalement formulées, pour laisser la place aux autres de se les approprier et d'y apporter leur créativité. Une idée très cadrée peut freiner les ardeurs créatives des collègues alors que le bazar fait partie des premières étapes nécessaires à la recherche de solutions.

210

Laisser les équipes gérer les innovations : *« You say it, you Do it »*

Transformer son rôle pour animer l'équipe afin qu'elle gère elle-même les innovations qu'elle propose. Vos équipes ont des idées ? À l'image de Davidson Consulting, proposez-leur d'aller au bout et de se lancer dans une expérimentation.

Assurez-vous qu'ils peuvent effectuer cette expérimentation, même dégradée, de A à Z, et non juste une partie très morcelée.

211

Pousser l'innovation un cran au-delà

Si une idée innovante ne vous paraît pas bizarre au premier abord, c'est souvent qu'elle n'est pas si innovante que cela. Dans le milieu des start-up on dit même que « si tu n'as pas un peu honte de la proposer, c'est que ton offre arrive trop tard ».

Découvrez des méthodes d'animation de séminaire de créativité, comme la « méthode CQFD[102] » qui encourage l'écoute et le questionnement des idées y compris les plus farfelues. Boostez la créativité et l'interaction en réunion avec des outils numériques qui favorisent l'émergence d'idées. Certains invitent par exemple l'intelligence artificielle et les moteurs de recherche en réunion pour nourrir les brainstormings de données cherchées en temps réel (volume du marché dans d'autres pays, parts de marché, photos de prototypes similaires...) permettant ainsi de créer une force « augmentée » au profit des interactions des équipes.

212

Lutter contre les stéréotypes

Supprimez tous les clichés, travaillez sur l'intergénérationnel et mettez fin aux programmes spécifiques pour les générations : les jeunes contre les vieux, les managers contre les salariés, les cadres contre les cols-bleus... et libérez ainsi la créativité. Il est, par exemple, démontré que les « seniors » et les générations dites Y (20/35 ans) sont tous en quête de création de liens[103]. Les aînés ont un avantage dans leurs relations interpersonnelles, ils apportent tendresse, humilité, écoute, sagesse. Les plus jeunes ont le sens du collectif, ils se caractérisent par leur loyauté à leur tribu, c'est-à-dire ceux de tout âge qui partagent la même vision et les mêmes valeurs qu'eux. Ils se montrent loyaux à l'entreprise tant qu'ils adhèrent à ses valeurs, la collaboration est érigée en valeur de vie commune. Ils privilégient le sentiment d'appartenir à une même famille. C'est pour cela que les activités intergénérationnelles apportent tant au niveau du lien entre les salariés.

213

Mettre en place un forum ou un réseau social interne

Cet outil, ouvert, favorise les échanges. Tout le monde peut proposer des idées, écrire des billets d'humeur, poser tout type de question. Et tout le monde peut y apporter une réponse et savoir qui a posé cette question ou soulevé ce sujet.

214

Créer un observatoire de veille

Créez un observatoire prospectif pour être en veille sur les nouveaux métiers, en rencontrant des entrepreneurs, en les invitant à témoigner sur leur parcours, en vous déplaçant chez des concurrents d'autres pays ou entreprises de votre écosystème (cela se nomme une « *learning expéditions* »).

215

Organiser un hackathon

Cet événement, s'il est organisé en interne, est orienté autour d'un processus créatif ayant pour but d'innover. Il donne à chaque salarié la possibilité de s'adonner au projet qu'il souhaite, d'incuber des idées et de réaliser un prototype expérimental.

Assistez à un hackathon permet d'apprendre l'imperfection et le goût du risque: conviez les directeurs, le comité exécutif ou le comité de direction qui auront pour mission de concevoir rapidement un produit.

Il existe de nombreuses sources d'inspirations dans cette voie, j'ai par exemple reçu une invitation pour un hackathon permettant d'apprendre l'imperfection aux enfants, et une autre pour une conférence TED sur la désobéissance.

Culture de l'action et de l'erreur : Initiatives peu courantes recensées

216

Aller à la rencontre d'inconnus

Fixez-vous le challenge d'avoir des contacts physiques et discussions avec 10 personnes que vous ne connaissez pas encore, cela peut être en allant à la rencontre d'inconnus dans des congrès professionnels, dans des moments de loisirs, lors de cafés organisés par les écoles réunissant les parents d'élèves, voire en organisant des déjeuners avec votre réseau.

Quoi dire, qui appeler, en quoi sommes-nous intéressants pour ces personnes ? Pas besoin d'être expert en quoi que ce soit, il suffit de les questionner et de s'intéresser à eux pour qu'ils acceptent de jouer le jeu.

217

Héberger des start-up

Si vous disposez de quelques mètres carrés non utilisés dans votre entreprise, invitez des petites structures à *coworker* dans vos bureaux est une façon de s'ouvrir par contagion à la culture de l'action.

Des plateformes comme Base10 permettent désormais de proposer quelques postes de travail à la location.

218

S'imaginer entrepreneur

Entraînez vos équipes à s'imaginer entrepreneur lors d'un séminaire : choisir un sujet de création d'entreprise, définir ses atouts, sa concurrence, le besoin de financement, le discours commercial, la cible, la stratégie de vente, la gouvernance, faire une brochure… et proposez à chaque groupe de présenter son projet en 5 minutes, les start-up appellent cela « *pitcher* ».

Comment trouver ce sujet de création d'entreprise ? Cherchez un manque dans le quotidien, une envie ou une passion à développer, un problème à résoudre, une rupture technologique qui permet une avancée dans les usages, un changement réglementaire qui offre une opportunité, copier un acteur existant…

219

Donner des primes engageant à l'ouverture d'esprit

Par exemple sous forme de bon cadeau pour des sorties culturelles ou des achats de livres.

220

Encourager les projets personnels des salariés qui passent à l'action

Diffuser les projets personnels des salariés qui contribuent positivement au monde est source d'équilibre, de confiance en soi et développe le goût de l'action.

Encouragez les collaborateurs qui ont des projets personnels où ils passent à l'action (aventures autour du monde, engagement associatif, écriture de livre, créations manuelles, toute forme de bénévolat...) à témoigner.

Un système de récompenses et de feedback sur leurs réalisations crée également une forme de compétition générant de l'interaction entre les collaborateurs, par exemple par un système de vote par les salariés, d'affichage, de témoignage ou de portrait sur l'intranet...

Chez Google les salariés peuvent prendre des congés pour travailler avec des organisations à but non lucratif, des campagnes politiques, ou faire grandir des projets communautaires.

221

Créer un *Shadow Comex*

Certaines entreprises font de la place aux idées des jeunes salariés dynamiques, comme le groupe Accor Hotels avec son « *shadow cabinet* » ou une cellule pour les *millennials* comme les « BB dragons » chez Make Up For Ever. Ces comités prennent différentes formes dans le but de nourrir les dirigeants de bonnes idées. Ils peuvent être purement consultatifs, pour recueillir les tendances et les innovations du marché.

222

Fêter la défaite

Des bonnes pratiques se multiplient désormais pour ce sujet du droit à l'erreur. En Californie, l'éditeur de logiciel Intuit organise ce qu'il appelle la « fête de la défaite ». Les échecs sont présentés de manière à « tourner collectivement la page » et à apprendre de ces erreurs. D'autres entreprises déclarent sabrer le champagne lorsque quelqu'un a partagé une erreur, pour célébrer ce qu'ils en ont appris.

Air France a instauré il y a quelques années une « charte de non-punition de l'erreur ». Après avoir compris et accepté que l'une des principales causes d'accidents était d'origine humaine, cette compagnie aérienne a décidé d'encourager ses collaborateurs à exprimer sous anonymat leurs erreurs en leur garantissant de ne pas pratiquer de sanction. La seule sanction envisagée concerne les salariés qui n'auraient éventuellement pas fait part de leurs erreurs.

223

Valoriser les idées qui n'aboutissent pas

Valorisez ceux qui tentent des choses, par exemple comme chez Google X *via* des réunions hebdomadaires, du temps dédié et des primes à l'erreur.

« Chez Google X on étreint l'échec [...] Tout le monde devrait chercher à résoudre des problèmes réputés insolubles », nous dit Astro Teller, responsable de Google X, le laboratoire de recherche.

Que d'offres sans lendemain avons-nous testées ! Chez Filapi, nous incarnions l'adage « le mieux est l'ennemi du bien », pour aller à l'essentiel, sans s'éparpiller, quitte à corriger le tir ensuite. C'est le « *test and learn* », je n'ai pas trouvé de traduction aussi dynamique que la version anglophone, cela consiste à lancer, mesurer, échouer, relancer, mesurer et dupliquer. L'offre a été affinée par la créativité, mais aussi par notre ouverture aux autres en s'inspirant de ce qu'ils font, dans d'autres secteurs. Que d'exemples illustrent l'échec chez Filapi ! Les offres mamans-bébés intitulées « Filapi au féminin » comprenaient l'organisation de séances bébé-gym, éveil musical, chant prénatal... ces activités ont été stoppées 2 ans après leur lancement, car nous n'étions pas allées au bout de la compréhension de ce marché. Le concept avait moins de force, et il s'agissait d'un métier à part, nous n'avons pas pu suivre plusieurs lièvres à la fois, plusieurs marchés, plusieurs marketings.

224

Remonter les soucis de management

Cette bonne pratique m'a été communiquée *via* une enquête en ligne, par un anonyme que je n'ai pas pu remercier.

Une entreprise a demandé aux salariés de remonter une fois par semaine à leurs managers si quelque chose n'a pas fonctionné avec celui-ci. Si un salarié ne reçoit pas de réponse dans les 2 semaines le directeur général demande des explications au manager. Cette entreprise a indiqué que 98 % de son personnel se déclarait heureux dans cette entreprise car les motifs de mécontentement étaient rapidement résolus. À l'inverse, dans d'autres sociétés, des meetings hebdomadaires permettent de mettre en valeur ce qui a fonctionné.

225

Parler quotidiennement de l'erreur

Chaque jour, présentez l'échec comme une valeur positive, comme quelque chose de naturel. Créez des échanges en binôme autour du sujet :

• Raconte-moi un échec que tu as vécu ? On en a tous vécu donc parlons-en et dédramatisons.

• Quelles erreurs avez-vous commises dans vos relations ?

• Donnez un exemple où vous avez appris de vos erreurs.

• Savez-vous demander de l'aide ?

• Êtes-vous centrés sur les obstacles ou les possibilités ?

• Rappelons-nous de notre dernière prise de risque dont nous pouvons être fiers.

• Quelle action risquée puis-je entreprendre ce mois-ci, en y allant par petites étapes, par exemple en essayant quelque chose que je n'ai jamais fait ?

• Suis-je solidaire de tous les métiers de l'entreprise ?

226

Faire un séjour en immersion en start-up

Bénéficiez d'une immersion en start-up *via* une formation organisée parvismaviedestartupper.com. Si vous travaillez dans la grande distribution, cela peut être par exemple particulièrement enrichissant de vous immerger dans une start-up innovant dans l'alimentation. Six formules d'immersion sont proposées, une mission vous est confiée pour une start-up, vous pourrez y découvrir leurs pratiques managériales, leur quotidien, leurs difficultés etc. De l'immersion longue pour une personne à la venue condensée sur trois jours pour un groupe.

Passage à l'action

Actions que je vais faire lundi prochain :

....
....
....
....
....
....
....
....

Actions que je vais planifier dans le mois :

....
....
....
....
....
....
....
....

Actions que je vais proposer à mon entreprise :

....
....
....
....
....
....
....
....

• Astuce de la WE box pour passer à l'action :

Une fois votre objectif de progression fixé sur l'esprit d'équipe, si votre entreprise ne dispose pas de la WE box, listez 10 actions accessibles que vous avez besoin de faire ou de changer rapidement pour progresser dans ce sens et allez-y.

• Ils ont appliqué les bonnes pratiques *via* la WE box et m'encouragent :

« Voilà un bon concept pour stimuler. Ça débloque des choses, ça permet d'être en lien différemment. »

• Les 2 bonnes pratiques qui génèrent le plus de discussions dans la WE box :

#LetsTalk : une entreprise organise la « fête de la défaite » pour tourner la page après un échec et apprendre des erreurs, d'autres sabrent le champagne lorsque quelqu'un a partagé un échec et les enseignements. Et vous ? Vous fêtez une boulette avec un collègue ?

Si vous aviez une baguette magique, quel projet aimeriez-vous voir aboutir au bureau ?

LEVIER

7

Humilité et équité

« *Il y a peu de littérature sur l'humilité et l'équité dans le quotidien au travail, toutefois j'ai souhaité y consacrer un chapitre pour mettre en valeur cette capacité que nous avons tous, génératrice de lien au travail. Lorsque l'on fait preuve d'humilité et d'équité au travail, on encourage l'expression du pardon. Dire « Désolé(e) ! », « Sorry ! », c'est reconnaître ses faiblesses, ses erreurs, admettre avoir mal réagi, faire preuve d'équité face à un comportement inapproprié, sans œillères, avouer avoir freiné la créativité, ne pas avoir compris, c'est accepter l'imperfection. L'humilité nous rappelle aussi l'importance de l'authenticité, la sincérité, la simplicité dans la relation.* »

Que nous apprennent les experts ?

« Pardonner c'est se libérer du passé, et c'est donc le moyen de corriger nos erreurs de perception [104] *»,*
dit le Dr Gerald Jampolsky.

« Le pardon est l'attribut du fort »
Gandhi.

Les neurosciences nous apprennent qu'il faut trois à cinq compliments pour effacer un reproche, à la maison comme au travail [105].

Le cerveau humain mémorise davantage les critiques que les compliments. Au-delà du bon sens, on comprend mieux l'importance de pardonner quand l'autre se trompe. Dire que l'on est désolé est tout aussi nécessaire que de dire merci.
S'excuser n'est pas un aveu de faiblesse. Le pardon est générateur de relationnel, et là aussi la sincérité et la simplicité sont les clés. Or, malheureusement, trop souvent « nous sommes habitués à devoir faire nos excuses par politesse, la sincérité ne vient qu'au deuxième plan [106] ».
Les entreprises qui érigent la qualité du relationnel comme socle de leurs valeurs, mettent un point d'honneur au traitement équitable des individus, collaborateurs, clients, fournisseurs, financeurs... Nous sommes tous des êtres humains et non uniquement des individus qui n'auraient d'intérêt qu'au regard de leur position dans la classification RH. Parfois, un mot déplacé, un coup de colère peut échapper, finalement c'est humain. Ce qui importe est le témoignage de respect que l'on a ensuite vis-à-vis de l'autre, pour le considérer sur un pied d'égalité et s'excuser

de son comportement. Le respect est la clé pour booster les équipes. Selon l'étude[107] réalisée par l'entreprise Regus, 68 % des salariés placent la notion de respect devant toutes les autres.

L'équité face au handicap

Le manque d'équité dans le monde du travail s'illustre par exemple par le faible nombre de personnes qui déclarent leur handicap à leur employeur. Ces personnes ont peur d'être pointées du doigt pour leur différence, qu'on leur colle des stéréotypes, que ça les bloque dans leur évolution professionnelle ou qu'on les transforme en porte-drapeau de la politique handicap de leur employeur.

Quand on sait que la plupart des handicaps ne se voient pas ou viennent d'accidents domestiques, on se rend compte que nous sommes tous concernés par le sujet, que nous avons tous autour de nous des personnes en situation de handicap, sans le savoir, et que cela peut tous nous arriver. Malheureusement, lorsqu'on est stressé, on ne se préoccupe pas de cela : la culture excessive de la performance nous détache de l'autre.

L'humilité a plein de vertus

L'humilité accroît la capacité à pardonner. Or le pardon a le pouvoir de désarmer notre interlocuteur. Le courage dont nous faisons preuve à ce moment-là amène souvent une attitude bienveillante de sa part. On dit que : « La santé commence par le pardon » avec une incidence positive démontrée sur la pression artérielle, la fréquence cardiaque et la respiration. Nous apprenons d'ailleurs naturellement à nos enfants à pardonner et nous y veillons à la maison pour maintenir de bonnes relations familiales.

Ce qui est merveilleux, c'est que le pardon est contagieux, par mimétisme au fil du temps.

Synthèse des rencontres

Présentons nos excuses sans tourner autour du pot, avant même qu'on nous le demande, dès qu'on sent qu'on n'a pas été juste, qu'on a fait une erreur de jugement, de choix... simplement pour tourner la page avec spontanéité et sincérité.

L'humilité et l'équité permettent enfin de découvrir les vertus de la frugalité et du dépouillement, sous-exploitées en entreprise.
Le besoin d'authenticité est clairement ressorti dans mon enquête diffusée sur les réseaux sociaux, sans que les questions portent sur cela, au travers du choix des mots des personnes interrogées : « écouter vraiment », « vraie écoute active », « être sincère ou se taire », « éviter toute action superficielle et factice et la tricherie » sinon « personne n'est dupe »... Cela faisait écho à mes expériences de salariée, où j'entendais les collègues critiquer le manque d'authenticité des patrons : « les rois du pipeau », « c'est de l'enfumage », « ils bâtissent un joli projet d'entreprise pour nous émouvoir, mais ils s'y engagent faussement car c'est la course au pouvoir et à l'argent qui est leur objectif »... Comme souligne Davidson Consulting : « L'entreprise s'est coupée de ses collaborateurs », évoquer l'authenticité au bureau serait donc pour beaucoup comme chercher l'altitude à l'île d'Oléron. Totalement antinomique.
La montée en puissance du politiquement correct empêche l'expression de la parole, les salariés s'autocensurent bien souvent quand ils ne partagent pas l'opinion qui semble majoritaire.

Certaines personnes m'ont révélé : « si jamais j'ai un vrai souci, je n'aurais personne à qui me confier dans la boîte, c'est dur ». Il y a beaucoup d'enjeux dans la sincérité au bureau, concernant des informations stratégiques à ne pas donner ou des choix politiques que l'on ne peut pas divulguer, mais nous parlons ici de la sincérité dans la relation aux autres, dans l'intérêt qu'on a dans la connaissance des autres sans rien en attendre en retour. Les salariés ont besoin de simplicité et de sincérité dans les échanges au travail, ils ne veulent plus de fausses excuses ou de chemin détourné. En synthèse, lorsque cela ne vient pas du cœur, comme disait mon premier manager : « ça cuit l'œil ».

Témoignages

J'ai rencontré un dirigeant ayant pris la tête d'une PME en difficulté, Cet ancien moniteur de colonie de vacances, diplômé d'HEC, est un humaniste. Il cultive un esprit de compagnonnage, favorisant une forme de tutorat où toutes les générations travaillent ensemble et où chacun grandit.
« Je m'arrange pour filtrer la pression afin que mes équipes soient bien. Le reste ne m'intéresse pas. »
Saluant individuellement par leur prénom ses 350 collaborateurs, connaissant leurs conjoints, enfants et soucis, veillant à être juste et vrai, il est au milieu d'eux, donne des coups de main sans faire d'esbroufe.
« Les actionnaires trouvent ça suspect que les salariés soient contents de leur chef. Ils pensent alors qu'on n'est pas assez exigeant, qu'on n'est pas l'homme de la situation ou que les objectifs ne sont pas assez ambitieux. Mais manager par la trouille tétanise. Or la clé pour redresser une PME, c'est l'humain. C'est pour

cela que je fais le choix de prendre soin des équipes avec constance et équité. Et puis ce type de job est déjà suffisamment dur pour devoir en plus être en rupture avec ses valeurs. »

Pour évoquer la sincérité et l'équité dans le monde du travail, j'ai rencontré Muriel de Saint Sauveur, anciennement directrice de la communication et de la diversité de Mazars. Le naturel, c'est spontané pour Muriel, dont l'adage est : « Un manant ou un roi c'est la même chose. »
Pour Muriel, un président ou un ouvrier sont des humains et mettre de la distance entre les individus n'est pas un témoignage de respect. « Bien que chacun ait besoin de garder son jardin secret, tout le monde a envie de plus de sincérité au bureau. Il y a une proximité physique au travail et ce n'est donc pas naturel d'être étanche aux émotions des autres. Il y a malheureusement encore des freins culturels à lever car des dirigeants ont peur de perdre le pouvoir. Lors des séminaires, de beaux projets d'entreprise sont présentés et souvent la réalité du quotidien ne reflète pas les intentions. Or la peur de l'inconnu n'existe plus pour les jeunes générations, beaucoup plus libres vis-à-vis de leur employeur. Les entreprises qui ne vont pas dans le sens de l'humanité sincère, qui ne sanctionnent pas les comportements néfastes, comme la colère déstabilisante ou les violences verbales, verront leurs forces vives partir. »
Comment développer la sincérité et l'équité au bureau ? Muriel l'évoque : « J'ai toujours communiqué en toute transparence et incité les équipes à le faire, sur les éléments de la vie quotidienne qui permettent de se comprendre et d'agir en conséquence, échangé sur le niveau de stress de chacun, son humeur du jour, si on traverse un événement heureux ou difficile. Savoir si les gens vont bien, leur offrir un bonbon ou un café, c'est une façon sincère

de les accueillir, pour évaluer leur mode de fonctionnement. Si votre collaborateur vient de passer une nuit blanche avec son bébé, ou si un autre vient de vivre une rupture, vous lui demandez de partager en deux mots, vous le mettez en confiance pour qu'il dépasse cette fatigue et entre dans le nouveau projet du jour. Cela ne vous empêchera pas de le pousser, mais avec bienveillance.
Cette vision du management est encore très féminine, non pas parce que cette simplicité dans la relation aux autres est genrée, mais parce que pour le moment les filles ont été plus habituées à le faire pendant leur éducation. »
« Le naturel dans les petits faits et gestes du quotidien casse également les barrières et crée du lien. C'est choisir de rire dans les petits tracas du quotidien, sans se prendre au sérieux. J'ai ainsi eu une discussion inattendue avec un membre du comité exécutif de mon entreprise qui aimait comme moi la mode et la couture, cela a mis du liant dans cette réunion. Le naturel, la sincérité, rendent accessible. » Malheureusement, en entreprise, la sincérité est difficile car tout le monde se protège, les places sont peu nombreuses, et la peur du chômage engendre encore des attitudes de repli et de démotivation. Le manque de temps consacré à l'humain et le niveau de stress élevé génèrent des conflits et placent tout au même niveau sans hiérarchie des sujets.

L'humilité d'être juste soi-même et d'accepter l'autre ?

Près d'un salarié français sur deux se comporterait différemment en privé et au travail, selon l'enquête européenne « Qui dupe qui ? » : « Mal appréciée, une telle attitude peut en effet se traduire par de la démotivation ou, chez certains, par une dépression[108]. »

Une étude menée par Christie Smith et Deloitte Consulting a « révélé que 75 % des personnes interrogées cachaient certains traits de leur personnalité sur leur lieu de travail. Pour la moitié d'entre elles, cette posture diminuerait en fait leur engagement et leur agilité. [...] Lorsque vous n'exprimez pas librement votre identité, vous n'utilisez que la moitié de vos capacités intellectuelles, de votre attention et de votre passion. Finalement, vous êtes prêt à démissionner à la première occasion. » En outre, 61 % de participants à l'étude ont par ailleurs estimé que les dirigeants étaient responsables de ce phénomène inhibiteur, alors que 59 % accusaient la culture de l'entreprise de les pousser à s'effacer au travail.

Quel interdit doit sauter pour que l'on décide de changer nos comportements au travail vers plus de simplicité ?

Cela nous rassure de ne montrer qu'une partie de nous-même au bureau, par souci de conformité avec le groupe. Comme le synthétisent les auteurs du rapport Gollac[109] : « Le salarié est évalué sur sa capacité à s'investir dans un projet, à rebondir d'un projet à un autre. Il doit manifester ou simuler son enthousiasme, sa disponibilité, sa motivation et convaincre de son engagement. Dans les organisations élitistes, la maîtrise des émotions vaut comme signal de compétences professionnelles et sociales. Les cadres d'une entreprise d'informatique doivent témoigner d'un contrôle de soi total, paraître en forme, minces, jeunes et sportifs, et, bien évidemment, cacher leur stress, leur lassitude et leur fatigue. Les conditions matérielles de travail peuvent empêcher toute intimité et exposer en permanence les travailleurs aux regards d'autrui. » Pour aller sur le chemin de l'authenticité et tomber le masque au travail avec humilité, il est nécessaire de lâcher prise concernant nos vieux réflexes de perfectionnisme, pour se transformer. Comme l'explique Yves Le Bihan dans son ouvrage *Le Leader positif*, le perfectionnisme bloque la capacité de s'accomplir : "Tant que je n'ai pas atteint la perfection, je ne peux être satisfait." Le dirigeant ressent alors beaucoup de frustration, d'angoisse, de mal-être, non pas tant par son incapacité à s'accomplir, mais par son refus de perdre le contrôle ou la face. [...] Lorsque l'on dirige une entreprise, apprendre à se contenter est un art subtil, qui nous renvoie à nos croyances et notre réflexe à nous juger : Ai-je tout donné ? Qu'est-ce que je vaux si j'échoue ? Comment les autres vont-ils me juger ? etc [110].

Actions pragmatiques : L'humilité et l'équité en entreprise, comment faire concrètement ?

Ici peu de recettes, « d'astuces », pas besoin de tergiverser !

Humilité et équité : petites actions du quotidien

227

Apprendre à s'excuser

Commencez par une petite chose : se souvenir d'un acte où vous pensez avoir blessé l'autre, un comportement, une erreur ou une phrase inappropriée, s'assurer que la colère est passée et s'en excuser sans se justifier.

Pour ma part, j'ai pris conscience à quel point j'avais manqué de finesse sur certains points dans l'aventure Filapi. Je n'ai, par exemple, pas eu beaucoup de temps pour écouter les équipes opérationnelles au-delà du cercle des N-1, expliquer avec plus d'empathie les décisions prises, prendre en compte la réalité quotidienne des salariés, comprendre qu'ils ne sont pas aussi investis que les fondateurs. J'ai ressenti des difficultés à transmettre certains principes de gestion d'entreprise sans communiquer le stress qui va avec. Je m'en suis plusieurs fois excusée auprès des équipes.

228

Apprendre à pardonner

Un comportement, une erreur ou une phrase inappropriée sont monnaie courante. Pardonnez sans délai et en face-à-face, et dans tous les cas faites-le avec simplicité, *keep it simple !*

J'ai le souvenir d'une cliente d'un grand groupe qui nous a pardonnés pour une erreur ; elle nous a indiqué, qu'au regard de la façon professionnelle dont nous avions géré la situation, elle ne remettait pas en cause un instant ni le contrat en cours de signature, ni notre professionnalisme. Cette expérience a été très forte pour moi, notamment la simplicité de la discussion que nous avons eue.

229

Appliquer le dicton : « Faute avouée est à moitié pardonnée »

Lorsque quelqu'un a commis une faute, il est possible de l'amener par un jeu de questions-réponses à reconnaître lui-même son erreur, ou d'attendre que la contagion du pardon que l'on pratique fasse effet sur cette personne.

230

Dire encore : « Merci »

Notamment à ceux qui ne sont jamais remerciés, les prestataires d'accueil, de sécurité, de ménage...

Une cliente me confiait avoir vécu des situations de travail horribles, où son supérieur tyrannique résuma son style de management par cette phrase choc: « A partir d'un certain niveau on n'est pas obligé de dire Merci ». Or c'est tout l'inverse qui permet de booster l'esprit d'équipe et l'agilité. Envoyer des e-mails juste pour dire merci c'est normal, redire merci lorsqu'on croise la personne... au-delà d'un minimum de considération c'est par ces petites actions du quotidien que la vocation économique de l'entreprise s'aligne aux objectifs d'entreprise responsable.

Osez dire « c'est parfait » à un prestataire, voir « nickel ! » à un collègue lorsque c'est le cas, même pour une petite chose qui peut paraître anodine comme une heure de rendez-vous qui convient, une réponse claire, un document imprimé et relié, un message laissé...

231

Apprendre à avouer ses minidérapages, ses doutes

Reconnaître un dérapage sans faire l'autruche ni attendre et apprendre à dire avec simplicité quand ça ne va pas: « Je suis désolé, ma parole a été trop virulente », ou avertir: « J'ai un problème, je ne suis pas disponible aujourd'hui »... ne vous rendra que plus humain.

232

Stopper tout comportement qui sous-entend que les individus n'ont pas de valeur

Finis les sarcasmes, yeux levés au ciel, moqueries, insultes, critiques, messages négatifs indirects, menaces, tentative d'intimidation… Et recadrez les collègues, équipes et managers lorsque vous êtes témoins de ce type de comportement.

233

Parler aux autres comme on aimerait qu'ils nous parlent

S'affirmer sans aplatir les autres et exprimer ses besoins sans pleurnicheries, respecter les bizarreries de chacun et les nôtres, s'exprimer de façon aimable, recadrer des comportements pénibles avec élégance et fermeté. Insuffler de l'équité et de l'humilité, c'est finalement adopter une forme d'art de vivre professionnel.

Dans un tout autre contexte, certains médecins en hôpital ont constaté faire de meilleurs diagnostics lorsqu'ils sont assis à côté des patients alités et non debout, car cette posture favorise le dialogue avec le patient qui, se sentant ainsi en confiance, livrent plus d'informations utiles. Une bonne source d'inspiration pour vos discussions en équipe !

234

Faire le quiz

Vous voulez faire le point en toute humilité sur votre capacité à embarquer les autres dans vos projets ? Comptez les affirmations qui vous correspondent :

• J'avoue aimer parler de moi, j'en oublie souvent de questionner les autres pour savoir comment ils vont.

• J'ai tendance à garder l'information pour moi ; l'information, c'est le pouvoir.

• J'ai du mal à ne pas diffuser les rumeurs et j'ai la critique facile.

• J'écoute par politesse mais ça m'amuse de chercher les failles.

• Je laisse mon côté fun à la maison et je préfère mettre mon masque de performeur.

• J'ai tendance à pointer du doigt tout ce qui ne va pas car j'attends des autres des améliorations.

• Je prends mon café à mon bureau, je ne fais pas partie de ceux qui ont le temps de prendre une pause.

• J'ai souvent les bras croisés, c'est ma posture, c'est comme ça.

• Je parle souvent aux équipes en donnant des ordres, au moins c'est clair.

• Je ne participe pas aux initiatives collectives au bureau (apéro, goûter...), ça prend trop de temps.

• C'est vrai que ça m'arrive souvent de passer devant les gens en oubliant de dire bonjour.

• Cela m'arrive de ne pas avouer certaines erreurs, j'ai du mal à le faire.

• Je dis souvent « Oui » quand on me demande quelque chose, et ensuite j'ai tendance à râler.

• J'ai pris l'habitude de regarder mon mobile en réunion.

• Je ne dévoile pas grand-chose de personnel au travail (envie, engagement, hobby...), je cloisonne.

• Cela m'agace de voir les autres collègues mis en avant.

• Je prends rarement le temps de déjeuner, j'ai trop de travail.

• J'arrive souvent en retard en réunion, souvent d'ailleurs ça démarre en retard.

• Je suis un peu résigné, les autres sont dans une autre planète.

Si vous vous retrouvez dans plusieurs de ces affirmations, alors bravo d'avoir fait ce quiz et dites-vous que vous avez le bon livre en main pour progresser.

Humilité et équité : Vous êtes manager…

235

Créer un climat respectueux

• Créez un climat propice à des feedback respectueux et sincères entre humains égaux.

• Arrêtez d'utiliser des acronymes et du vocabulaire d'expert, afin de se mettre à la place de l'autre.

• Questionnez-vous : avez-vous diffusé dans le passé des messages qui n'ont pas été suivis d'effet ? Avez-vous pris en considération l'historique de la société et toutes les promesses non tenues avant votre arrivée ?

236

Supprimer les symboles du pouvoir

Les places de parking nominatives, le mobilier plus ou moins précieux, les œuvres d'art réservées aux bureaux des dirigeants, les bureaux avec une ou deux fenêtres suivant le statut, avec ou sans table de réunion, et tel calibre de voiture de fonction… Tous ces signes, qui cherchent à témoigner de la reconnaissance vis-à-vis de certains managers ou dirigeants, mettent en réalité des barrières entre les salariés, éligibles ou non à ces dispositifs. Déjeunez en équipe avec la simplicité des habitudes quotidiennes de chacun. Un bon moment au parc avec un pique-nique sorti du sac facilite plus la discussion qu'un restaurant parfois perçu comme intimidant.

Une façon très soft de démarrer sur ce terrain des symboles peut être pour le manager de laisser sa place dans la file d'attente de la cantine ou à la machine à café et d'arrêter de se sentir prioritaire sous prétexte qu'il est pressé ou débordé de travail.

237

Redonner de la noblesse aux tâches routinières

Certaines tâches sont souvent considérées, à tort, comme moins nobles alors qu'elles sont toutes aussi importantes que les autres.

Pensez, par exemple, à mettre les imprimantes et photocopieurs dans des endroits lumineux et agréables. Une partie des salariés y passe un temps non négligeable alors que ces outils sont habituellement planqués dans des couloirs bien glauques.

238

Se proposer comme bonne volonté

Proposez votre candidature pour un projet regroupant des bonnes volontés pour transformer l'entreprise sur un plan humain. Rejoignez une équipe dédiée à un projet convivial où la notion de hiérarchie n'existe pas.

Demandez à vos équipes comment vous pouvez les aider et écoutez-les.

239

Challenger l'organigramme

Soyez vigilant au côté non dégradant des intitulés de postes ou des classifications qui manquent de simplicité et créent parfois involontairement de la distance entre les salariés.

Une salariée d'une entreprise de 90 personnes m'a confié avoir 5 niveaux de hiérarchie au-dessus d'elle, d'autres ont évoqué leur grade dévalorisant : « hors cœur de métiers » ou « en-cours d'évolution ».

240

Créer une charte numérique

Veillez au style rédactionnel par e-mail, agréable et professionnel sans être trop formel. Anticipez la réaction du destinataire d'un e-mail et si nécessaire modifiez votre *wording* afin qu'il soit respectueux et authentique. Soyez attentifs à l'orthographe dans les e-mails, n'écrivez pas en lettres majuscules car cela est très mal reçu.

241

Respecter le travail des anciens

Ne critiquez pas le travail des anciens dirigeants, expliquez qu'ils ont procédé avec les moyens dont ils disposaient et qu'ils ont sans doute fait de leur mieux.

242

Lutter contre les injustices

S'il y a un sentiment d'injustice chez vos collaborateurs, de dysfonctionnements, des tracas, mettez en place une organisation, des temps, pour que chacun puisse exprimer ce qui ne va pas dans l'entreprise et que ces points soient réglés.

243

Jouer avec l'humilité

Parfois l'humour permet de dédramatiser et de faire passer des messages.

J'ai créé une application digitale (laWEbox.com) qui propose des défis sur l'humilité[111] pour générer des discussions sur le sujet, un panier de petits papiers à piocher permet également de lancer le sujet en début de réunion. Exemples :

• Comptez le nombre de réunions séchées dans la semaine en oubliant de prévenir l'organisateur et trouvez une astuce pour faire baisser ce chiffre la semaine prochaine.

• Calculez le total des années d'ancienneté des membres de l'équipe et faire une Ola pour le champion de l'ancienneté.

• Dites le métier que vous rêviez de faire quand vous étiez enfant ou la matière où vous étiez nul à l'école.

244

Lancer des challenges d'humilité

Plus poussé que l'action précédente, cela consiste à lancer un défi décalé sur une journée, à l'échelle d'une équipe ou d'un établissement, invitant à faire preuve de simplicité par le biais d'une action à réaliser. Exemples :

Se prendre en photo lorsque l'on croise un collègue qui a un point commun vestimentaire ;

Se comporter de façon tout à fait naturelle avec un objet improbable sur soi toute une journée.

Mettre en scène un proverbe et partager la photo. Par exemple : « Le chameau ne voit pas sa propre bosse, il voit la bosse de son frère. »

245

Observer sans trop réfléchir

Parfois il faut arrêter de penser qu'une idée est bonne ou mauvaise en cherchant à tout prix à se mettre à la place des utilisateurs ou des clients. L'humilité nous invite à laisser les utilisateurs finaux décider du sort de telle idée.

Un manager a expérimenté beaucoup de bonnes pratiques pour faciliter la coopération et partager la simplicité avec laquelle il décide finalement de ce qui va être déployé ou non :

« Nous avons formé les équipes à l'intelligence relationnelle, des start-up viennent se présenter devant les salariés, une bibliothèque est partagée, nous menons des ateliers de design *thinking* pour inventer de nouvelles méthodes… mais finalement, parmi toutes les actions testées, pour savoir ce qui va fonctionner nous arrêtons de trop réfléchir. Nous passons notre temps à tout mesurer, alors pour certains sujets nous avons décidé de stopper la mesure, pour se fier au ressenti. Nous expérimentons directement plein de nouvelles pratiques comme dans un laboratoire, avec un groupe d'opérationnels intéressés par les sujets visés et ensuite nous regardons simplement si les gens en parlent et si ça donne envie. Nous laissons les collaborateurs créer eux-mêmes le *buzz*… ou pas. Si personne ne parle de telle expérimentation, alors nous la stoppons, si en revanche nous sentons qu'il y a un sujet et que ça donne envie, alors c'est que nous sommes dans le vrai et nous déployons à plus grande échelle. »

246

Partager avec des pairs sur leurs façons de faire

Ce n'est pas toujours évident de partager, entre collègues ou avec son supérieur, sur ses difficultés à déployer tel levier avec ses équipes : « Est-ce que tu t'imagines envoyer des messages de gratitude à tes équipes ? », « Il faut toujours un échange de banalités avant de rentrer dans une discussion pro, et toi comment tu t'y prends avec tes équipes ? » « Tu fais comment pour éviter de tomber dans un management trop directif ? », « Est-ce que ça t'est déjà arrivé d'avouer une erreur à ton staff ? »… Pourtant ce type de posture *low profile* génère des discussions riches d'enseignements.

Comment commencer ? Démarrez dès maintenant par ce qui vous semble le plus accessible : contactez un ami pour lui demander ses pratiques, ses clés pour faire face à telle objection ou telle difficulté, inscrivez-vous sur des blogs de management, suivez le *hashtag* #management sur les réseaux sociaux, rejoignez des clubs, congrès ou réseaux de managers, reportez-vous à la liste des ouvrages recommandés à la fin de ce livre, lisez des témoignages de managers (la WE box en diffuse régulièrement sur son blog). Vous absorberez ainsi beaucoup de connaissances et prendrez confiance en votre capacité à échanger en toute humilité sur ce sujet avec des pairs, qui seront sans doute très intéressés par votre démarche. C'est une posture que je diffuse depuis deux ans en entreprise, c'est pragmatique, enrichissant et accessible à tous.

Passage à l'action

Actions que je vais faire lundi prochain :

....

....

....

....

....

....

....

....

Actions que je vais planifier dans le mois :

....

....

....

....

....

....

....

....

Actions que je vais proposer à mon entreprise :

....

....

....

....

....

....

....

....

• Astuce de la WE box pour passer à l'action :

Persévérez dans le temps et repérez les signaux faibles. Créer du lien au travail est délicat car c'est une somme de liens personnels avec chacun des individus que nous côtoyons. Parfois la perte de lien est soudaine, amenée par un élément extérieur. J'ai découvert les déboires d'une jeune société de 30 personnes, en pleine croissance, qui venait de déménager, ayant quitté un *open space* pour rejoindre une maison sur 3 étages, pensant y conserver la convivialité qui les caractérisait. L'effet a été inverse, le lien entre les équipes a été rompu, on ne se parle plus entre les étages, l'information ne circule pas dans la maison, certains auraient-ils voulu être à l'étage le plus haut ? Certains projetaient-ils dans la maison un foyer convivial alors qu'elle véhiculait peut-être la symbolique d'un organigramme à 3 niveaux ? Le déménagement avait rompu le lien. Je me souviens avoir vécu la même perte de lien lorsque je faisais du conseil, notre cabinet avait été racheté par un grand groupe. À l'occasion de l'intégration dans ce groupe, notre cuisine, lieu symbolique de partage convivial, de débats, de discussions à bâtons rompus, a été troquée contre des places dans une cantine accueillant des milliers de collaborateurs. La perte de la cuisine a coupé le sentiment d'appartenir à un groupe soudé, nous avons eu l'impression de perdre notre identité et n'avons pas su la retrouver. Donc repérez les signaux faibles et ne lâchez rien.

• Ils ont appliqué les bonnes pratiques *via* la WE box et m'encouragent :

« Finalement tout ça se résume un peu en Bonjour-Merci-Bravo-Sorry, un joli mantra pour le bureau ! »

• Les 2 bonnes pratiques qui génèrent le plus de discussions dans la WE box :

Comme dit le dicton : « Faute avouée est à moitié pardonnée » ! Aujourd'hui avouez un minidérapage, un doute, une faiblesse à un collègue, enfant ou voisin, en toute simplicité !

Comptez le nombre de réunions que vous avez séchées dans la semaine en oubliant de prévenir l'organisateur. Vous n'êtes pas obligé de partager ce chiffre surtout s'il est élevé, mais auquel cas vous seriez le roi de l'humilité. Une astuce pour faire baisser ce chiffre la semaine prochaine ?

LEVIER

8

Gratitude et altruisme

« *La gratitude, c'est notre capacité à remercier la vie, à remercier les autres pour toutes les bonnes choses, même les plus simples.*
Quant à l'altruisme, c'est un peu le cousin de la gratitude et c'est pas mal aussi, c'est se réjouir du bonheur des autres, ne pas se sentir envieux de la réussite d'autrui. »

Que nous apprennent les experts ?

Les personnes qui se déclarent les plus heureuses sont souvent les plus altruistes. En favorisant la remémoration des souvenirs agréables la gratitude rend humble. « La gratitude est également un vecteur fort d'émotion positive qui améliore la créativité et diminue le stress. Tout le monde y gagne ![112] », nous explique Philippe Rodet.

> *Valoriser les idées des autres favorise la diffusion d'idées plus créatives et potentiellement utiles au groupe. Une étude menée dans 50 pays démontre également que la gratitude nous pousse à contribuer davantage aux projets de l'entreprise*[113].

Lorsque nous mettons notre énergie pour faire gagner l'autre, nous pouvons être heureux aussi parce que c'est bon pour nous. Il est, par exemple, prouvé scientifiquement que rédiger un SMS à quelqu'un pour le remercier est un des déstressants les plus puissants qui soient pour celui qui le rédige. Enfin, puisque nous avons vu que le cerveau a besoin d'environ 21 itérations pour intégrer un changement, si l'on travaille un peu tous les jours sa gratitude, au bout de 21 jours, on constate une amélioration du relationnel aux autres, ainsi que de ses performances au travail.

Synthèse des rencontres

La gratitude et l'altruisme au bureau, ce n'est pas simple car, quand on est salarié il faut développer sa visibilité en interne pour anticiper son évolution professionnelle. Il se crée une compétition entre collègues contre laquelle il est difficile de lutter et qui rend finalement égoïste. C'est d'autant plus difficile lorsqu'on est passé par des formations académiques où le raisonnement cartésien et l'élitisme génèrent parfois des fonctionnements un peu brutaux. « Comme si le bûcheur qui collectionne les tableaux d'honneur mais qui vit dans le néant relationnel était voué à un avenir radieux, paré des plus hautes responsabilités[114]. » Le système valorise le fait d'être meilleur que l'autre, et l'on finit par se retrouver requin dans un aquarium rempli de requins, alors que certains se sentent plus efficaces et plus à l'aise lorsqu'il faut déployer leur talent de poisson d'eau douce.

Les patrons aussi sont écartelés. Une rencontre avec un patron de TPE, installé depuis 10 ans, illustre le dilemme d'une partie des chefs d'entreprise sur ce point.
« Je sais bien qu'au même titre qu'on doit être trendy dans la vie parisienne, il faut que l'entreprise soit trendy, que les salariés aient une fierté d'appartenance à un groupe désirable. J'ai essayé plein de choses pour qu'ils soient plus engagés, nous avons mis un rameur, fait plein d'apéros... Je suis cool sur les horaires et les congés, mais ils ont un rapport très détaché au travail. Je devrais me positionner comme un entraîneur d'équipe mais c'est tout l'inverse, quand ça ne va pas, je hurle, je crée un environnement un peu guerrier, je serre la vis et leur rappelle que je les paie pour qu'ils délivrent. Ils doivent me détester, je suis obligé d'être tyrannique car les équipes ne se rendent pas compte de la pression que j'ai pour tenir la société. C'est dur, mais je ne peux pas leur en parler car sinon ils partiraient, alors je garde tout ça pour moi et ça me rend malade, je n'en peux plus. »

D'autres dirigeants m'ont confié leur doute sur le rôle de l'entreprise sur le sujet de l'humain : « Comment la coolitude ne devient-elle pas n'importe quoi ? », « Comment la responsabilité sociale de l'entreprise prend une autre forme que de l'argent ? ». Comme vous l'avez constaté, la plupart des actions listées dans *Moteurs d'engagement* sont gratuites ! J'espère ainsi apporter de l'eau au moulin des dirigeants inquiets pour leur compte d'exploitation.

Témoignages

Personne d'autre que Florence Servan-Schreiber, professeure de bonheur, auteure [115] et conférencière, ne pouvait apporter ici son expertise sur la gratitude. Voici son témoignage, que j'ai eu la chance de recueillir.

« Ce qui distingue la gratitude d'un simple plaisir, c'est de remercier de l'avoir vécu : se réjouir de ce qu'il y a de bien, des décisions prises, de la qualité des gens autour de soi, célébrer la chance que l'on a de faire ce que l'on est en train de faire… Ça ne se limite donc pas uniquement à dire merci à son chef qui nous parle gentiment !

Dire "Merci Martine de la Compta" ne suffit pas non plus, car il ne s'agit que d'une convention sociale. Exprimer sa gratitude nécessite une capacité d'observation pour préciser son émotion : "Quand tu fais ceci, cela me permet de… et c'est pour ça que je te remercie." Par exemple : "Quand tu me remets les statistiques à l'heure, je peux préparer ma réunion mensuelle à temps, et pour la tranquillité d'esprit que cela me procure : merci." On honore ce qui nourrit, valorise et manifeste la relation. À part la météo, presque tous les bienfaits quotidiens proviennent de quelqu'un, la qualité d'une expérience aussi, jusqu'à l'intervention des cuisinières qui ont préparé les carottes râpées de la cantine. Il s'agit parfois du meilleur moment de la journée.Mais quand tout fout le camp, qu'il y a des obstacles dans le travail ou dans la relation avec les équipes, comment faire face ? On constate que, plus on s'est entraîné en temps de paix à développer sa capacité d'émerveillement, plus on sera prêts pour la guerre. À quoi s'entraîner quand tout va bien ? Et bien à le remarquer. Plutôt que de se plaindre, c'est en repérant le meilleur que nous créons petit à petit un nouveau circuit neuronal. Celui de la perception du positif.

Emmagasiner ainsi des expériences positives est une vraie décision, car par défaut nous sommes câblés pour ressentir le négatif, ce qui garantit la survie de notre espèce. Il s'agit d'une forme d'hygiène mentale personnelle quotidienne. Savez-vous que, lorsque l'on demande aux enfants d'écrire ce qu'ils ont aimé au déjeuner, ils auront de meilleures notes au contrôle de math qui suivra ? Pourquoi ? Parce que leur cerveau aura stimulé le meilleur de leur expérience avant.

Cet apprentissage nous prépare à faire face aux difficultés. Comment faire ? En jouant à repérer 3 kifs dans sa journée. Cela revient à noter 3 choses par jour pour lesquelles on éprouve de la gratitude ; niveau 1 : on l'exprime dans sa tête, niveau 2 : on le note, niveau 3 : on le partage. Ces exercices impactent notre longévité et peuvent même alléger une dépression. Des expériences l'ont démontré.

En réunion d'équipe, on peut faire un tour de kifs et exprimer à tour de rôle 3 bonnes nouvelles au sujet de la raison qui nous réunit. Par exemple :

– "Même un défi de dernière minute lancé par mon chef a pu me déstabiliser au premier abord, mais m'a finalement stimulé et permis de me dépasser"

– “À la comptabilité, j’ai une vie géniale, car devant mon tableau de chiffres, j’ai la chance de garantir la fiabilité des données et c’est ça qui m’anime”
Remercier les gens en face-à-face, ou publiquement, telle que la pratique de “l’employé du mois”, a le mérite de mettre l’individu en avant, mais attention, car une personnalité introvertie pourra ne pas l’assumer. Une carte de remerciement fera plutôt l’affaire. Nous avons tout intérêt, dans un contexte professionnel, à nous demander : quelle est ma chance ? Il est très rare de ne rien trouver, même les journées les plus difficiles. Il est également important d’enrichir son vocabulaire émotionnel pour décrire ce qu’on ressent, avec plus de nuances et pouvoir dire en quoi telle personnalité enrichit notre environnement de réflexion par ses compétences, son humeur, son courage, sa gentillesse, ou sa précision. »

Actions pragmatiques : La gratitude et l'altruisme en entreprise, comment faire concrètement ?

Là aussi, c'est par des petites actions au quotidien qu'on avance : remercier la vie pour tout ce qu'elle nous offre y compris au travail, les collègues, l'ambiance, le ciel bleu, un moment de complicité…

Gratitude et altruisme : Petites actions du quotidien

247

Se lever, maintenant, et faire un compliment

Dites quelque chose d'agréable aux deux premières personnes que vous croisez, sans raison : collègue, manager, patron, assistante, voire un inconnu… Renouveler l'expérience chaque jour crée une habitude de compassion.

248

Tenir un journal de gratitude

Consignez chaque aspect positif de votre journée.

249

Parler de ce qui nous rend heureux

Au lieu de vous focaliser sur les ennuis que vous avez connus auparavant, parlez de ce qui vous rend heureux et soyez reconnaissant envers les personnes qui font partie de votre vie.

250

Exprimer sa gratitude

Il existe plusieurs façons d'exprimer sa gratitude : par la parole, par un geste (main sur l'épaule...), un regard, une action (un petit mot, une attention, du temps...). Si cela vous semble difficile, commencez par remercier dans votre tête, en y pensant. Puis remerciez par SMS ou par e-mail, si c'est trop dur en vrai. Pour vous aider, écrivez sur un petit mot la liste de toutes les choses géniales qu'une personne a faites pour vous. Pour encrer cette routine au quotidien, certains se brossent les dents le soir en repensant aux gens merveilleux rencontrés et à leurs qualités.

251

Proposer un livre d'or des bons moments

Pour une équipe ou un étage, proposez un livre d'or des bons moments au bureau, des succès et messages de remerciement que chacun a envie de diffuser.

Certaines entreprises immortalisent les meilleures bonnes nouvelles dans des cadres photos bien visibles de tous.

Gratitude et altruisme : Actions un peu plus impliquantes, nécessitant de la réflexion ou un peu d'organisation

252

Ne plus juger ni les autres ni soi-même

Commencez par lister les aspects positifs de vos collègues, y compris ceux avec qui le relationnel n'est pas très fluide : quelles sont leurs qualités, les moments que vous avez tout de même appréciés. Un ami, à la tête d'un service de 400 personnes, a ainsi suggéré à ses équipes, lorsqu'elles veulent citer une personne qui est absente, de toujours démarrer leur propos par la mention de deux qualités de cette personne avant de parler de celle-ci.

253

Formaliser les « merci-bravo »

Organisez la possibilité que n'importe qui puisse dire un « merci », « bravo », « on a besoin de toi », « c'est top », à tout type de salarié, en toute simplicité.

Cette initiative ne doit pas être perçue comme directive et presque imposée sinon elle devient intimidante. Une personne m'a témoigné d'un flop dans la diffusion de cartes de remerciements nominatives à distribuer à ses collègues ou équipes, dans une entreprise où la culture n'était pas celle du remerciement gratuit.

Un « mur des mercis », accessible à tous, est plus fréquent.

254

Prendre conscience des contributeurs au bon déroulement de la journée

Consacrez une heure, une journée, ou quelques minutes chaque jour à faire attention à chaque personne qui ont rendu possible votre quotidien: les entrepreneurs qui ont conçu la ligne de train que vous empruntez, le boulanger qui a travaillé cette nuit pour que vous ayez du pain frais, les agriculteurs qui ont participé à la traite des vaches pour votre thé au lait matinal, la femme de ménage qui a participé au nettoyage de votre espace de travail... sans qui votre journée serait un peu différente.

Gratitude et altruisme : Vous êtes manager...

255

Témoigner sa gratitude aux équipes

Écrivez des messages de gratitude à vos équipes : des mots manuscrits, des Post-It®, des cartes, des e-mails...

Douglas Conant, ancien P-DG des soupes Campbell, a envoyé à ses salariés plus de 3 000 messages manuscrits de gratitudes et John Replogle, P-DG de Burt's Bees, envoyait chaque jour un e-mail exprimant sa gratitude à un membre de son équipe.

Frédéric Laloux nous apprend que Ozvision, entreprise située au Japon, organise la « Journée du remerciement ». « La société verse (à chaque salarié) 200 dollars, à charge pour lui de les dépenser pour remercier ce jour-là quelqu'un qui compte particulièrement pour lui, collègue, parent, ami, voisin ou instituteur perdu de vue depuis longtemps, mais jamais oublié. La seule règle à respecter, c'est qu'une fois de retour au travail, il fera le récit de sa journée de remerciement : ce qu'il a offert, à qui il l'a offert, et comment ce cadeau a été reçu[116]. »

D'autres proposent que le président ou le directeur général déjeune, rencontre ou écrive un mot de remerciement à des salariés opérationnels identifiés par leurs managers ou les ressources humaines.

Dire merci, ça ne rabaisse pas. Je remercie souvent pour ce qui m'a été donné. Mon tempérament et mon parcours académique ont été une chance et un outil précieux, mon expérience dans le conseil a beaucoup aidé à convaincre les banquiers, actionnaires, clients... L'esprit structuré qu'on développe en école d'ingénieur a aidé dans la résolution de problèmes et le montage de business plan. J'ai aussi la chance d'avoir fait de belles rencontres, la chance d'avoir un caractère qui permet d'aller de l'avant, un mari aimant, au soutien imperturbable et quotidien, des enfants en bonne santé... J'ai pour habitude de remercier ceux qui y ont cru, mais aussi ceux qui n'y ont pas cru car ils m'ont fait progresser, m'ont boostée pour réagir à leurs objections, m'ont permis de mieux me connaître, de savoir ce que je pouvais accepter ou non... Certains me disaient que je me rabaissais à remercier ainsi tout le temps, et préféraient la dureté peut-être plus classique. Il m'a semblé au contraire que cela n'empêche pas d'être ferme en affaires. Un de mes anciens patrons disait de moi : « tu es une main de fer dans un gant de velours », peut-être est-ce de cette dualité dont il voulait parler ?

256

Instituer le « quart d'heure des fiertés »

Une fois par semaine, proposez un moment où chacun raconte de quoi il est le plus fier cette semaine en commençant par : « je suis fier de... ». Cette réunion originale, parfois appelée « la mêlée du matin », est aussi l'occasion d'évoquer l'avancement des projets.

257

Identifier des référents inspirants

Repérez dans vos équipes, des champions de l'altruisme, ceux qui irradient l'entreprise de leur gratitude, et encouragez-les, voire coachez-les pour qu'ils diffusent par exemplarité leur qualité naturelle. (Attention : leur demander de devenir évangélisateur n'est pas le propos !)

258

Remercier en public

Pas besoin de grand cérémonial, mais pensez à remercier les membres de votre équipe également en présence d'autres personnes. Cela a parfois plus d'impact qu'en tête à tête et participe à diffuser la culture de la gratitude.

259

Changer de paillasson

Comme Florence Servan-Schreiber, professeur de bonheur, auteur et conférencière, faites tailler un paillasson en forme de « merci » géant, placez-le à l'entrée d'un service, d'un *open space* ou de votre bureau, pour y penser à chaque entrée ou sortie.

Gratitude et altruisme : Initiatives peu courantes recensées

260

Organiser un *Company Day*

Une journée par mois ou par an, les cols blancs mettent la main à la pâte sur les tâches les moins glamours de l'entreprise.

Yves Le Bihan nous apprend que Jeff Gravenhorst, P-DG d'ISS, leader mondial des services intégrés, organise chaque année une journée pendant laquelle les dirigeants montrent l'exemple en passant à l'action sur le terrain, que ce soit en nettoyant les toilettes ou en préparant des saucisses dans une cantine, c'est leur « *Company Day* ».

261

Trouver son style

Vous êtes manager... Démarrez vos réunions par un tour de table de remerciements, organisez des minichallenges où chacun félicite l'autre pour ses talents, qualités et victoires, organisez des quiz autour de bonnes actions, encouragez, félicitez, partagez, faites preuve de gratitude, écoutez, pardonnez, aidez les autres, donnez du temps aux autres, cherchez à connaître vos collègues, souriez...

Passage à l'action

Actions que je vais faire lundi prochain :

Actions que je vais planifier dans le mois :

Actions que je vais proposer à mon entreprise :

• Astuce de la WE box pour passer à l'action :

Écrivez-vous des messages motivants, par exemple selon votre style : « C'était top ! », « 90 secondes pour changer le monde », « Atchic-Atchic-Atchic », « Sérieux sans se prendre au sérieux », « Chacun fait sa part », « Simple comme bonjour », « Brisons la glace », « On va y arriver »…

• Ils ont appliqué les bonnes pratiques *via* la WE box et m'encouragent :

Il faut y aller ! Car 41 % des salariés [117] ne bénéficient pas de feed-back sur leur travail.

• Les 2 bonnes pratiques qui génèrent le plus de discussions dans la WE box :

#SavoirUtile – En se brossant les dents le soir, les pros de l'attitude positive repensent aux gens merveilleux qu'ils ont rencontrés et à leurs qualités ! Rituel assez étrange mais intéressant à faire ! Prenez une minute pour le tester ce soir.

Vous aideriez l'équipe à finir la phrase : « Cette semaine on a passé un bon moment quand… » Et vous c'était quand votre bon moment en équipe ?

LEVIER

9

Générosité et entraide

« *Le philosophe Emmanuel Jaffelin a eu des propos passionnants sur la philosophie de la gentillesse et la générosité lors d'une conférence TED : « Le gentil, c'est celui qui donne, il est en état de générosité, de plénitude, il y a une forme d'intelligence dans ce* soft power*. »*
La coopération, c'est une forme de don de soi au service de l'équipe ; on y partage des signes de reconnaissance, de l'écoute, des informations, des plaisirs, des doutes, des moments privilégiés, des petits cadeaux, du soutien… Pour avoir la possibilité de faire partie d'un groupe soudé, il faut faire appel au don de soi inconditionnel[118]. »

Que nous apprennent les experts ?

Selon les bouddhistes, la joie qui accompagne un acte de bonté désintéressé procure une satisfaction profonde et gratifiante, au contraire du plaisir égocentrique. Les moins convaincus des vertus de la générosité peuvent donc, *a minima*, l'être pour leur propre épanouissement. « Un service est un acte de bienveillance qui, parmi les honnêtes gens, donne de la joie à celui qui le reçoit, et à celui qui l'exerce », disait Mirabeau.

On sait désormais, grâce à Adam Grant [119], le jeune professeur de la Wharton School, que ceux qui sont généreux au travail réussissent mieux professionnellement. Cela peut achever de convaincre les plus sceptiques. À court terme par exemple, les vendeurs généreux, ont de moins bons résultats, en disant aux clients que tel produit ne répond pas à leurs attentes, ils perdent alors parfois du chiffre d'affaires. En revanche, à moyen terme, ils prennent les devants et cumulent plus de clients fidèles que leurs collègues.

> *« Les donneurs ont l'art de tisser des réseaux* [...] *Ce qui fascine le plus chez les donneurs prospères, c'est qu'ils parviennent au sommet sans avoir cherché à damer le pion aux autres, mais en trouvant le moyen de faire grossir le gâteau pour tous [120] », nous dit Jacques Lecomte.*

Les vertus de la générosité s'illustrent particulièrement dans le cadre du bénévolat : en consacrant du temps aux autres, on apprend de toutes les situations. L'engagement donne du sens à la vie et nous connecte aux autres.

Un jour, Lady Diana, qui se sentait triste, a demandé conseil à Mère Teresa. Elle ne lui a fait qu'une seule recommandation : « occupez-vous des plus démunis que vous. »

Notre générosité souhaite s'exprimer naturellement : on n'aide pas par devoir ou parce qu'on a mauvaise conscience, mais pour se sentir utile. On le voit bien dans les élans naturels de générosité comme lors d'attentats ou de catastrophes naturelles[121].
Plus d'un tiers des Français avouent qu'ils pourraient faire plus de bénévolat, mais ne savent pas comment s'y prendre (35 %).
De nombreux écrits sur l'économie du don abordent ses vertus en entreprise. Les gens aimeraient naturellement rendre service, tout le monde a ça en lui, et, lorsque la générosité est cultivée par la direction d'une société, cela se traduit par la bonne circulation de l'information, les coups de main, la qualité des explications fournies…
Quels que soient les processus, les entreprises ne fonctionnent que parce qu'il y a de l'entraide. Des travaux scientifiques le démontrent et voici quelques idées fortes : « L'attention portée par le manager aux employés […] génère des économies et […] à l'inverse, le manager désocialisé (ou égoïste) doit compenser son comportement avec du *monétaire* pour motiver ou retenir ses collaborateurs […]. Les compétences et savoir-faire se maintiennent grâce aux *échanges de dons* entre collaborateurs et entre les collaborateurs et les parties prenantes extérieures. Le jeu des dons/contre-dons se fait sur des informations, des compétences, des savoir-faire, conseils… […] Le don/échange crée de la confiance […], les dons sans contrepartie ni réciprocité au travail sont un signe de bonne ambiance et de valorisation mutuelle entre collègues ; de plus ils créent un lien positif sur l'engagement de ces collègues dans l'organisation[122]. »

Soyons vigilants car, Selon Alain Caillé et Jean-Édouard Grésy auteurs de *La révolution du don*, « Le don est centré sur le vivre-ensemble […]. Visant à la reconnaissance partagée des personnes dans leur dignité et leur fragilité, il est constitutif du bonheur d'être ensemble et d'échapper au sentiment d'être seul. » C'est à la suite de dons réciproques que se crée la confiance. Mais lorsque ce don se tarit, « les liens sociaux se délitent, les alliances se brisent au point d'affaiblir le collectif de travail et l'entreprise se trouve fort dépourvue face aux maux que génèrent ces phénomènes. »

Synthèse des rencontres

Une responsable des ressources humaines m'a livré son meilleur souvenir fédérateur. Il s'agissait de mener collectivement la réfection des locaux délabrés de sa PME, pour les transformer en un lieu agréable pour tous. Ce projet consistait en une réalisation collective où chacun apportait librement ses talents ou son temps. Certains ont fait les courses, monté des meubles, appris à leurs collègues à poser du parquet, d'autres ont repeint les murs, prêté un camion... Au-delà d'un simple travail de groupe, le souvenir de cette journée généreuse est encore intense, car la dynamique était collective, autour d'un but commun, concret, utile, où chacun est sorti du cadre de son rôle avec simplicité. Ce jour-là, certains collègues se sont parlé pour la première fois et en reparlent encore 7 ans plus tard.

Il en est de même dans une SSII où une salariée me disait avoir bénéficié du dispositif où chacun a 7 jours de congé dans l'année pour donner du temps à une association avec d'autres salariés... À cette occasion, les rapports hiérarchiques s'effacent pour laisser place à des échanges humains qui permettent de se connaître sans masque, ce qui porte ensuite ses fruits lorsqu'on revient au bureau.

Ces actions génèrent des comportements de citoyenneté organisationnelle, c'est-à-dire des comportements généreux qui bénéficient au fonctionnement de l'entreprise.
Les salariés souhaitent se rendre utiles et avoir quelque chose à raconter à leurs enfants le soir quand ils rentrent. Beaucoup ont des initiatives et soutiennent des associations, ce sont des pépites.

Devenons aidants

L'entraide se manifeste également lorsque les collègues se soutiennent dans les épreuves : l'esprit de solidarité, le fait de résister ensemble à des décisions ou des épreuves favorise la création de liens d'amitié au travail. De nombreuses situations créatrices de liens qui m'ont été racontées se sont déroulées dans l'adversité : une équipe soudée face à un manager jugé psychopathe, un deuil, la maladie, un divorce où les collègues ont été particulièrement à l'écoute et prévenants. Dans ces situations, la solidarité s'exprime plus naturellement. Des animations en séminaires simulent d'ailleurs les conditions de l'adversité pour générer des liens comme dans les meutes de scouts : on cuisine, on construit son campement, on bricole, on randonne, on fait du bateau, on crie, on chante, on fait du sport, on résout des énigmes... Comment faire en sorte d'exprimer cette solidarité dans le quotidien sans passer par une situation difficile ou un séminaire au vert ?

En quoi l'entraide et la générosité sont-elles créatrices de liens ?

Être généreux permet de s'entourer de relations authentiques et d'être moins seuls face aux doutes, difficultés et questions délicates à partager. Cela participe également à nous relier aux autres avec le cercle vertueux de la contagion de la générosité.
La générosité est tellement rare au travail, que celui qui en témoigne paraît plus humain que les autres, et cela crée naturellement un climat de confiance. D'ailleurs, si la présence de relations de qualité dans une équipe génère une envie soudaine de partager quelques chouquettes tous ensemble, la chouquette par elle-même renforce également les liens.

Alors, qu'est-ce qui bloque ? Christophe Larrenduche de l'agence Sagarmatha nous éclaire : « le turnover casse la générosité car on est plus enclin à être généreux quand on constate que les têtes ne changent pas trop dans le temps, car inconsciemment chacun sait que, dans la durée, on bénéficiera de l'entraide à son tour. »

Témoignages

Cécile de Guillebon est directrice internationale de l'immobilier d'un constructeur automobile mondial, elle gère 1 500 personnes dans 12 pays. Engagée auprès des entrepreneurs, bénévole dans des associations, généreuse en temps et en conseils, pleine d'humilité et d'un naturel heureux, Cécile incarne tout le contraire de l'arrogance. Pourtant, elle est qualifiée de « grosse tête » par son entourage professionnel. Cécile me confie que sa carrière s'est faite grâce à la qualité de son relationnel :

« Ma réussite je la dois à mon réseau. J'aime les gens, savoir qui ils sont, soigner le contact, je joue toujours la carte de la simplicité et fais attention aux autres. Lors de mes voyages, j'apprécie d'ailleurs particulièrement la finesse du relationnel et la gentillesse des équipes à qui je rends visite. On me dit que je suis habile dans les relations, que je fais preuve de fidélité, d'honnêteté intellectuelle et de constance dans le temps. Je fais confiance aux gens *a priori* car j'ai beaucoup reçu. C'est un état d'esprit et cela vient tout d'abord de ma nature, et également de mon éducation. »
Sa générosité prend diverses formes dans le quotidien : « Un petit mot gentil pour tous, un e-mail plein d'humanité pour un collaborateur en souffrance, ma présence à tous les événements d'équipes, la gratuité du temps donné aux autres, que ce soit pour la fille d'un collaborateur qui a besoin de conseils ou un entrepreneur qui cherche une oreille attentive. De retour du mont Blanc avec une partie de l'équipe, nous avons rapporté des souvenirs, cadeaux, témoignages pour les équipes n'ayant pas eu la chance de partir et savourer ainsi le plaisir d'être ensemble. Dans le monde professionnel, j'œuvre particulièrement contre l'hypocrisie qui pousse à cacher la réalité ou à être du même avis que les autres, et la jalousie qui rongent, les comparaisons qui font souffrir. Pour pouvoir consacrer ce temps au relationnel, je gère les priorités sans perfectionnisme superflu, avec une forte culture de la valeur ajoutée, pour ne pas se perdre. Je veille à garder de la hauteur de vue pour prendre des décisions rapides et me faire une idée rapidement des situations. Pour y parvenir, j'ai acquis dans mes expériences en fusion-acquisition une qualité de jugement avec une forme d'intransigeance. » Nous clôturons l'interview dans une librairie parisienne où elle passe soutenir une de ses amies d'enfance. Je reconnais bien là Cécile.

Actions pragmatiques : Générosité et entraide en entreprise, comment faire concrètement ?

Au fil des entretiens de nombreuses initiatives ont été recensées. « Il ne faut pas minimiser l'importance et la puissance de petites résolutions qui, loin d'être anodines, contribuent à construire le monde auquel nous sommes de plus en plus nombreux à aspirer[123] », nous explique Pierre Rabhi. Ramasser un stylo tombé par terre, tenir une porte, prêter une place de parking, proposer un verre d'eau, partager un repas… ces petits gestes démontrent une attention à l'autre.

Générosité et entraide : Petites actions du quotidien

262

Participer aux cagnottes

Que ce soit pour les gens qui quittent l'entreprise, pour les anniversaires… Vous pouvez également prendre l'initiative de créer ces cagnottes.

263

Organiser des activités à plusieurs

Le midi ou le soir, organisez à plusieurs des activités comme des cours de sport ou de yoga, et participez ensemble à des tournois pour en partager le coût et que d'autres puissent y prendre part.

264

Offrir des fruits ou des friandises

Faites un gâteau pour vos collègues de bureau, rapportez des spécialités culinaires au retour de vacances, faites du café pour toute l'équipe...

Apportez également des fruits, par exemple des pommes, et laisser une corbeille disponible sur votre bureau pour les personnes qui viennent vous voir. Certains optent pour des chocolats ça fonctionne également !

Une jeune psychologue du travail a raconté faire régulièrement la tournée de son *open space*, pour distribuer des pastilles. Cette action moins anodine qu'elle n'y paraît, lui permet en réalité de créer le dialogue, de rencontrer les nouveaux, de repérer ceux qui n'ont pas la forme, de créer des ponts entre les personnes...

265

Partager tous les jours quelque chose

Partagez vos bons plans, les bonnes adresses pour déjeuner dans le quartier (de façon conviviale ou de façon plus officielle sur un tableau à la machine à café), proposez du Doliprane à celui qui a mal à la tête, donnez des magazines ou racontez blagues qui vous ont plu... Proposez que chaque mois une personne présente devant ses collègues un livre, une exposition, un résumé de conférence...

Partagez votre place de stationnement si tout le monde n'a pas ce privilège, partagez une information complète sur les situations, y compris ce que l'on cache habituellement. Ayez chaque jour un mot gentil pour le chauffeur du bus, le monsieur de la sécurité, la caissière, partagez un fou rire, un renseignement, un parapluie... Prenez le temps de faire imprimer une photo sur papier glacé pour l'offrir, troquez des habits avec une collègue pour changer sa garde-robe...

Générosité et entraide : Actions un peu plus impliquantes, nécessitant de la réflexion ou un peu d'organisation

266

Faire quelque chose pour quelqu'un d'autre

Observez autour de vous, il y a sans doute quelqu'un qui a besoin d'un coup de main, même rapide. Soyez attentif pour savoir comment vous pouvez réellement rendre service aux autres. Par exemple, si vous apercevez quelqu'un qui semble triste, seul à la machine à café, engagez la discussion : « Bonjour, comment ça va ? »

267

Faire un petit pas vers plus de générosité

Discuter à plusieurs d'un souvenir où vous avez fait preuve d'absence de générosité ou d'entraide, et écoutez les expériences des autres, sans jugement. Essayez ensemble de comprendre quels sont les leviers qui sous-tendent cela, ceux qui vous sont propres et ceux communs à tous.

Envisagez de nouveaux projets où votre générosité ou votre sens de l'entraide seront mis à l'épreuve. Passez à l'action par petits pas pour remporter rapidement des victoires qui génèrent de la confiance.

268

S'engager collectivement

Une société dont j'ai interviewé une collaboratrice, incite les salariés à s'engager pour des associations locales en leur offrant des journées de congés en contrepartie d'un certain nombre d'heures de bénévolat. Proposez un partenariat à des associations locales pour que des salariés volontaires donnent du temps à tour de rôle, en continu toute l'année. Le soutien scolaire aux lycéens est un exemple fréquemment entendu car les étudiants peuvent venir chaque semaine dans les locaux de l'entreprise. Et le système de rotation permet de créer une chaîne humaine entre les salariés. La générosité peut être témoignée vis-à-vis des différentes parties de l'écosystème de l'entreprise, clients, distributeurs, fournisseurs... et également la société civile. Exprimer sa générosité au travail tout en aidant les plus démunis est générateur de lien. Participez par exemple aux actions de collecte de produits (jeux pour enfants, cravates[124] et tenues professionnelles pour des jeunes démunis en recherche d'emploi), ou de nettoyage, de logistique simple pour des associations.

269

Transmettre les ficelles du métier, les bonnes pratiques, aux nouveaux

L'organisation d'un « Vis ma Vie », la formation, le *mentoring* ou le parrainage des nouveaux par des anciens, la réalisation d'un « guide du nouvel arrivant » reprenant les bonnes adresses du quartier... sont autant d'exemples de partage avec les nouvelles recrues.

Générosité et entraide : Vous êtes manager…

Actions que vous pouvez mettre en place vous-même

270

Remercier les généreux

Identifier les personnes qui, par leur générosité, ont œuvré pour le bien commun et donc pour votre bien personnel, les remercier de quelque façon que ce soit (oral, service rendu…).

271

Créer une « épicerie de groupe »

Remplissez un tiroir avec de quoi grignoter, du Doliprane, des mouchoirs, du thé, des fruits… pour que toute l'équipe puisse se servir et discuter autour du tiroir quand c'est nécessaire.

Paniers de fruits, oranges pressées… dans certaines entreprises la nourriture (saine si possible, voir bio) est gratuite et à volonté. Parfois les repas sont offerts comme à la Ruche qui dit Oui : les salariés se portent volontaires, à tour de rôle, en indiquant leur nom sur un tableau, pour faire les courses, ou la cuisine, pour tout le monde.

272

Demander de l'aide

Invitez les équipes à demander, chercher et trouver de l'aide, mobilisez « l'intelligence des foules » avec un maximum de liberté d'expression. Là aussi, par mimétisme, votre exemplarité de manager deviendra contagieuse.

273

Cultiver l'envie de faire soi-même

Comment cultiver l'envie de faire soi-même une petite attention ou des minitâches qui améliorent la vie en collectivité, comme changer les gobelets de la fontaine à eau ou de la machine à café ou nettoyer une table avant une réunion ? En montrant l'exemple ! Ce type d'action est assez contagieuse quand on est le chef.

J'ai personnellement reçu de l'entraide présente sur les réseaux sociaux, où une question posée sincère et ouverte peut donner en retour des propositions d'aide... J'ai également bénéficié de nombreux actes de générosité de la part des personnes qui gravitaient autour de la sphère Filapi. Un ancien collègue a fait le premier logo, une copine les plans d'aménagement, un actionnaire nous a offert des statuts...

Comme beaucoup, j'ai également donné du temps et de l'argent à des associations. Je consacre régulièrement du temps à des entrepreneurs, et je fais preuve d'une forme de générosité dans mon attitude positive. Mais ai-je été vraiment généreuse au bureau ? Je n'en suis pas certaine, j'étais un peu absente dès qu'il fallait décharger une voiture, dépanner pour une sortie d'école, trop concentrée sur les objectifs de chiffre d'affaires. Mais grâce à Catherine, mon associée, la sphère Filapi était généreuse : les animateurs étaient généreux dans leur don de soi aux familles, l'équipe événementielle était généreuse dans le souci des détails pour que les enfants soient heureux, dans les quantités de matériel à disposition, dans le confort apporté aux intervenants et artistes qui en étaient reconnaissants.

274

Cuisiner ou servir le café

La nourriture est un code culturel important en France, c'est un pivot de la vie sociale. La cuisine procure du bonheur aux gens. Cuisiner génère cette alchimie qui donne accès au cœur et à l'âme d'enfant de chacun. « Le copain, c'est celui avec lequel on partage le pain », m'a dit l'une des personnes que j'ai interviewées.

Le dernier jour de son mandat, le président Barack Obama a servi un repas à tous ses employés de la Maison-Blanche, quel acte de gratitude et d'humilité ! Il en a profité pour avoir un échange rapide avec chacun d'eux, une façon de les remercier et de dire au revoir...

Servez vous-même un café aux équipes, ou cuisinez pour elles, en prenant au pied de la lettre votre statut de « chef » ! Cuisiner pour les autres est une sorte de témoignage d'amour.

Actions habituellement mises en place après réflexion avec les équipes

275

Organiser un « secret santa »

Certains l'appelle « la Journée des anges gardiens ». Il s'agit d'un événement où chacun offre un cadeau à un collègue, cadeau si possible que l'on fabrique soi-même ou à moins de 5 euros.

276

Fixer un rituel tournant

Proposez que la fameuse « brioche du vendredi » ou le « croissant show » (croissant et chocolat chaud) soient organisés à tour de rôle.

Chez ETDE, « chaque vendredi depuis deux ans un service en invite un autre à prendre cette collation matinale en commun. Puis les invités tirent au sort le service qu'ils convieront le vendredi suivant[125]. »

277

Installer une bibliothèque

Certaines entreprises installent une petite bibliothèque dans laquelle les salariés peuvent déposer des livres qui leur ont plu afin d'en faire profiter leurs collègues, et laisser leur ressenti sur une fiche qui circule de lecteur en lecteur. Cela peut être également des livres ou magazines qui ouvrent à l'autre, ou qui traitent de sujets improbables et atypiques. L'installation d'une bibliothèque créé une atmosphère chaleureuse « comme à la maison ».

Si vous manquez d'espace et que vous souhaitez que chacun partage sa passion pour les livres, cela peut également prendre la forme d'une liste de titres que vous recommandez. Chaque mois, invitez les employés qui ont lu les livres recommandés à les présenter aux collègues autour d'un café. Certains managers offrent même des cadeaux à ceux qui finissent une série de trois livres...

278

Mettre en place le don de jours de congé

Pour les collaborateurs qui vivent une situation difficile comme un souci de santé. Discutez-en avec vos supérieurs pour impulser l'idée et faire bouger les lignes.

279

Organiser une bourse aux bonnes idées

Vous voulez vous inspirer des pratiques des autres services de l'entreprise ? L'entraide passe aussi par l'organisation d'une bourse aux bonnes idées où chaque direction présente les actions qu'elle a mises en place pour renforcer l'esprit d'équipe, s'échange les bons tuyaux, les modalités, les enseignements sur ce qui a bien fonctionné ou non.

280

Mettre en place l'arrondi sur la fiche de paie

Les centimes donnés par les salariés sur leur paie sont versés à des associations choisies par les salariés. Les dons sont abondés pour des associations, du bénévolat ou du mécénat de compétence.

281

Organiser un « formathon »

À l'image du Hackathon, challenge qui invite les salariés à « hacker » un produit, un métier ou un service en le réinventant, dans un Formathon, les salariés se forment entre eux sur un talent qu'ils choisissent de partager.

Générosité et entraide : Initiatives peu courantes recensées

282

Faire les comptes rendus à deux

L'entraide passe aussi par la création à deux d'un compte rendu de réunion sur un même document en ligne et en live, un procédé à portée de tous qui génère de la coopération.

283

Ritualiser le coup de main

Si un service connaît un pic d'activité, par exemple la logistique, encouragez d'autres services à leur prêter main-forte chaque semaine, chaque mois.

284

Se former aux techniques de « leader serviteur »

C'est un modèle de management développé par Robert K. Greenleaf en 1970. Le leader serviteur est totalement au service des collaborateurs qu'il manage, il se concentre sur la satisfaction de leurs besoins, les accompagne pour qu'ils donnent le meilleur d'eux-mêmes, encourage la coopération avec une grande attention portée à la qualité des relations. Cette pratique attrayante est particulièrement engageante, car elle évite toute concession avec les valeurs.

Ce type de pratiques sans compromis sur ses principes fondamentaux, m'a été recommandé par des patrons de TPE particulièrement engagés.

285

S'organiser pour donner du temps

Soyez disponible pour vos équipes en communiquant visiblement vos plages de disponibilité. Cela canalise les interruptions (par exemple, tous les jours à x heures). Dans ces périodes, effectuez des activités réalisables de manière fractionnée (e-mails, tâches administratives, classement...).

Cette disponibilité incite les équipes à préparer leur demande et permet à chacun d'être complètement ouvert à la discussion.

286

Revoir les modalités de calcul des variables

Les parts variables basées sur la performance individuelle freinent le partage d'information et encouragent les stratégies de contournement pour obtenir son bonus et non pour la performance globale de l'équipe ou de l'entreprise.

Comment promouvoir l'entraide lorsque les rémunérations sont basées sur des règles égoïstes ? Peut-on être généreux et intéressé ? Comme l'explique Jacques Lecomte : « Le paiement à la performance dégrade les relations entre salariés et dénature le sens du travail. [...] Au cours des premiers mois, les salariés apprécient le système et dépassent même les objectifs de performance fixés. Mais les managers se rendent bien vite compte que la préoccupation des salariés a changé : ils sont maintenant plus focalisés sur le salaire que sur le travail en soi[126]. »

En revanche, la générosité apportant de la satisfaction personnelle au travail, l'entreprise peut favoriser la sensation d'autonomie des salariés qui se montrent généreux pour conserver cette satisfaction, *via* des primes spécifiques. Selon l'économiste Mickaël Mangot : « Ces primes d'un nouveau type sont appelées bonus prosociaux et doivent être dépensées par les salariés pour récompenser des collègues ou pour financer des associations caritatives de leur choix. À chaque fois, le destinataire du financement est à la discrétion du salarié, donc l'autonomie du salarié est respectée. Les chercheurs sont en train d'évaluer l'impact sur la motivation au travail de ce genre d'incitations altruistes. Les premiers résultats sont encourageants, avec un effet identique voire supérieur à des primes pour soi[127]. »

Passage à l'action

Actions que je vais faire lundi prochain :

....

....

....

....

....

....

....

....

Actions que je vais planifier dans le mois :

....

....

....

....

....

....

....

....

Actions que je vais proposer à mon entreprise :

....

....

....

....

....

....

....

....

• Astuce de la WE box pour passer à l'action :

Commencez par des actions qui ne concernent que vous, pour les diffuser par contagion autour de vous sans effort : exprimez votre choix de faire de la méditation, de manger des fruits, partagez vos tablettes de chocolat, remerciez, félicitez, pardonnez, retenez les prénoms… cela déteindra chez les autres.

• Ils ont appliqué les bonnes pratiques *via* la WE box et m'encouragent :

Face à une situation délicate au travail, 40% des salariés ont un sentiment de solitude [128]. « Alors avec toutes ces bonnes pratiques on peut tous contribuer à changer le monde ! »

• Les 2 bonnes pratiques qui génèrent le plus de discussions dans la WE box :

On a tous quelque chose à apprendre à quelqu'un : une langue, une technique, une astuce, une recette… Et vous, qu'est-ce que vous pourriez apprendre aux membres de l'équipe ? Ou est-ce que vous voudriez apprendre quelque chose en particulier d'un collègue ? Organisez-vous. Go !

Votre équipe est invitée à créer son « épicerie de groupe », comme un tiroir contenant de quoi grignoter, du Doliprane, des mouchoirs, un chargeur… Bref, un kit pour que toute l'équipe soit au top. Alors, qui apporte quoi ?

LEVIER 10

Bienveillance et gentillesse

« *Vous avez remarqué le succès des vidéos de chats ?*
Les gens sont tous en attente de douceur, de bienveillance, de chaleur humaine. »

Que nous apprennent les experts ?

Trois universités finlandaises[129] démontrent que les jeunes ont de meilleurs résultats scolaires lorsque leurs enseignants sont bienveillants à leur égard, et cela reste vrai quels que soient les outils pédagogiques déployés ou le nombre de jeunes par classe. À l'inverse, un faible soutien émotionnel génère des comportements d'évitement. Cela peut nous sembler instinctif, pour des enfants de petites classes, mais ces conclusions portent également sur des étudiants d'écoles supérieures qui sont donc devenus adultes. L'explication fournie est que la bienveillance participe à développer de la confiance en soi et la capacité à se fixer des objectifs. Contrairement à l'adage « trop bon, trop con », la gentillesse est identifiée comme facteur de performance par Google *via* son projet Aristote[130], nom d'une large étude dont le but était d'éclaircir un grand mystère qui nous concerne tous : qu'est-ce qui fait qu'une équipe de travail est efficace ? Des statisticiens, chercheurs, sociologues, psychologues et ingénieurs de Google ont analysé des centaines de groupes de travail pour élucider ce mystère. Google conclut alors que la clé du travail en équipe est d'être gentil...

> *Selon la professeure de management Amy Edmondson cela signifie que « les membres d'une équipe pensent qu'ils peuvent prendre des risques interpersonnels en toute sécurité », qu'une « équipe ne fera pas honte, ne rejettera pas ou ne punira pas quelqu'un qui s'exprime », ou encore qu'il existe « un climat caractérisé par la confiance interpersonnelle et le respect mutuel, dans lequel les gens se sentent à l'aise[131] ».*

Comme le présente Jacques Lecomte dans son livre *Les Entreprises humanistes* : « la bienveillance en entreprise s'exprime aussi par la justice. Avoir le sentiment d'être considéré de manière juste est essentiel dans l'existence, et tout particulièrement dans le monde du travail[132]. »

Synthèse des rencontres

La bienveillance en entreprise, c'est comme la culture ou la confiture, moins on en a, plus on l'étale. L'engagement des entreprises qui sont réellement bienveillantes est quant à lui entier. On ne peut pas prôner la bienveillance sans vouloir neutraliser les personnes toxiques ou stopper des comportements inappropriés. Un peu comme si des parents aimants, souhaitant donner le meilleur d'eux-mêmes à leurs enfants, avaient recours aux fessées, gifles, claques, et incitaient leurs petits à ne pas réagir avec violence.
Nombreux témoignages ont évoqué le besoin d'honnêteté de la part des managers et des dirigeants. Si un pot est organisé « parce qu'il le faut », en oubliant de féliciter un collègue pour son initiative de la veille, de constater qu'une telle a changé radicalement de coupe de cheveux, de demander des nouvelles du petit dernier, ou de prendre le temps de débarrasser la table tous ensemble, « personne n'est dupe », ça sonne faux, ce n'est pas agréable et personne n'a envie d'y aller car ça manque de sincérité dans l'intérêt que le manager porte aux autres. Tout ce qu'on peut vouloir affirmer sur l'humanisme au travail est contredit si les faits ne sont pas avérés.
Lors de mes interviews, j'ai souvent entendu que rien ne déplaît plus qu'un moment convivial de type galette des rois gâché par

une communication officielle perçue comme pompeuse, qui raccroche cette initiative à tel projet d'entreprise, tel objectif de qualité de vie au travail ou recherche de label. Faisons preuve d'humilité en alignant nos propos et nos actions au quotidien. Organisons nos galettes en toute simplicité, on veut simplement savoir qui sera le roi ou la reine et lui mettre la couronne…

Dans un autre registre, parisienne depuis toujours, j'ai constaté que l'éloignement de la nature endurcit. Imaginez-vous caissier, vigile dans un grand magasin, contributeur transparent et non valorisé de notre quotidien, voyant défiler des milliers de personnes chaque jour qui ne disent pas bonjour, téléphonent en vous présentant leurs sacs ou leurs achats. Les scientifiques expliquent que nous sommes tellement sollicités par des stimuli environnementaux que nous nous renfermons sur nous-même pour nous protéger et ressentons une dilution de notre responsabilité envers les autres.

Un anonyme a témoigné lors de mon enquête sur les réseaux sociaux[133] : « Bienveillant, généreux, empathique… ces mots n'existent pas dans les grands groupes. » C'est dommage car la bienveillance est vectrice de coopération au travail, elle transmet l'envie de se lancer tous ensemble. Contrairement à l'image culturelle que l'on en a, la bienveillance doit être vécue comme une force, l'inverse des conséquences de la froideur et de la distance.

« Un grand homme montre sa grandeur dans la manière
dont il traite les petites gens[134] »,
Thomas Carlyle, écrivain et historien.

Enfin, comme disent les Chinois : « Qui va doucement, va loin. »

Témoignages

Chez Sycomore Asset Management, entreprise de 55 salariés, labellisée *Best Place to Work 2016* et *HappyAtWork 2017*, la bienveillance est une réalité. La mission de Sycomore est d'« humaniser l'investissement ». Cette société choisit les entreprises cotées dans lesquelles elle prend des participations autant en fonction de critères financiers qu'extrafinanciers comme la gouvernance, le social et l'environnement. Sycomore Asset Management a également créé le fonds *HappyAtWork*, et au regard de sa performance financière élevée, elle montre qu'un tel système vertueux produit de bons résultats. Ma rencontre avec Amaury Eloy, responsable du capital humain et de la transformation digitale, a permis de mieux comprendre ce que cela signifie concrètement :

« La bienveillance nous semble être la clé de l'agilité d'une entreprise. Lorsqu'elle est sincère, relayée et diffusée, cet état d'esprit permet à chaque collaborateur d'être pleinement lui-même, de libérer sa créativité, son intelligence et ses initiatives, sans crainte de castrations d'un "petit chef". La bienveillance génère la confiance, la transparence, la critique constructive. Elle lutte contre la fossilisation d'une organisation et la politique interne. Elle est le socle à la fois de l'intérêt collectif et de l'épanouissement personnel. Réinventer les *process* autour de la bienveillance est, par ailleurs, un bon exercice pour les managers. »

À titre illustratif, le mode de recrutement chez Sycomore Asset Management a été inversé : ce ne sont pas les RH qui recrutent, mais les collaborateurs concernés par l'arrivée du futur recruté. Les candidats voient lorsque leur candidature est traitée grâce à la plateforme SmartRecruiters. Avant de démarrer les entretiens de recrutement, un « rendez-vous témoignage » permet au candidat de poser toutes ses questions sur l'entreprise et son fonctionnement, en totale transparence, sans être évalué. Il n'y a pas de barrière dans la relation entre collaborateurs, car l'humain est au cœur du projet. L'entreprise accompagne également les projets personnels de ses collaborateurs qui sont en lien avec les valeurs de l'entreprise : « audace, cohésion, engagement », comme la création d'un écosystème entrepreneurial à Madagascar, la traversée de l'Atlantique à la voile en binôme… Ici, chacun amène un bout de lui-même, et l'entreprise le valorise.

Selon Amaury Eloy : « Si la bienveillance est un levier de management intéressé, ça ne prend pas et c'est même pire que tout. La responsabilité des dirigeants et leur exemplarité sont immenses. Avant de parler de bienveillance dans l'entreprise, les dirigeants doivent procéder à leur propre examen de conscience, s'interroger sur leur relation à l'autre. La bienveillance a d'autres vertus supplémentaires dans l'entreprise : elle étouffe la "médiocratie" ainsi que la tentation du "salaire de la peur". Chez Sycomore Asset Management, au-delà d'un savoir-faire, nous recherchons des individus bien dans leur peau, entreprenants, ayant des convictions, gentils et sincères dans leur humanité, qui souhaitent vivre ce rapport à l'autre aussi dans le monde du travail. »

Actions pragmatiques : Comment concrètement faire preuve de bienveillance en entreprise ?

Difficile de faire preuve de bienveillance lorsque ce n'est pas son tempérament. Toutefois, plusieurs actions permettent d'enclencher puis d'ancrer de nouvelles bonnes habitudes.

Bienveillance : Petites actions du quotidien

287

Consacrer du temps aux autres

Consacrez 10 minutes à une personne, elle s'en souviendra. Prenez des nouvelles sincèrement de chacun en veillant à avoir un ton bienveillant, laissez à l'autre la possibilité de parler librement. Et ensuite on se remet au travail.

288

Privilégier les contacts visuels

Au-delà des échanges numériques ou téléphoniques, essayez d'avoir un maximum de contacts visuels avec les personnes avec qui vous travaillez.

Cicéron écrivait que la vue est le sens le plus aiguisé chez les humains, c'est celui qui permet de décoder et d'interpréter au mieux les informations (les neuroscientifiques vont-ils le prouver prochainement ?) Avec vos clients et vos collaborateurs pensez en priorité à aller les voir. Sinon, privilégiez la visioconférence, plutôt que le téléphone ou les e-mails.

289

Faire rentrer les codes de l'habitat au bureau

Créez des repères visuels qui rappellent la maison, asseyez-vous par terre, faites des réunions-promenades, des marches, prenez un goûter... Le tout-corporate crée de la froideur et de la distance.

290

S'exprimer en son nom

Assumez vos avis sans les présenter comme une évidence.

291

Distribuer des petits mots

Laissez des Post-It® amicaux ou amusants sur le bureau des collègues : « Bon retour de vacances ! », « Bon voyage pour la conférence de demain ! »

292

Laisser du temps à la relation

Voici des mots couramment exprimés lors de mon enquête : « prendre le temps de déjeuner », « le temps de l'écoute », « le temps de respirer », « ne pas faire perdre du temps », « planifier un temps d'équipe », « savoir perdre du temps même en période de stress », « donner du temps », « consacrer du temps pour que l'autre s'exprime », « un petit temps dans la semaine »...

293

Être authentique

La bienveillance passe également par la sincérité, l'authenticité : « écouter vraiment », « respecter l'autre dans toute sa personne », « avoir une vraie écoute active », « s'intéresser sincèrement au travail des autres », « être égaux », « être sincère ou se taire », « éviter toute action superficielle et factice »...

Bienveillance : Actions un peu plus impliquantes, nécessitant de la réflexion ou un peu d'organisation

294

Encourager la bienveillance

Discutez avec plusieurs collègues et envisagez de nouveaux projets où votre bienveillance est mise à l'épreuve. Creusez des projets où elle a également un impact ou un lien avec le métier de l'entreprise pour embarquer le plus de monde dans l'aventure. Par exemple, à l'image de Sycomore Asset Management et son processus de recrutement, décortiquez un process avec les parties prenantes pour étudier comment le rendre plus bienveillant.

295

Veiller au bon partage d'information

Le partage de l'information est un levier particulièrement important de la bienveillance en entreprise : chacun est invité à veiller à la bonne information de tous, quels que soient le niveau ou la branche technique dans laquelle ils se trouvent.

Chez Filapi par exemple, la bienveillance envers nos 40 actionnaires passait par une bonne information, signe du respect que nous avions pour eux. Pourtant une dizaine d'entre eux m'était de parfaits inconnus, de plus, nous tenions nos assemblées générales uniquement par voie électronique. Pour créer un lien avec les actionnaires dans un tel contexte, j'ai envoyé chaque mois pendant 10 ans un rapport composé des chiffres clés et faits marquants. Cela illustrait l'importance de la transparence dans la relation que nous souhaitions avoir avec eux, pour dire ce qui allait et également ce qui était plus compliqué. Leurs retours étaient extrêmement positifs. Cette relation, ce lien ainsi créé au fil des mois et des années, s'est illustrée dans des situations compliquées, où ces investisseurs ont à leur tour fait preuve d'une compréhension bienveillante. Leur soutien unanime dans ces moments, reflet de la confiance qu'ils nous accordaient depuis le début, fut capital pour prendre des décisions délicates.

296

Faire un acte de gentillesse par jour

Tenez la porte, demandez des nouvelles, proposez un verre d'eau, remerciez, proposez le meilleur siège... Pas besoin d'imaginer des actions compliquées ou intimidantes pour être gentil.

297

Demander l'avis des équipes

Demandez l'avis de tous pour la personnalisation de l'*open space*, la décoration, suggérez des actions pour plus de courtoisie au bureau ou pour lutter contre le bruit dans les locaux.

298

Préparer ses échanges

Pour éviter de faire perdre du temps à vos interlocuteurs, prenez un moment pour réfléchir et préparer ce que vous avez à leur dire.

299

Apprendre à commencer et à clôturer une réunion

L'optimisation des réunions est le point qui génère le plus de discussions et de partage de bonnes pratiques dans l'application digitale de la WE box. C'est également le thème de mon article le plus « liké » sur LinkedIn. Comme nous l'avons déjà évoqué, il semble qu'il y ait donc un sujet sur la « réunionite ».

Démarrez les réunions avec de la bienveillance. Cela consiste à dire : « Ça me fait plaisir qu'on aborde ce sujet tous ensemble », si c'est sincère, en regardant les participants dans les yeux.

Terminez certaines réunions par un rapide tour de table pour savoir si la réunion a été utile et efficace, le fameux ROTI *(Return on Time Invested)*, avec une note de 1 à 5.

300

Saluer tout le monde

Quand vous croisez quelqu'un, saluez-le ! *A minima* avec un simple « bonjour », ou même un geste de la main ou de la tête dans sa direction.

301

Mettre plus de bienveillance dans son quotidien

Sur le trajet du bureau, laissez votre siège à une personne âgée, une femme enceinte ou une personne handicapée. En réunion, accueillez vos invités avec un café ou un verre d'eau et un sourire, aidez-les à brancher le rétroprojecteur, à régler la lumière, la climatisation... Évitez d'interrompre vos interlocuteurs, comme je peux l'entendre parfois, par un: « Oui, ça je sais », de démarrer une réunion en retard en annonçant que finalement elle sera raccourcie de moitié, de faire attendre un prestataire sans lui donner de nouvelle... Repérez les signaux émis par les collaborateurs et allez vers eux: « Tu veux en parler ? » Il s'agit ici d'avoir une posture humble.

J'ai effectué cet été une présentation devant six personnes dans une toute petite salle surchauffée, sans fenêtre, sans un verre d'eau, ni un sourire. Le chronomètre comptant mon temps de parole a démarré alors que je n'avais pas eu le temps de poser mon sac. Un accueil un peu western-ok corral en somme. Pas les conditions idéales pour donner le meilleur de soi-même. C'est finalement plein de petites choses la bienveillance au travail.

302

Arrêter de faire la morale

Restez concentré sur les faits observables sans jugement ni évaluation, ne collez pas d'étiquette, n'utilisez pas la violence, la menace. Si votre parole n'est pas toujours directive, cela laisse de la place pour chacun dans la discussion.

303

Lutter contre toute forme de violence

Qu'elle soit verbale ou psychologique, la violence en entreprise est insupportable

Se former à la communication non violente ou à la « conversation courageuse » permet d'éviter, voire de résoudre, des conflits de façon bienveillante et de conserver ainsi le lien qui relie les individus.

Il m'a souvent été rappelé que dans une relation on est toujours deux, chacun est responsable de son « bout de l'écharpe », comme dit une amie psychologue.

Et vous, comment gérez-vous votre bout de l'écharpe dans la relation avec vos collègues ?

NB : Le cas des relations toxiques n'est pas abordé dans Moteurs d'engagement *car il nécessite d'aller plus en profondeur dans l'étude de la situation. De nombreux ouvrages traitent de ce sujet et parfois un accompagnement personnalisé est utile…*

Bienveillance : Vous êtes manager…

Actions que vous pouvez mettre en place vous-même

304

Installer une salle de silence

Que vous soyez manager ou en charge des aménagements, proposez des espaces pour se ressourcer comme des sièges contemplatifs face à une baie vitrée au sein de l'entreprise, ou une salle de silence où chacun peut aller s'isoler un moment quand il le souhaite.

305

Aborder plusieurs fois les sujets qui rapprochent

Démarrez et terminez les réunions par les sujets qui rapprochent comme les bonnes nouvelles, les succès, les efforts partagés. Traitez entre les deux des sujets difficiles laisse moins de traces.

306

Laisser la porte du bureau ouverte… ou pas

La porte ouverte, c'est symbolique, donc ça a sa place ici. Mais cela ne suffit pas pour donner vraiment envie d'aller se confier à vous.

J'ai d'ailleurs rencontré un consultant qui milite contre cette idée du bureau ouvert car parfois ce principe ne change rien dans les faits sur l'absence de dialogue. Derrière son propos « pour une porte du bureau fermée », il prône avant tout l'importance de prendre le temps quand il le faut.

Que votre porte soit ouverte ou parfois fermée, ce n'est pas ça l'important, l'important c'est d'être disponible et présent à l'autre.

307

Mouiller la chemise avec ses équipes sur le terrain

Lorsque le manager se sacrifie pour son équipe, prend du temps, décale ses rendez-vous pour traiter les urgences opérationnelles, décortique les problèmes, son équipe le suit plus facilement.

308

Sanctionner les attitudes non respectueuses

Suspicion de harcèlement, incivilités... J'ai rencontré des sociétés qui ne parviennent pas à gérer les attitudes irrespectueuses, pensant que le fait de ne pas sanctionner est une façon d'être bienveillant. Au contraire, recadrez ce type d'attitude au plus vite notamment *via* les évaluations et les rémunérations.

309

Être présent lors des événements forts de la vie des collaborateurs

Envoyez un bouquet de fleurs et un petit mot à l'annonce d'une grossesse ou du décès d'un parent d'une collaboratrice, écrivez un mot manuscrit pour toute occasion (anniversaire, maladie, naissance, mariage, retraite...).

310

Interdire les réunions après 18 heures

Le corollaire de cette action est de suggérer de couper les serveurs le soir et le week-end.

311

Questionner pour embarquer

Assurez-vous que vos équipes ont compris les décisions, les choix, la stratégie. Questionnez-les avec bienveillance en cherchant à faire passer un élan plutôt que des explications rationnelles et évitez le piège de la justification : « Un leader, pour être suivi, a en effet surtout besoin d'être cru, et pas seulement d'être compris. La compréhension des objectifs n'a jamais garanti l'adhésion », explique Eléna Fourès, dans *Les Échos*[135].

Demandez par exemple :

- Peux-tu me dire les points qui t'ont marqué dans ce que je viens de partager avec toi ?
- Si tu ne devais retenir que le point le plus important de ce que je viens de formuler, quel serait-il ?
- Ça ne doit pas être facile pour toi d'entendre ces mots ?
- Comment réagis-tu à ce que je viens d'exprimer ?
- Peux-tu me dire le pourquoi de ton silence ?
- Y a-t-il un point que tu apprécies dans ce que j'ai dit[136] ?

312

Être honnête, complet et précis

Quand vous confiez une tâche à un collaborateur, rien de pire que les explications partielles sur les enjeux, la place de chacun, les interactions avec d'autres projets, sans parler des chevauchements de responsabilités... Soyez transparents. Donner de l'information permet de créer la confiance avec vos équipes.

313

Se déplacer vers les équipes

Déplacez-vous dans les bureaux de vos équipes pour aborder tel sujet, plutôt que de les « convoquer » dans le vôtre.

314

Faire de l'entretien annuel un moment bienveillant

Il y aurait beaucoup de choses à dire sur l'entretien annuel d'évaluation, qui disparaît dans certaines entreprises au profit par exemple d'entretiens plus réguliers dans l'année. Voici quelques règles remontées par des managers pour que ce moment, parfois stressant pour les deux parties, soit plus agréable et efficace pour chacun :

• Prendre le temps de la préparation et du déroulé, ne pas couper l'entretien en plusieurs fois, arriver à l'heure à l'entretien... On se laisse souvent vite happer par les urgences...

• S'écouter mutuellement, parler en toute transparence, pour pouvoir identifier les points positifs et les axes d'amélioration.

• Si possible, sortir des bureaux, dans un lieu plus informel, au café, au restaurant, autour d'une gaufre... En marchant ?

• Format/déroulé/lieu de l'entretien : veiller à un traitement égalitaire pour les membres d'une même équipe.

Bienveillance : Initiatives peu courantes recensées

315

Créer un « aquarium à mots doux »

Il s'agit d'un récipient rempli de mots positifs et agréables que tout le monde peut remplir, et dans lequel on pioche quand on le souhaite. Il trouvera sa place sur votre bureau ou à la salle de pause.

316

Autoriser le droit à la sieste sans l'encadrer

317

Créer une tirelire à bienveillance

Mettez en place une tirelire où chacun doit verser 1 euro à chaque parole ou acte déplacé, et dont la collecte est destinée à un projet positif.

Une amie d'Abou Dabi a testé ce dispositif que son entreprise a intitulé « Nono la bienveillance », chacun est invité à verser 1 euro à chaque médisance. Les salariés apprécient le côté totalement décalé voire humoristique de cette initiative qui dédramatise le sujet, et les fonds récoltés sont versés pour une action collective comme un petit déjeuner.

Dans la même veine, j'ai vu dans une SSII que dès qu'un développeur critique une décision d'un client, il met une pièce dans une tirelire et retourne vers le client pour décortiquer le sujet source de critique.

318

Utiliser des « cymbales tibétaines »

La règle proposée est de démarrer la réunion par un coup de cymbales. Et personne ne peut parler avant que le son ne se soit éteint, ce qui est terriblement long. Cette pratique permet à chacun de mettre son ego de côté explique Frédéric Laloux[137].

Chez Heiligenfeld, réseau d'hôpitaux psychiatriques allemand, à chaque réunion, un participant se porte également volontaire pour sonner ces petites cymbales, par exemple lorsque l'on sent que c'est l'ego qui parle. La plupart du temps la présence des cymbales suffit pour ne plus avoir besoin de les faire résonner.

Dans certaines entreprises, les réunions commencent toujours par une minute de silence, pour se retrouver soi-même face aux enjeux de la réunion, ne pas être absorbé par l'extérieur et les tentations d'avoir raison à tout prix.

D'autres méthodes de management collaboratif proposent également de sonner une clochette ou un gong à tout moment lorsqu'un participant de la réunion souhaite qu'une minute de silence s'installe, puis il explique la raison de sa demande de silence (tension ressentie, besoin d'attention…).

Ces dispositifs permettent *in fine* d'apaiser les discussions.

319

Tester la poubelle à soucis

Prenez une feuille, notez dessus toutes les situations où vous vous sentez tendu avec vos collègues ou équipes : écrire libère. Puis, déchirez cette feuille en petits morceaux. C'est un exercice symbolique efficace. Une amie l'appelle la « poubelle à soucis ».

Une école primaire de Trappes a mis en place une « chaise des émotions », où les enfants peuvent s'asseoir pour griffonner leurs émotions sur un carnet et ainsi se calmer.

320

Former les jeunes

Un de mes interlocuteurs proposa de former tout jeune diplômé sortant d'une grande école à manager un(e) assistant(e) avec bienveillance. C'est un exercice délicat riche d'apprentissages car si les assistant(e)s jouent un rôle clé dans l'entreprise, la fonction est souvent peu reconnue.

Passage à l'action

Actions que je vais faire lundi prochain :

....
....
....
....
....
....
....
....

Actions que je vais planifier dans le mois :

....
....
....
....
....
....
....
....

Actions que je vais proposer à mon entreprise :

....
....
....
....
....
....
....
....

• Astuce de la WE box pour passer à l'action :

Partant du constat qu'une habitude s'ancre en 21 fois[138], si votre entreprise ne dispose pas de la WE box, un planning de 21 jours d'actions quotidiennes à heure fixe aide à enclencher sa propre transformation. À vos calepins, un plan d'action annuel est encore plus vertueux…

• Ils ont appliqué les bonnes pratiques *via* la WE box et m'encouragent :

68 % des pratiquants trouvent que ces bonnes pratiques renforcent les relations dans la durée : « Chacun y trouve une bonne pratique adaptée à son style. »

• Les 2 bonnes pratiques qui génèrent le plus de discussions dans la WE box :

Contrairement à l'adage « trop bon, trop con », la gentillesse est un facteur de performance selon Google et son projet «Aristote». Remémorez-vous un geste gentil qui vous a marqué au bureau.

Partagez vos astuces pour conduire un entretien annuel efficace et agréable : invitation, déroulé personnel, cadre atypique, posture idéale, durée, jeux de questions, votre manière personnelle de le clôturer… Des anecdotes ou bons souvenirs à raconter ?

LEVIER

11

Prendre soin de soi pour rencontrer l'autre

> « *Si nous avons tous pour mission de diffuser des bonnes ondes, chacun est également invité à prendre soin de lui pour être plus disponible à l'autre.* »

Que nous apprennent les experts ?

La structure de notre cerveau n'a pas évolué depuis 20 000 ans. Voici quelques enseignements des neurosciences issus de lectures et de conférences passionnantes qui nous aident à éviter la surchauffe mentale :

- En imagerie, les scientifiques voient le stress bloquer le cortex préfrontal, ce qui nous coupe de l'écoute, de la créativité et de la confiance. C'est pour cela que le cerveau gère mieux les problèmes complexes dans des moments de vagabondage, de divagation, et que l'intuition n'arrive que dans la sérénité.
- Notre cerveau fonctionne de façon optimale lorsque l'on bouge. Certaines entreprises expérimentent à ce titre une salle de travail où l'on peut marcher sur un tapis roulant, tout en pianotant sur son ordinateur.
- Lorsque l'on doit se concentrer longtemps sur un dossier, le cerveau a besoin de se régénérer tous les quarts d'heure pour pouvoir de nouveau libérer la capacité de réflexion et d'attention, cela peut être par des minichangements d'attitude de 15 secondes.
- Le cerveau est plus performant en stimulant les sens. Trois sens utilisables au quotidien au bureau sont la vue, l'ouïe et le toucher (poignée de main, tape sur l'épaule, accessoires de bureaux et musique agréables...).
- Notre cerveau a du mal à être multitâches. Gloria Mark, chercheuse à l'université de Californie à Irvine, nous apprend[139] que nous sommes interrompus en moyenne toutes les trois minutes, voire plus lorsque l'on travaille dans un *open space*.
- Une respiration profonde apporte facilement 30 % d'oxygène en plus qu'une respiration lambda. Une bonne oxygénation induit de la performance[140], car le cerveau fonctionne mieux.

Synthèse des rencontres

Il apparaît chez les personnes que j'ai interrogées le besoin de prendre soin d'elles pour être en relation avec les autres. Voici les thématiques qui ressortent le plus :

• La difficulté d'être au calme au bureau. « Au bureau je n'arrive pas à me concentrer », « les écrits, je les lis à la maison », « j'ai besoin de sortir du cadre », « de m'isoler dans un bureau vide », « de me couper de l'*open space* », « parfois je me sens envahi »...
• La nécessité de se ressourcer parfois en cachette. Certains évoquent la « méditation aux toilettes », les toilettes étant vécues pour certains comme le seul endroit où se ressourcer sans sollicitation, « aller au petit coin en désespoir de cause », y faire une microsieste.
• L'importance de la méditation, la prière, la pleine conscience,la synchronisation cardiaque... « Un vrai temps de pause et de reconnexion avec soi », « pour être bien avec moi-même, alignée », car le reste du temps on doit « tenir ses émotions à distance ».
J'ai été surprise de nombreux témoignage de personnes s'inspirant de la méditation au sens large. Dans une étude de 2014, les chercheurs de l'Insead et de Wharton ont conclu que seulement 15 minutes de méditation par jour pouvaient aider les managers à prendre des décisions plus rentables en surmontant la tendance à poursuivre coûte que coûte un engagement, une fois qu'un investissement a été fait, dans le but de récupérer des coûts « perdus ».
• La difficulté d'assouvir des besoins vitaux basiques : « voir le jour », « respirer », « bouger », « s'étirer »... Faire des « pauses psychologiques quand la coupe est pleine, sinon je dépéris ».

• La nécessité de planifier des moments pour prendre soin de soi. Les journées défilent sans « bouton stop », nous engloutissant comme les interfaces des réseaux sociaux dont on fait défiler le contenu sans jamais en voir la fin. Nous devons « prendre du temps entre les rendez-vous pour souffler », « bloquer des créneaux pour se poser », « réserver des plages de rêves dans notre agenda ».
• L'absence d'objets « doudous » au bureau : fond d'écran photos de famille, tasse personnalisée, souvenirs de voyages... lorsque l'on n'a pas de poste de travail fixe.

Sous l'influence du stress, nous avons tendance à nous couper de la relation à l'autre. La non-satisfaction de nos besoins physiques, physiologiques et émotionnels génère de la perte de confiance en l'autre, la peur de l'avenir, le sentiment d'injustice, le pessimisme, le manque d'envie d'écouter l'autre... La surcharge mentale entraîne des comportements qui ne reflètent pas qui nous sommes vraiment. Le stress affecte notre capacité à innover, à décider dans un contexte inhabituel, à résister à l'ego, à écouter.

« A pleasure a day keeps the stress away[141] », dit-on.
Soyons réceptifs à ce qui nous fait du bien ou pas : que préfère-t-on ? Prendre une douche, écouter de la musique, marcher dans l'herbe, rentrer à vélo du bureau, voir ses amis même si c'est tard après le travail, appeler quelqu'un de positif pour papoter... À chacun son style, en étant à l'écoute de nos sensations et en notant sur un carnet quelles sont nos bouffées d'oxygène. Cela nous aide à nous en souvenir lorsque le stress nous coupe de la vie.

La prise en compte de notre stress au travail est un prérequis indispensable avant de travailler sur les autres déclencheurs de collectif. En état de stress, il est plus difficile d'aider ou d'être en interaction avec les autres. Comment des salariés tendus pourraient-ils traiter leurs clients avec attention ? Comment proposer son aide et être généreux quand on ne prend pas soin de soi ?

Témoignages

Les danseurs ont l'habitude de prendre soin de leur corps et utilisent des techniques chorégraphiques spécifiques. Abordons l'importance du corps et de l'énergie au travail, et plus particulièrement dans la relation aux autres, avec Élodie Bergerault, artiste chorégraphe et fondatrice de la société Danaïade.

« Se préoccuper de son corps permet de rentrer en relation avec les autres. Nous avons tous des corps en mouvement et c'est cela qui se joue dans la communication non verbale. Quand on est connecté à son corps on est clair dans sa gestuelle, nos mouvements vont apporter des informations à l'autre. Je travaille sur la relation aux autres en entreprise, par la prise de conscience de son corps et grâce à des techniques de communication corporelle. Les clients me demandent d'intervenir pour découvrir comment se connecter avec le regard de l'autre, être bien ancré, droit dans ses bottes, donner une image rassurante à son interlocuteur, envoyer des messages clairs, avoir du charisme dans un discours, traverser un bureau en dégageant une certaine présence rassurante, se positionner dans une conversation, avoir une posture de leadership, aligné avec ses équipes, fédérer, transformer physiquement les relations d'une équipe...

En début de session, j'aime faire marcher les participants dans l'espace, sans consigne, cela crée instantanément du lien... Ils se baladent librement, se voient, au début ils sont toujours gênés, tout le monde rigole, ça les perturbe de devoir simplement marcher sans consigne particulière, ils papotent, c'est un peu le chaos, la liberté les fait rire, ils lâchent et cela sert à briser la glace. Puis, par des techniques de jeu et une gradation des sollicitations, je les emmène sans qu'ils s'en rendent compte sur un terrain où ils seront plus attentifs à leurs corps. Nous enchaînons des expériences sur un ton à la fois frais, décalé, joyeux, poétique, je les fais voyager. Je leur donne également des outils concrets pour apprendre à se ressourcer eux-mêmes, pour faire une pause ou des échauffements, s'étirer, respirer, évacuer un stress, se préparer avant une réunion importante, reposer ses yeux... Les témoignages sont forts, je vois la transformation de leur posture, les appuis sont différents, les visages transformés, les épaules détendues, les gens sourient, ils se regardent, échangent, sont souvent étonnés, heureux de ressentir que ça fait du bien à l'intérieur. Cela leur donne également envie de s'occuper plus d'eux. Des participants m'ont déjà confié : "J'ai redécouvert que j'avais un corps", "je ne pensais pas que mon corps pouvait ressentir d'autres choses que du stress".
Nos prestations génèrent du lien entre les participants, qui expérimentent physiquement ce que signifie "faire corps", ils ne font qu'un *via* le mouvement et ressentent la force que ça dégage, en se guidant parfois juste par une respiration commune. On l'a tous vécu, lorsque tous les bras se lèvent pendant un concert, on sent des pulsations très fortes avec ces mouvements de masse, c'est une expérience collective universelle, fédératrice, qui porte, c'est énergisant. »

Regardons maintenant comme le bien-être des équipes agit en entreprise, avec Chaikana, agence de conseil et de communication : Chaikana, société de 35 personnes dont j'ai rencontré le directeur général et cofondateur Vincent Dumont, est classée 3e sur le podium *Great Place to Work* : « C'est simple, nous sommes l'agence de la relation. Nous créons du lien au service de la performance des entreprises et cherchons à être irréprochables dans nos relations, à la fois vis-à-vis des clients, et également des collaborateurs et partenaires pour être à la hauteur de notre promesse. Tout d'abord cela passe par le cadre de travail, premier média de l'agence, reflet de ce que nous sommes, de ce que l'on défend et adapté aux modes de travail de chacun à chaque instant (lieux pour entretien informel, brainstorming, nomadisme, besoin de s'isoler…). »
Chaikana a d'ailleurs une maison de campagne pour une partie des équipes et reçoit régulièrement des clients autour du bar de son atelier, aux aménagements ressemblant à un salon-salle à manger comme à la maison.
« Les autres leviers sont une culture du partage et de la transparence (*via* newsletters internes, événements et réseau social pour partager en toute simplicité), une attitude positive, de la gratitude vis-à-vis de tout l'écosystème et une redistribution partielle des résultats de l'entreprise. Toutefois, la clé repose surtout sur nos valeurs réellement incarnées par tous. Les valeurs de Chaikana sont la bienveillance, l'audace et la détermination, elles sont le fruit d'attitudes constatées au quotidien, elles reflètent le savoir-être des équipes, comme le témoignage quotidien de la reconnaissance. Ces valeurs sont déployées par l'exemplarité des associés et grâce au recrutement des équipes sur des critères de savoir-être bien autant que sur des critères de compétences. Il en est de même avec nos prestataires et partenaires,

qui sont considérés, travaillent dans de bonnes conditions, payés en temps et en heure. »
Ici pas de long discours, mais des actions concrètes, comme ce jeu des 7 familles de la relation créé en interne : « Je n'hésite pas à partager des coups de cœur ou de belles découvertes avec mes clients ou mes collègues », « Je prends 15 minutes chaque jour pour m'ouvrir l'esprit à de nouvelles tendances, nouvelles idées, nouveaux contacts... », « Je sais expliquer que la relation est un enjeu majeur en entreprise aujourd'hui », « Je suis solidaire de tous les métiers de l'agence », « J'arrive toujours en avance à un rendez-vous, même en interne ».» Il y a un cercle vertueux entre les actions menées en faveur du bien-être des équipes et la performance de l'entreprise, cet équilibre est le fruit d'un travail de fond et nous sommes vigilants à ne pas le rompre. Le positionnement haut de gamme de l'agence participe à cet équilibre, l'argent n'est pas une finalité mais un moyen de mettre en œuvre notre projet d'entreprise et les clients acceptent ce positionnement car au final ils sont gagnants. Au-delà des actions comme la mise à disposition de fruits, le soutien apporté à des associations, les temps de chorale ou de coaching sportif qui participent à l'équilibre des collaborateurs, nos clients nous disent que l'esprit d'entreprise se reflète dans le comportement de chaque collaborateur. Ils sont sécurisés car ils savent que les équipes sont réactives, engagées et que le relationnel sera toujours bon même face aux aléas. »

Actions pragmatiques : Comment concrètement lutter contre le stress du quotidien au travail ?

En ce qui me concerne, j'ai eu une alerte avant l'ouverture de la première structure Filapi en 2004. Pendant 3 semaines, je n'ai fait que dormir, et une poussée d'acné s'est invitée à la fête... Je portais seule le projet depuis un an, il prenait de l'ampleur, j'étais au taquet, tellement de choses à faire, c'était trop, je cogitais la nuit... Après ce passage à vide qui a également touché mon amour-propre, j'ai décidé de m'associer et de prendre plus soin de moi. Filapi fut une machine à laver émotionnelle, j'ai été confrontée à toutes les peurs et à toutes les joies les plus intenses que le travail peut procurer et c'était difficile de débrancher, obnubilée par la vitesse, la nécessité de faire avancer tous les chantiers... Plus on avançait, plus il y en avait. Pour m'en protéger, le sport et la relaxation ont pris une place importante dans mon emploi du temps, nous avions notamment organisé des cours de gym dans nos locaux pour les salariés, chacun payait un petit montant, c'était pratique et sympa, et puis se retrouver à suer en jogging ça crée du lien en toute simplicité. Parmi les astuces antistress, toute la journée je me promenais avec ma bouteille d'eau et sans ma « dose » je me sentais fanée. J'avais également toujours une trousse avec des crayons de couleur pour dessiner, griffonner, entourer en orange, rose, vert, les éléments factuels d'une réunion.

Prendre soin de soi : Petites actions du quotidien

321

Respecter les cinq fondamentaux

Il y a tout d'abord les cinq fondamentaux, c'est une forme d'hygiène de vie suggérée. Il m'a fallu lire pas mal de livres pour commencer à les intégrer et à le pratiquer vraiment, donc je vais tenter de vous faciliter la tâche :

1) Respirer profondément et surtout bien expirer.

2) Respirer profondément et surtout bien expirer.

3) Respirer profondément et surtout bien expirer.

4) Respirer profondément et surtout bien expirer.

5) Respirer profondément et surtout bien expirer.

La respiration a des vertus vitales évidentes, comme l'eau pour une fleur. En apprenant à respirer profondément 5 minutes matin, midi, soir, et en le pratiquant régulièrement pendant quelques semaines vous deviendrez plus épanoui et plus résistant.

322

Boire du thé

Certains apportent un thermos d'infusion chaude, thé glacé, thé noir, vert ou bleu... à chacun sa couleur ! Le thé noir est un antidéprime. Michel Lejoyeux[142] nous apprend qu'en buvant du thé, nous faisons une expérience de méditation, qui ralentit notre esprit, nous nous concentrons sur l'instant présent. Et quand nous tenons une tasse de thé chaud entre nos mains, cela dilate les vaisseaux de nos doigts et cette dilatation envoie un message positif qui est perçu par le cerveau.

323

Bouger régulièrement

Notre corps n'est pas fait pour rester immobile. Levez-vous toutes les heures, déplacez-vous, gigotez, prenez tous les prétextes pour décoller de votre chaise et faire ainsi des micropauses dynamiques.

Par exemple :

• Aller aux toilettes, marcher dans les couloirs, aller chercher un thé à la cafétéria, aller s'acheter un goûter… Pourquoi ne pas aller de temps en temps aux toilettes à un autre étage ? Loin de faire perdre du temps, cela permet de croiser des nouvelles têtes et de faire un peu d'exercice.

• Ne pas rester au même endroit toute la journée, profiter de chaque occasion pour se lever, s'étirer, et s'aérer dans tous les sens du terme. Même une micropause de 15 secondes tous les quarts d'heures permet de régénérer le cerveau.

• Compter ses pas, prendre les escaliers, quitter le métro une station plus tôt.

• Effectuer une sorte de « gymnastique de pause » en sautant sur place quelques instants.

• Une montre connectée émet des alertes lorsqu'il est temps de se lever et de bouger.

324

Profiter des pauses

Les pauses sont un moment idéal pour prendre soin de vous. Pensez à:

• Diminuer les sodas: plus de trois verres par jour multiplient par deux le risque de déprime, notamment chez les adolescents, car le soda augmente rapidement le taux de sucre dans le sang ce qui génère ensuite des fringales et une inflammation des neurones.

Notez à ce titre une initiative intéressante en Chine, où un café propose de réduire sa consommation de sucre en écoutant des sons auxquels le cerveau associe le goût du sucre. Il suffit de mettre votre casque sur les oreilles, puis de boire un café que l'on croit alors sucré. Ce « Sonic Sweetener » trompe notre palais.

• Déguster en 10 minutes un seul carré de chocolat noir, le sentir, le regarder, le décrire, le sucer tout doucement...

• Apporter de la nourriture *healthy* au bureau (fruits, fruits secs, graines, jus...).

• Mettre des alertes de rendez-vous dans votre planning pour faire *a minima* 3 pauses dans la journée.

• Comme dans les pays nordiques, faire des pauses plus courtes, mais plus souvent.

325

Aller plus souvent aux toilettes

Ça paraît étonnant comme conseil, mais souvent ce besoin vital est repoussé à plus tard tellement les agendas sont remplis.

Buvez d'ailleurs de l'eau dès que possible, toute la journée, même lorsque vous n'avez pas soif ; l'homme est composé de 70 % d'eau, proposez également de l'eau en salle de réunion et à vos invités !

326

S'entraîner à parler lentement

Laissez de la place au silence et à l'écoute, perdez cette habitude contemporaine de parler trop vite.

327

Valoriser la pause de midi

Déjeunez de temps en temps en silence, sans aucune sollicitation. Prévenez vos collègues qu'ils ne soient pas surpris... ou prévoyez des autocollants « Déjeuner en silence ? Je participe ».

Mangez des sardines. Nos organismes sont en manque d'oméga-3: ajouter des sardines à son alimentation, c'est bon pour le cerveau et pour la forme.

328

Limiter les interruptions

Essayez par exemple de :

- Faire une chose à la fois pour être concentré.
- Créer des moments dédiés à la lecture des e-mails, même s'il faut les planifier toutes les 30 minutes si l'activité le nécessite.
- Vous isoler dans une salle de réunion pour réfléchir.
- Proposer aux personnes qui vous sollicitent à un mauvais moment de repasser vous voir.
- Couper les notifications sur vos téléphones, les alertes e-mails, notamment celles des informations de type actualité/shopping qui ne sont pas des messages de vos amis.
- Mettre votre téléphone sur messagerie quand vous souhaitez être concentré.
- Mettre un casque antibruit, de chantier ou acoustique, pour vous couper du bruit et envoyer aux autres le signal que vous n'êtes pas disponible. Il existe également de petits objets connectés qui bloquent les ondes sonores et réduisent le bruit ambiant autour de soi, ou des oreillettes qui diminuent le bruit extérieur.

329

Adopter de nouveaux réflexes pour se bichonner au travail

Voici un exercice proposé par Élodie Bergerault: un travail de regard. Nos yeux sont zinzin avec les écrans, cette technique mêlant qi gong des yeux et orthoptie remuscle et repose les yeux:

Fermez les paupières, les ouvrir, regardez le plus loin possible, fermez les yeux, regardez à droite, puis à gauche, regardez en faisant des cercles, puis ouvrez très grands les yeux. Ou au contraire faire de tout petits yeux, formez des petites coupelles avec vos mains, placez-les sur vos yeux (coudes en bas) pendant 2 respirations profondes, lâchez ensuite le poids des mains sur la table et rouvrez les yeux. Si vous êtes devant un écran un nombre d'heures important dans la journée, pensez à regarder l'horizon lointain par la fenêtre, 5 minutes toutes les heures, pour reposer vos yeux.

Mesdames, laissez vos talons au bureau et arrivez en basket, ou optez pour des ballerines pliables, qui ne prennent pas de place dans le sac, et permettent de se changer en arrivant et de rester chic.

Utilisez une oreillette, ce qui évite d'avoir mal au cou lorsque vous téléphonez beaucoup.

330

Revoir les aménagements

Réfléchissez dans des poufs ou organisez des réunions-promenades. Imitez les Danois, champions du bonheur selon l'ONU, et leur tradition du *hygge*. Le *hygge* est un concept datant de plusieurs siècles favorisant le bonheur. Au travail cela se décline par exemple par la création d'un espace de détente qui rappelle un refuge (au sens propre comme au sens figuré) : plaid, bougies, lumière indirecte et tamisée, peaux de bête au sol, chaussettes en laine, coussins doux, chocolat chaud, pantalon ample, feu de cheminée et biscuits... Chacun peut s'en inspirer à la hauteur des possibilités offertes par son cadre de travail, par exemple en laissant un pull douillet ou un plaid au bureau pour s'y envelopper lorsque le corps fatigué se refroidit.

331

Évacuer le stress

En cas de stress ponctuel avant une réunion ou un entretien :

Testez les points d'acupression qui détendent ou massez-vous les doigts, qui sont des zones très sensibles. L'acupression est une pratique développée il y a plus de 5 000 ans qui utilise les mêmes points de pression que l'acupuncture. J'ai sélectionné deux exemples qui ont l'avantage d'être discrets et d'être réalisés en réunion de façon insoupçonnée :

Pincer, avec le pouce et l'index de la main gauche, un point situé dans la chair entre l'index et le pouce de la main droite (le pouce gauche au-dessus, et l'index gauche en dessous de la main pour pincer la main). Appliquer une pression ferme pendant trois minutes tout en respirant profondément jusqu'à gonfler complètement l'abdomen.

À l'intérieur du poignet (droite et/ou gauche), sur le pli dans un creux sensible où nous sentons un tout petit os rond. Garder le poignet légèrement relâché pour mieux localiser ce point et massez-le. Massez ce point à tout moment sur chaque poignet avec le bout du pouce, pendant une à deux minutes, par pressions circulaires dans le sens des aiguilles d'une montre.

332

Visionner des vidéos d'émerveillement

Regardez sur YouTube des vidéos sur les grands espaces, les baleines ou les chutes d'eau. Les scientifiques ont démontré que cela calme, diminue le sentiment d'impatience et modifie la perception du temps qui passe.

333

Retrouver l'enfant que l'on a été avec légèreté

Soyez dans la simplicité, et généreux en paroles valorisantes. Faites entrer dans le monde professionnel bonbons, blagues potaches, roudoudous, accessoires de déguisement, poésie... pour une petite récréation en guise de pause-café et casser les codes des adultes. J'ai reçu ce témoignage : « Un client a organisé avec son équipe une journée déguisée, l'équipe s'est soudée et ils en reparlent encore. »

Plongez-vous dans un cahier de coloriages ou d'écriture. Le coloriage et l'écriture ont des vertus antistress : l'action de colorier incite le cerveau à se remettre en ordre, concentre l'esprit sur un bout de papier plutôt que sur les soucis. Vous pouvez également vous dessiner en train de nager dans le bonheur...

Sautez dans une flaque, riez, soyez fasciné par un petit rien, par la forme d'un nuage, par des insectes affairés, par un rayon de soleil, l'odeur de l'herbe coupée, mangez avec vos doigts et les léchez-les si ça coule...

Organisez un lâcher de ballons pour célébrer un évènement.

Demandez à tous les membres de l'équipe d'apporter une photo d'eux quand ils étaient enfants ; certaines sociétés en font même une marque de fabrique et les mettent sur leurs cartes de visite.

Utilisez de temps en temps un avion en papier plutôt qu'un e-mail pour envoyer un message. Une amie avait un objet qui faisait pouet-pouet dans son bureau et chacun pouvait l'actionner quand la coupe était pleine.

Apportez des Carambars et échangez les blagues, lancez un challenge pour placer un mot improbable dans une conversation ou dans un e-mail et relevez les compteurs en fin de journée, allez jusqu'à la bataille de boulettes en papier quand un collègue craque...

334

S'apaiser différemment

Faire comme Anne-Marie Filliozat, psychanalyste, qui témoigne d'une technique inspirée du père Noël qui m'a bien plu : « Une pratique simple et courte pour relâcher mon diaphragme consiste à expulser l'air par la bouche en émettant un son grave. Par exemple des : «Ooh, ooh, oooh ! Ooh, ooh, oooh ! Ooh, ooh, oooh !», comme le font les pères Noël devant les grands magasins en agitant leur cloche pour attirer l'attention des passants[143]. »

Les lèvres sont parcourues de fibres parasympathiques : les toucher tout simplement avec un doigt provoque des effets apaisants, c'est une technique validée par les neurosciences.

335

S'approprier son sas

Choisissez votre sas. Certains ont des rituels le matin avant d'arriver au bureau, d'autres ritualisent un sas de décompression, dans la journée entre deux activités prenantes, ou le soir avant de rentrer chez soi pour retrouver par exemple sa famille après une réunion intense. Ce peut être de rentrer du bureau à pied ou à vélo, s'étirer, prendre un chocolat chaud au calme et regarder un site Internet que l'on apprécie ; durant ce temps nous nous déconnectons de l'activité précédente avant d'entamer la suivante. Le sport est essentiel, certains courent, nagent, vont « à la salle »... une, deux, trois fois par semaine. D'autres évoquent les vertus de la boxe, y compris en séminaire, pour se défouler.

À chacun de trouver son style, ça permet, selon un répondant anonyme à mon enquête en ligne, « d'avoir un shot d'endorphine et d'enképhalines » ! Et une amie me disait : « Quand je rentre chez moi, je commence toujours par me changer car une autre vie démarre. »

336

S'octroyer des moments de bien-être

À tout moment, au bureau ou en rentrant à la maison :

• Se bercer tout doucement lorsqu'on est assis sur son siège, de droite à gauche, comme sur un air de musique entraînant, cela rappelle le bercement de l'enfant que l'on a été. Essayez, c'est très agréable. Je le fais souvent quand je réfléchis.

• Se réserver des petites plages de rêves dans son agenda, des moments pendant lesquels on laisse son imagination divaguer en musique deux minutes dans son fauteuil en fermant les yeux.

• Écouter la musique des meilleurs moments de notre vie, de notre adolescence… Il est scientifiquement prouvé que si nous étions heureux au moment où nous avons entendu tel morceau, il nous suffit de le réécouter pour ressentir les mêmes émotions. Il existe aussi des musiques choisies par les cardiologues et réputées pour calmer ou tonifier. Pour citer un répondant anonyme à mon enquête : « j'écoute de la musique qui me fait du bien comme Ella Fitzgerald quand je dois commencer une production que je repousse, qui me fait peur ».

• Sans toutes les lister, certaines musiques sont reconnues pour leur efficacité par les neurologues. Selon une étude réalisée par le docteur David Lewis-Hodgson de Mindlab International, la musique la plus relaxante du monde est le morceau *Weightless* de Marconi Union. L'écoute du morceau de Marconi Union a réduit le niveau de stress de 65 % des participants, en plus d'avoir fait baisser la pression sanguine, le rythme cardiaque et la fréquence respiratoire de 35 % d'entre eux[144]. Vous pouvez également l'écouter au bureau (mais pas au volant.). Il existe une version du morceau d'une durée de 10 heures.

• Si l'entreprise favorise ou autorise la musique au bureau, ou même simplement dans les lieux de pause, créer une playlist avec les chansons préférées des équipes, celles de leur adolescence ou des moments forts de leur vie.

• Quelques exercices de yoga sur chaise, assis au bureau, comme accrocher ses deux mains dans le dos : une main va dans le dos en passant par le haut de l'épaule comme pour se gratter le bas du cou, et l'autre par le bas comme pour se gratter entre les omoplates, les deux mains s'accrochent ainsi au milieu du dos. Penser à respirer 5 fois dans cette position, puis alterner les mains droites et gauches et respirer 5 fois.

• Tester les techniques de microsieste de 10 minutes en cas de coups de pompe grâce à l'astuce d'Einstein : tenez un crayon dans la main pendant la sieste, lorsque vous lâchez le crayon, son bruit vous réveillera, signe que c'est l'heure de repartir travailler.

• Faire chaque jour l'exercice d'être dans l'instant présent, objectivement : prendre conscience quelques secondes, des couleurs, des bruits, des images, de nos sensations, et se remémorer toutes les sensations que la journée au bureau nous offre avec un œil neuf.

337

Le soir, proscrire la lumière bleue

La fameuse lumière produite par les écrans doit être évitée au maximum avant le coucher. Si vous ne pouvez pas vous passer de vos écrans en fin de journée, il existe des lunettes à des prix très abordables.

338

Marcher 4 à 5 km par jour

C'est la distance recommandée[145] pour rester en bonne santé.

339

Faire des cures de désintoxication numérique

Commencez par une heure dans la journée, puis une journée entière. Nul besoin d'expliquer les raisons d'une telle désintoxication. Si vous ne le faites pas pour vous, faites-le pour vos enfants. Dans le livre *Seuls ensemble : de plus en plus de technologies de moins en moins de relations humaines*[146], Sherry Turkle nous apprend que les adolescents ne supportent pas de nous voir les yeux rivés par intermittence sur nos écrans lorsque nous discutons avec eux ou dans la vie quotidienne de la maison.

340

Se forcer à sourire

Une façon efficace d'être bien est d'imiter le style de vie positif et énergique des gens heureux en commençant par se forcer à sourire, chaque heure, à quelqu'un, y compris à ceux qui sont froids et ne le font pas en retour. Souriez lorsque vous passez devant le monsieur de la sécurité à l'accueil, et chaque fois que vous croisez le regard de quelqu'un. Souriez même si vous ne vous sentez pas au top de votre forme. Et si la situation ne s'y prête pas, vous pouvez toujours sourire intérieurement, cela booste également. De la même manière, essayez d'être toujours gentil, même lorsque vous êtes de mauvaise humeur, pour éviter de passer votre énergie négative aux autres. La recherche a montré que le sourire donne autant de plaisir que 2 000 barres de chocolat et 25 000 dollars !

Prendre soin de soi : Actions un peu plus impliquantes, nécessitant de la réflexion ou un peu d'organisation

341

Limiter le bruit

L'une des premières sources de nuisance et de déconcentration au travail est souvent le bruit.

Proposez des actions pour lutter contre le bruit dans les bureaux. Cela peut prendre la forme d'une charte pour un *open space* (il existe par exemple des espaces de *coworking* silencieux), d'accessoires « étouffeurs de sons », de cabines dédiées aux appels téléphoniques...

Attention à ne pas tomber dans l'extrême inverse et à trop s'isoler, on voit parfois des *open spaces* où la plupart des collègues ont un casque antibruit pour travailler sans être dérangé, ce qui est un repoussoir pour celui qui voudrait poser une question ou tester une idée.

342

Expérimenter le *journaling*

Le principe consiste à écrire chaque matin tout ce qui vous passe par la tête pour nettoyer le cerveau encombré par les pensées de la nuit ou de la veille, avant d'attaquer la journée et de mieux s'ouvrir aux autres.

Certains parlent de trois pages par jour, à chacun peut-être de doser sa prose ?

343

Faire une minute de silence

Plusieurs fois dans la journée, seul, sans aucune action, sans téléphone, isolé dans une salle de réunion, avec une boisson chaude... Chaque jour accordez-vous ainsi 4 minutes d'attention et savourez. Inspirez-vous d'une des dernières paroles de Bouddha :

« Soyez votre propre lampe, votre île, votre refuge. Ne voyez pas de refuge hors de vous. »

344

Trouver un lieu où travailler debout

Les scientifiques ont démontré qu'il était idéal de travailler 2 heures par jour debout pour rester en bonne santé[147].

Personnellement, je consacre tous les jours un peu de temps à travailler avec l'ordinateur posé sur une cheminée, c'est la hauteur parfaite pour moi.

Essayez des zones de travail différentes ou travaillez debout avec un bureau ajustable en hauteur, l'important c'est de ne pas rester dans la même position tout au long de la journée.

Prendre soin de soi : Vous êtes manager...

345

Veiller à la charge de travail

Ne remplacez pas un gain d'efficacité par une charge de travail supplémentaire, et diffusez cette bonne pratique dans vos équipes pour éviter de demander plus aux équipes lorsqu'une source d'optimisation a été trouvée.

D'ailleurs certains salariés se méfient désormais et se protègent, en limitant leurs initiatives, de peur qu'on ne leur en demande toujours davantage.

346

Créer un rituel d'équipe

Dans une ambiance détendue, sur la base du volontariat, en début de journée, proposez une séance d'échauffements tous ensemble. Au-delà de l'aspect santé-sécurité, cela génère une saine émulation. Par exemple, chaque jour de la semaine, les collaborateurs sont conviés pendant 10 minutes à effectuer un certain nombre de flexions, d'extensions et de mouvements avec toutes les parties de leur corps. L'exercice requiert un espace de 2 m^2 par personne. Le programme convivial doit être constamment renouvelé et doit veiller à conserver la motivation des participants. Certaines sociétés ont permis à des volontaires d'être formés par des kinésithérapeutes qui animent ensuite ces rituels en autonomie.

Prendre soin de soi : Initiatives peu courantes recensées

347

Porter des chaussons

Les chaussures sont parfois néfastes pour la santé (hauts talons toute la journée). Les chaussons sont de rigueur dans certaines entreprises, pour les employés comme pour les visiteurs. Ils sont prévus pour tous à l'entrée du bureau, le lieu de travail s'en trouve apaisé, plus chaleureux et agréable...

348

Méditer

De très bonnes applications sur smartphone permettent de se bâtir un programme quotidien de méditation en suivant un enregistrement sonore de quelques minutes pour être plus entier dans ce qu'on fait. Pourquoi se cacher aux toilettes à notre époque ? Démocratisons la méditation.

349

Expérimenter la cohérence cardiaque

Afin que le cœur « entre en résonance » avec la respiration, il suffit de pratiquer 6 cycles de respiration par minute pendant 5 minutes. Pratiquée quotidiennement, cette méthode très simple est reconnue de façon universelle pour apporter du bien-être. Pour s'y habituer, Chade-Meng Tan[148] le gourou du bonheur de Google, conseille de prendre de profondes respirations chaque fois que nous nous trouvons dans une situation d'attente : attente de l'ascenseur, attente devant la machine à café, attente d'un e-mail, dans le train ou le métro...

350

Adopter des chats dans les bureaux

Savez-vous que le ronronnement du chat a des effets apaisants sur les humains ? Certains parlent même de ronronthérapie. Toutes les personnes autour de moi qui ont un chat ont d'ailleurs expérimenté son impact relaxant sur toute la famille. Le simple fait de regarder et d'entendre un chat ronronner déclenche des ondes de bonheur, il existe d'ailleurs des CD de ronronnements de chat car ses basses ont des vertus relaxantes.

Si le ronronnement du chat a des bienfaits sur l'homme, la présence des chiens au bureau est également pleine de bénéfices. Ils véhiculent un effet apaisant et apportent un surcroît d'humanité.

Si certains collègues sont allergiques, sachez qu'il existe également des robots doudous que l'on peut câliner.

Passage à l'action

Actions que je vais faire lundi prochain :

....
....
....
....
....
....
....
....

Actions que je vais planifier dans le mois :

....
....
....
....
....
....
....
....

Actions que je vais proposer à mon entreprise :

....
....
....
....
....
....
....
....

• Astuce de la WE box pour passer à l'action :

Devenez inspirant pour les autres sur les actions où vous êtes à l'aise : témoignez des actions que vous faites déjà, faites savoir ce qu'il est possible de mettre en place, donnez envie, partagez, célébrez et récompensez-vous aussi d'être ainsi.

• Ils ont appliqué les bonnes pratiques *via* la WE box et m'encouragent :

Pour 65 % des pratiquants la méthode facilite le partage d'informations : « C'est d'intérêt public ; ça casse les codes du quotidien et ça fait du bien. »

• Les 2 bonnes pratiques qui génèrent le plus de discussions dans la WE box :

#NewRituel ? Organiser une réunion promenade, le cerveau adore. On est plus efficace. Qui tente ?

Certains ont des astuces pour décompresser avant ou après le bureau : éviter les transports, respirer, s'étirer, prendre un chocolat chaud, regarder un site internet inspirant, aller « à la salle », prendre un bain en rentrant… Et vous ? c'est quoi ?

LEVIER

12

Quête de sens et expression de sa liberté

Boris Cyrulnik nous aide à réfléchir sur ce sujet : « Ce qui peut aider […] à trouver sa voie, c'est son pouvoir de rêve[149] *».*

Que nous apprennent les experts ?

Dans *Le Petit Prince*, Antoine de Saint-Exupéry disait :
« Si tu veux construire un bateau, ne rassemble pas tes hommes et femmes pour leur donner des ordres, pour expliquer chaque détail, pour leur dire où trouver chaque chose… Si tu veux construire un bateau, fais naître dans le cœur de tes hommes et femmes le désir de la mer[150]. »

L'étude de Teresa Amabile[151], parmi d'autres, indique que « les plus hauts gains de performance sont obtenus lorsque les employés expérimentent un état qu'ils qualifient de «joyeux heureux», plus souvent atteint lorsque les employés ont le sentiment de progresser. » En effet, comme l'explique Jacques Lecomte évoquant une étude sur les motivations des pompiers : « trouver du sens à ce que l'on fait et y prendre plaisir est le plus sûr moyen de s'impliquer fortement dans une action au service d'autrui[152]. »

Or, le baromètre national du bonheur au travail nous apprend que 44 % des salariés déclarent ne pas trouver de sens dans leur travail[153]. L'objectif de l'entreprise est souvent essentiellement financier, au détriment du reste. En effet, tout le monde n'a donc pas la chance de travailler dans une entreprise ayant une vision aussi inspirante que *Le Petit Prince*, une culture forte, un patrimoine culturel riche, un produit d'exception, une histoire magique, un objet social améliorant la vie sur terre, avec un dirigeant charismatique.

Mais nous avons tous un certain niveau de liberté au travail, elle est au cœur de la recherche de sens et au cœur du lien qui unit les hommes : « Parce que l'unité se fonde sur la différence, l'unité implique la différence assumée et donc la liberté de chacun. Parce que l'unité est la conséquence de la liberté des personnes, l'unité ne vient pas "d'en haut", imposée comme telle par un pouvoir. Elle naît de la libre adhésion de chacun[154]. »

Synthèse des rencontres

On me challenge lors des interviews : en dehors du profit, à quoi sert notre action pour l'entreprise ? Si le manager est invité à donner du sens à la contribution de ses équipes, chacun est également invité à prendre conscience du sens qu'il trouve dans son propre travail Pensons à nos enfants et à l'agilité dont ils devront faire preuve dans le monde de demain, il est vital de travailler notre exemplarité et notre audace pour qu'ils comprennent que cette liberté d'action est possible, nous avons tous la possibilité de changer le monde par de petites actions du quotidien. Quoi de plus déprimant pour un jeune que de rentrer chez lui et d'entendre ses parents râler sur la morosité de leur emploi, quoi de plus grisant que de côtoyer un parent qui part à l'aventure ?

Savourer sa liberté au travail permet de déclencher du sens. Une amie me disait, « tu as ce que les jaloux n'auront jamais : la liberté ». Ce besoin de liberté est de plus en plus fort dans les entreprises où le cadre est de plus en plus contraignant : « je n'ai pas envie de devenir ce qu'ils veulent que je devienne », m'a confié un salarié. Chacun souhaite préserver la liberté d'être soi-même au bureau.

La question du sens impulsé par nos dirigeants n'est pas détaillée dans *Moteurs d'engagement* car le salarié a peu d'impact pour agir sur cela. Toutefois on m'a indiqué cette conférence TED de Simon Sinek: « Comment les grands leaders inspirent l'action » facilement accessible sur Internet.

Témoignage à propos du sens

Pour étudier les leviers vecteurs de sens au travail et la révolution sociétale en cours, j'ai souhaité aborder ce sujet avec Yannick de Kerhor[155], *chief digital officer* chez EY, convaincu de la nécessité de faire réémerger des lieux de vie en entreprise.

« La question du manque de relationnel au travail renvoie plus globalement à la perte d'humanisme dans le monde du travail. L'homme n'est plus à l'aise dans ce système de performance à bout de souffle où il y a une disparition de l'humain dans son quotidien. Aujourd'hui, la société a perdu l'espoir, elle n'a plus d'idéaux, les décideurs sont trop loin du terrain et tout vole en éclats. Les salariés ont le sentiment d'avoir été pris dans la spirale d'une machine, désormais ils ne veulent ni *fake* ni *bullshit*, ils souhaitent que leur quotidien au travail et la vision qu'incarnent les dirigeants soient alignés avec leur quête d'humanité. Il y a un écosystème riche de start-up engagées, convaincues de l'urgence de la situation. Leur difficulté réside toutefois dans leur capacité à convaincre les communautés financières de les suivre sur le long terme. Ces entrepreneurs de "l'autre monde" qui réussissent à fédérer autour de tels projets sont ceux qui portent leur vocation de transformer le monde comme un cri, un appel au secours pour la planète, mais lorsque c'est trop disruptif les investisseurs suivent difficilement...

Au-delà de ces aspects de transformation sociétale, fondamentalement, l'humanisme se trouve dans les petites communautés d'individus, le gigantisme met à mal l'humanisme[156]. Tout d'abord, on constate que nous sommes plus précautionneux dans une communauté de taille restreinte car nous faisons attention au discrédit, alors que dans une communauté de taille importante nos comportements sont dilués. Nous sommes donc invités à raisonner localement dans toutes nos initiatives, à créer des cellules d'individus qui se connaissent, à veiller à notre emprise locale pour avoir une contribution positive. En synthèse : "*local first*"[157]. Les entreprises et les autorités publiques doivent intégrer ces attentes, au risque de se faire elles-mêmes *disrupter*.

Comment une équipe, un manager ou un salarié, peuvent-ils œuvrer eux-mêmes afin d'apporter du sens dans leur travail ? Des dynamiques sont déjà à l'œuvre, portées par des consommateurs et des citoyens en attente d'autonomie, au plus près de leur lieu de vie. Cette autonomie locale réinventée au niveau de chaque foyer, mais également de chaque implantation géographique d'entreprise est une forme nouvelle d'humanisme, les salariés peuvent ainsi porter des projets d'agriculture urbaine, convaincre leurs managers de les soutenir sur ces projets, lancer des initiatives bénévoles et peu coûteuses pour commencer. Cela peut être de végétaliser les surfaces extérieures des bureaux, organiser de la culture sur les toits et terrasses des entreprises, installer des ruches, créer des potagers créateurs de liens, partager ses productions de légumes avec son écosystème, recycler ses déchets qui deviennent alors une matière première pour une entreprise voisine, travailler avec des partenaires locaux. L'entreprise pourra alors (re)devenir un lieu de vie et s'inspirera au fur et à mesure de la réémergence des tiers lieux (du café à l'espace de coworking). Il y a de nombreuses initiatives, recensées par le Mouvement de la transition[158] ou encore le mouvement Balle (*business alliance for local living economies*), qui s'expriment très bien à l'échelle d'une unité de lieu, comme une usine ou un établissement, pour nous relier à notre humanité profonde. »

> *« Pour que ces dispositifs porteurs de sens deviennent également créateurs de liens, il est nécessaire d'associer ses collaborateurs aux initiatives, qu'ils puissent mettre les mains dans la terre pour littéralement faire les choses ensemble, c'est d'ailleurs cela le projet d'une entreprise au sens premier du terme : faire les choses ensemble. »*

Témoignage de liberté

J'ai été interpellée par une citation d'Idriss Aberkane : « La conformité n'est pas une fin en soi [...] elle ne vous fera jamais vous lever heureux et vous endormir épanoui... Qui aimerait dire avant de mourir : j'ai vécu conforme ! ? »
Je me suis demandé qui pourrait le mieux illustrer concrètement la réalité de cette phrase. Pendant l'année dédiée à ce livre, Jean-Claude Le Grand, directeur général des relations humaines du groupe L'Oréal, m'a inspirée à plusieurs reprises car sa personnalité, sa façon d'être lui-même, sans masque, illustre concrètement l'importance de la liberté pour créer du lien dans le monde du travail.
Jean-Claude Le Grand est notamment l'homme qui a œuvré pour que la part des femmes occupant des postes stratégiques dans le monde double au sein du groupe L'Oréal pour approcher la parité. Il est également le symbole vivant des vertus de l'intuition, de la liberté et du naturel dans les relations humaines.

Mon premier contact avec Jean-Claude, douze ans plus tôt, avait été sa messagerie vocale, totalement décalée, sur fond sonore de grillons des pinèdes du sud de la France, où il disait être en réunion et qu'il ne pouvait pas prendre d'appels. À l'époque, son attitude résolument libérée et assumée m'avait intriguée, comment pouvait-il ainsi avoir un poste aussi important dans un grand groupe ? La liberté dont il fait preuve, sa capacité à rester lui-même et à se débarrasser de la contrainte de son statut quels que soient l'enjeu et les circonstances, lui permet de créer du lien naturellement.
Retour en 2017. Dans son bureau situé à l'étage de la direction générale on se sent immédiatement à l'aise : livres et photos dédicacés, objets insolites, poteries chinoises, thé du Sahara, palette à fard de 5 500 ans… autant de souvenirs et marques de sympathie de personnes qui ont croisé le chemin de Jean-Claude Le Grand. « Tous ces objets ont une histoire, je me souviens de toutes. » Mon regard s'arrête sur un mégaphone « pour faire passer des messages », un cactus mi-doux mi-piquant et une tablette de chocolat à l'effigie du dernier président en exercice, témoignages de son sens de l'humour particulièrement piquant.

« Tout le monde est d'accord pour mettre de la proximité au travail, mais beaucoup ne se l'autorisent pas. Les titres et protocoles mettent de la distance. Au regard de ma fonction et du standing de mon bureau, les gens m'imaginent comme quelqu'un de sérieux, de distant, de froid, ils ont des a priori, des jugements. En étant distants, ils pensent que cela fait du bien aux autres, mais c'est tout l'inverse ça fait du mal. Le comble pour un DRH, ce serait de ne pas être curieux des autres. Pour ma part, je cherche à créer du lien le plus rapidement possible, je n'ai pas de posture ni d'attitude particulière, les gens sont en attente de cette normalité. Je veille à être un humain avant tout, j'adopte toujours une posture

basse, je parle peu, je choisis le siège le moins confortable, j'écoute et j'attends des personnes qui m'entourent la même humilité : "Si tu veux travailler avec moi, il faut que ton ego ne t'empêche pas de passer entre le bas de la porte et la moquette."
J'ai également un côté potache, j'aime faire des blagues et créer un effet de surprise à tous les niveaux hiérarchiques. L'humour fait débat, mais c'est aussi une façon de rester simple et libre. Créer du lien c'est tout l'art d'aller loin sans aller trop loin
Il y a enfin l'importance de la passion du métier et de la générosité dans la relation. Les gens donnent parfois très peu de leur temps et s'étonnent de ne rien recevoir en retour. J'ai rencontré plus de 30 000 personnes dans ma carrière et j'ai la particularité de rester en contact très longtemps avec ces relations. Pour m'aider à renouer contact le plus vite possible lorsque je revois ces personnes et s'épargner la phase d'introduction où tout le monde est mal à l'aise, je formalise des notes sur tout ce qui permet de créer le lien rapidement avec mes interlocuteurs. Les noms des enfants, un projet personnel, un voyage, quelque chose de personnel qui m'a marqué dans nos discussions, un goût pour les tatouages... tout cela me permet de me remémorer notre dernière entrevue sur un aspect humain pour nous reconnecter en quelques secondes. Le lien se construit ensuite dans la durée, le temps de se découvrir, de comprendre là où la personne a du talent, et de lui proposer un projet qui lui convienne. Je mène une lutte en faveur du temps car c'est comme cela que se crée la relation, c'est ainsi que nous avons été parmi les premiers à soutenir dès 2007 Frédéric Mazzella [fondateur de BlaBlaCar], et Mounir Mahjoubi [secrétaire d'État au numérique].
Il est certain qu'aller au contact des autres, c'est se dévoiler et prendre un risque, c'est très engageant ; c'est pour cela que les gens se cachent dans leurs *to do lists*, ça les protège d'être ainsi

débordés plutôt que d'aller à la rencontre des autres. Ce qui tue nos sociétés c'est la main invisible qui empêche d'être soi-même, la main invisible du manque de courage qui nous noie dans le quotidien. Soyons vigilants, car les nouvelles générations sont loin d'être naïves et, si l'humain n'est pas pris en compte dans les entreprises, elles n'y viendront plus. Les meilleurs candidats ne cherchent plus l'ambition des chiffres telle qu'elle était enseignée dans les années 1980, ni l'attitude clichée d'un grand groupe quelle que soit sa taille, ils cherchent des convictions, une vision humaine claire qui ait du sens. D'ailleurs la vraie transformation des grandes entreprises ne viendra pas des *business models* mais de la qualité des gens qui la composent. »

Actions pragmatiques : Comment concrètement agir en faveur du sens et de la liberté au travail ?

Quête de sens et expression de sa liberté : Petites actions du quotidien

351

Apporter des plantes au bureau

D'après plusieurs études[159], les salariés travaillant dans des bureaux dotés d'éléments naturels, enregistrent des taux plus importants de sentiment de bien-être (+ 13 %) et de productivité (+8 %). La présence de plantes vertes contribuerait à diminuer la sensation de stress, la vue sur la nature aurait également une conséquence directe sur la créativité. Nos voisins allemands sont en avance sur ce point par rapport à nous, car une législation impose que chaque bureau dispose d'un contact visuel avec l'extérieur.

• Choisissez tant qu'à faire des plantes qui ont un effet dépolluant comme le palmier d'intérieur, le ficus, lierre, du spathiphyllum (fleur de lune) ou encore de l'azalée.

• Faites germer des graines et créez un petit potager d'intérieur.

• Conservez au bureau des cristaux, pierres, roches...

• Oublier les contraintes techniques, voici quelques plantes qui survivent le mieux sur un bureau avec peu d'entretien : Le dracaena, l'orchidée, le petit peperomia, le dieffenbachia, le sansevieria, le pothos, la fougère de Boston.

• Il existe également désormais des techniques de développement de minijardins zen vivants, écosystèmes autonomes installés dans des bocaux esthétiques, qui ne nécessitent de l'arrosage qu'une fois par an.

352

Effectuer un « retour aux sources »

L'éloignement avec la nature durcit les relations, alors que le contact avec la nature régule les émotions négatives et favorise la créativité...

• Favorisez des espaces qui intègrent une vue sur un extérieur végétal, intégrez des végétaux dans les bureaux.

• En forêt, enlacez un arbre, posez votre dos contre son tronc, écoutez la nature, marchez dans l'herbe le week-end, marchez dans un jardin à la pause... « Allez souvent vous recueillir dans la nature ! Alors vous serez en état de comprendre les œuvres des hommes[160]. », nous conseille l'écrivain Charles Ferdinand Ramuz.

• Plantez et cultivez, avec les nouvelles techniques de culture hors-sol, sur de petites parcelles comme des balcons pour être entouré de verdure au bureau.

353

Veiller à la façon dont on dépense ses revenus

Comment donner du sens lorsque son travail en a peu à ses yeux ? En repensant la façon dont vous dépensez votre salaire.

Dépenser son argent pour des projets collectifs plutôt que pour acheter des produits, et privilégier une somme de petits projets qui ont du sens plutôt qu'un gros projet, contribue à donner du sens à sa semaine de travail. De plus, ce type d'initiative génère une conversation vertueuse et positive avec les collègues.

Reversez un pourcentage de vos revenus à une association ou une cause qui a du sens pour vous ou vous inspire.

Quête de sens et expression de sa liberté : Actions un peu plus impliquantes, nécessitant de la réflexion ou un peu d'organisation

354

Porter des projets plus conséquents pour faire entrer la nature dans l'entreprise et favoriser l'économie locale

• Impulsez la création d'un groupe de salariés moteurs pour proposer des idées et aller jusqu'à leur mise en œuvre : installer une jardinière à l'entrée de l'entreprise pour y faire pousser des tomates, s'approprier un pied d'arbre pour y semer des fleurs, faire courir des plantes grimpantes sur un mur, planter des végétaux…

• Allez à des conférences sur le rôle des entreprises dans l'économie locale, rencontrer des acteurs impliqués, des élus…

• Étudiez vos tâches quotidiennes pour analyser s'il y a une zone de progression écologique par exemple : la lutte contre le gaspillage alimentaire, l'organisation de collectes pour faciliter le recyclage…

• Nouez un partenariat avec la mairie de la ville d'implantation de votre entreprise et les acteurs locaux pour voir comment apporter votre temps et votre énergie à la végétalisation de la ville (végétaliser des terrains ou surfaces inutilisés, aider des associations…).

355

Exprimer notre liberté au travail

• Liberté de choisir la façon d'envisager chaque situation.

• Liberté d'aller marcher 15 min quand c'est trop dur.

• Liberté de son attitude, de ce qu'on dégage.

• Liberté d'aller s'inspirer en regardant loin par la fenêtre.

• Liberté de faire connaissance avec les individus qu'on côtoie et d'éviter la routine.

• Liberté d'exprimer son point de vue.

• Liberté de choisir pourquoi on se lève le matin.

• Liberté d'avoir ses convictions.

• Liberté de suivre les leaders qui nous inspirent.

• Liberté d'organiser une réunion-promenade.

• Liberté de ne pas entretenir les divisions que l'on rencontre au bureau.

• Liberté de tester des bistrots différents pour télétravailler et comparer les ambiances.

• Liberté de développer ses sources de joie et rituels agréables au bureau.

• Liberté de viser les étoiles pour atteindre un objectif peut être plus proche (ma traduction simplifiée de la citation de James Cameron, réalisateur d'Avatar « *If you set your goals ridiculously high and it's a failure, you will still fail above everyone else's success* »).

• Liberté de s'engager dans des projets extraprofessionnels qui ont du sens à nos yeux.

• Liberté de changer d'entreprise quand on ne s'y sent pas bien (l'entreprise Zappos offre des primes à ceux qui souhaitent partir pour tester leur motivation à rester).

356

Aller en rendez-vous en binôme

Travailler en binôme favorise la qualité des échanges et des débriefs, et donne aux équipes un bon équilibre entre quête de sens et de résultat.

Dans certaines sociétés, les salariés passent ainsi régulièrement une demi-journée en binôme sur le terrain, pour découvrir les pratiques, partager les savoir-faire. Cette pratique est enthousiasmante lorsque les individus progressent et que l'atteinte des objectifs est dans le prolongement, par exemple pour deux commerciaux ou experts techniques qui vont en rendez-vous chez un client.

357

Avoir recours au coaching

Si vous avez le sentiment de ne pas parvenir à avancer seul dans la quête de sens au travail, faites appel à un professionnel.

Quête de sens et expression de sa liberté : Vous êtes manager…

358

Challenger la stratégie de l'entreprise

Pour mieux vous approprier les contributions positives de votre entreprise et ainsi les transmettre aux équipes avec plus de sens. Approfondissez la stratégie, les projets, les actions de votre société, allez à la pêche aux informations pour trouver les pépites, les actions qui font sens pour vous.

359

Faire émerger les projets positifs pour la planète

Proposez des initiatives. Donnez du temps et utilisez votre pouvoir d'influence pour faire émerger les projets à contribution positive pour la planète.

Comme le propose Yannick de Kerhor, étudiez la possibilité de végétaliser les surfaces extérieures des bureaux, organisez de la culture hors-sol sur les toits et terrasses, installez des ruches, des jardinières de plantes aromatiques, des nichoirs et hôtels à insectes, des murs végétaux ; créez des potagers générateurs de liens, partagez vos récoltes de légumes, recyclez vos déchets, trouvez des solutions pour pouvoir semer, arroser ou désherber à la pause déjeuner, picorez des fruits et légumes à la pause-café, faites livrer des paniers bio en partenariat avec des producteurs locaux, faites la promotion de l'apiculture médicinale, de l'apithérapie… en mettant les équipes dans la boucle et en montant ensemble des projets où elles sont partie prenante au quotidien.

360

Limiter à 50 % les informations descendantes en réunion

Les équipes ont besoin de réfléchir avec leur manager à leurs difficultés, et coconstruire ensemble participe à donner du sens à sa présence en réunion. Pour y parvenir certains managers s'astreignent à ce que pas plus de la moitié d'une réunion comporte de l'information descendante. L'autre moitié de chaque réunion est ainsi dédiée à construire ensemble le diagnostic et les solutions à apporter aux problèmes.

361

Stopper le « management à la papa » en appliquant 10 actions de ce livre

Flicage, « y-a-qu'à, faut-qu'on », directives strictes… Ce type de management à l'ancienne coupe l'esprit d'initiative, bloque le libre-échange et les débats, bride le sens que les équipes mettent dans leur travail. Or l'autonomie est une forte source de motivation pour coopérer ! Le rôle du manager n'est pas de contrôler les équipes, il est plutôt de créer l'adhésion par un sentiment d'appartenance aux valeurs de l'entreprise. D'ailleurs, un jeune manager m'a dit : « La génération Z enterre le management à la papa. »

Alors comment faire ?

Certains spécialistes très au fait des enjeux du développement durable nous expliquent que l'avenir en termes d'énergie pour la génération de nos enfants qui n'auront plus autant de ressources à ponctionner sur la planète, est l'huile de coude. Finis les tondeuses, scooter, aspirateurs... quand on n'aura plus autant accès à l'énergie, nous allons reprendre en main balais, vélo et ciseaux pour faire les choses nous-même.

Si l'on évoque non plus la sauvegarde de la planète mais la quête de sens au travail, quelle est l'huile de coude de cette quête de sens ? C'est de créer du lien, de partager une émotion, un souvenir, un point commun avec chaque personne de son entourage professionnel.

Créer du lien au travail, c'est vivifier les relations, sentir que l'on fait partie de quelque chose qui nous relie, qui fait de nous un groupe. Créer du lien permet de répondre au besoin d'affiliation que ressent chaque collaborateur, tout comme nous. Alors si vous êtes en quête de sens et souhaitez exprimer votre liberté au travail et libérer vos équipes, je vous invite à reprendre le livre à son début et à planifier 10 actions dès lundi prochain.

Quête de sens et expression de sa liberté : Initiatives peu courantes recensées

362

Créer une monnaie locale

Une agence digitale teste une monnaie locale dans un quartier parisien, pour créer une communauté d'échange avec les commerçants. Chaque collaborateur a sa « tirelire », pour acheter des articles avec cette monnaie fictive (par exemple, pour prendre un café dans une boulangerie partenaire). Cette monnaie peut être utilisée par la suite par les commerçants partenaires pour bénéficier de prestations numériques (par exemple pour créer le site Internet de ladite boulangerie).

363

Créer des cercles de paroles

Cette forme de réunion de moins de dix personnes dont la création et la participation sont libres, permet une expression partagée par tous sur un sujet qui réunit les participants de façon bienveillante, sans objectif de résultat. Ces lieux de parole et d'écoute peuvent traiter du sens d'un projet, de rêves, des émotions ressenties, de difficultés relationnelles...

Personne n'a de prérogative, tout le monde est libre de s'exprimer, la parole est tournante : chacun dit ce qui est important pour lui à propos du sujet abordé et passe la parole à son voisin de gauche. Plusieurs tours de paroles sont ainsi effectués pour enrichir les discussions, personne n'interrompt celui qui parle sauf éventuellement l'animateur du cercle si les propos s'écartent du sujet.

364

Installer une cabane

S'inspirer de Microsoft qui a mis en place de véritables cabanes connectées dans les arbres, où les collaborateurs peuvent travailler tout en étant connectés (dans tous les sens du terme), en pleine nature.

365

Nommer un gardien du sens

Pour s'assurer que chaque réunion ait bien un sens et que tout le monde l'ait en tête. Cela permet également de recadrer les réunions qui dérapent.

Passage à l'action

Actions que je vais faire lundi prochain :

....
....
....
....
....
....
....
....

Actions que je vais planifier dans le mois :

....
....
....
....
....
....
....
....

Actions que je vais proposer à mon entreprise :

....
....
....
....
....
....
....
....

• **Astuce de la WE box pour passer à l'action :**

Plus qu'une astuce, une proposition méthodologique : mesurez vos progrès. Inspirez-vous de l'outil de mesure de la WE box, il s'agit d'un graphique permettant de visualiser de façon synthétique la présence des 12 leviers, au quotidien, dans son propre comportement, dans son équipe ou dans son entreprise. La note 0 correspond à des leviers jugés comme « totalement absents », une note 3 correspond à des leviers particulièrement présents. Cette mise en forme permet de voir où vous en êtes, avant et après votre plan d'action, et ainsi constater la progression dans le temps[161].

• Ils ont appliqué les bonnes pratiques *via* la WE box et m'encouragent :

« C'est un excellent recueil d'actions simples et efficaces qui répond à la demande de mes équipes d'avoir des petites choses concrètes à déployer au quotidien ! »

• Les 2 bonnes pratiques qui génèrent le plus de discussions dans la WE box :

Capsule temporelle – Et si on se retrouvait dans 5 ans, à ouvrir une enveloppe contenant nos souhaits émis 5 années auparavant ? Décrivez ce que vous souhaitez pour ce voyage de 5 ans, les différences que vous imaginez dans l'entreprise et organisez-vous pour garder cela quelque part.

#NewRituel ? Que pensez-vous de nommer à chaque réunion un gardien du sens, pour s'assurer que chaque réunion a bien un sens et que tout le monde l'a en tête ? Qui tente et raconte ?

ALLEZ... ON Y VA ?

Souriez, vous êtes connectés

J'espère que vous n'aurez désormais plus la sensation d'être « *lonely in a crowd*[162] » au bureau, c'est-à-dire seuls dans la foule, en référence à John Cacioppo qui évoque l'importance du sentiment d'être connectés aux autres, ou encore exprimé par Sherry Turkle qui démontre dans « seuls ensemble[163] » que nous nous coupons de ce qui est le fondement de toute relation humaine.

Dites-vous que nous sommes finalement tous un peu des homards. Le homard mue régulièrement dans son processus de développement, il quitte alors sa carapace qui le protège de l'extérieur, pour s'en créer une nouvelle. Il prend alors le risque de passer par une période de fragilité qui le rend ensuite plus solide. C'est ce que Milton Erickson appelait le paradoxe du homard. Pour cheminer vers plus de proximité dans les relations nous nous fragilisons un peu nous aussi, et puis cela devient une aventure passionnante qui renforce. Assumons notre côté homard et devenons « moteurs d'engagement ».

Que faire de ce livre de recettes ?

Si *Moteurs d'engagement* vous semble utile, n'hésitez pas à l'offrir à votre manager, car 100 % des personnes interviewées sont en quête de cette proximité ; lui aussi trépigne donc sans doute et cherche à savoir comment s'y prendre.

Et puis faites-moi part de vos expériences, parlons-nous sur LinkedIn, envoyez-moi des photos de vos initiatives… ou voyons-nous car je poursuis les interviews de managers et salariés inspirants pour enrichir en continu la méthode !

Go go, ne lâchez rien !

Faire du quotidien professionnel une forme de *team building*

Comment *Moteurs d'engagement* résonne dans les entreprises ?

Fusion, déménagement, digitalisation, changement stratégique, réorganisation... 70 % des projets de transformation des entreprises échouent[164].
Désengagement, colère, incompréhension, jalousie, frustration, peur... la plupart du temps ces projets échouent non pas pour des causes techniques (comme des fonds insuffisants ou une mauvaise analyse du marché), mais pour des causes liées à l'attitude des salariés et au comportement des managers[165].

L'enjeu de notre société, c'est le lien au travail

Lors de mes interviews, j'ai été touchée par la rencontre avec Sylvie Bernard-Curie, DRH et partner chez KPMG, psychologue du travail et auteur sur le sujet, à la fois pleine d'humanité et de bon sens relationnel, et également experte du sujet de la relation.
Le monde du travail souffre de la solitude des salariés car nous n'avons pas le temps de nous connaître. Sylvie pointe la diversité des profils présents au sein d'une même entreprise où la seule chose certaine que nous ayons en commun est le « besoin d'un relationnel léger, spontané, pas trop découvrant et dénué de toute notion d'objectif et de performance, le besoin de chaleur d'une communauté de simples humains où chacun se sent utile, protégé et passe un bon moment. ».
« L'enjeu de notre société, c'est le lien au travail, le lien dans la vie personnelle, le lien dans les loisirs, le lien dans son quartier, dans

ses communautés. C'est ce lien qui nous maintient vivant et qui nous fait lever le matin. C'est grâce à ce lien que l'on a quelqu'un à qui parler pour se confier quand ça ne va pas. Or, de façon contradictoire, le numérique apporte de la connexion et également de la déconnexion aux autres. » En témoignent les dérives des réseaux sociaux.

« Le véritable enjeu de la transformation numérique dans les entreprises, ce n'est pas le bonheur ni le développement personnel, mais plus spécifiquement ce lien, ce liant. Cette quête de lien est à la fois une démarche personnelle et professionnelle, que chacun peut mener en tant qu'individu ou pour développer ses compétences managériales, mais également une démarche individuelle et collective, qui concerne à la fois nos équipes, toute l'entreprise et même plus globalement tout l'écosystème de la communauté de travail. Cette quête de lien est universelle, elle touche tout le monde et dans n'importe quel contexte. Nous avons tous besoin de vivre des choses ensemble. Créer du lien en entreprise, c'est par exemple permettre à des gens qui auraient envie de se rencontrer de le faire, c'est créer de nouvelles façons de se raconter pour créer de la spontanéité dans la rencontre, c'est pouvoir se découvrir d'une façon protégée, c'est générer de la chaleur humaine, à l'italienne, par contagion. Une fois que l'on crée du lien, l'engagement et l'agilité en découlent naturellement. »

Attention au changement de cap à 180 degrés

Face à ce constat, les entreprises veulent trouver rapidement le graal de l'agilité[166] qui permet d'innover et de coopérer de façon transversale, sans silos entre les différents services ; rapidement parfois au point d'être tentés de brûler des étapes comme je le constate régulièrement. J'ai bâti une méthode de diagnostic

de l'« identité relationnelle » des entreprises, qui positionne celles-ci sur une échelle, de l'étape 1, critique, qui reflète que « les salariés ont une relation cordiale avec leur manager sans toutefois pouvoir lui exprimer de doute ou donner du feedback sur leur façon de travailler » jusqu'à l'étape 5, ultime, qui reflète que « toute l'organisation a le sens du collectif et la culture de l'erreur, jusqu'au top management qui incarne une forme d'exemplarité sur le sujet. » Chaque semaine je suis amenée à faire de la pédagogie pour démontrer qu'on ne peut pas passer de l'étape 1 à l'étape 5.
Or malgré tout, on peut tous passer du côté obscur de la force. Chez Filapi, il y avait une belle alchimie entre le sens du sujet que l'on défendait (l'enfance dans un contexte d'innovation), la démographie de notre société (taille, âges, profils), les personnalités variées de l'écosystème (salariés, fondatrices, actionnaires, clients) qui au travers de leurs comportements ont cristallisé tous les leviers qui déclenchent du lien et la coopération de tous. Pourtant, dans d'autres expériences, malgré mon optimisme et mon sens de l'action, la coopération et l'alchimie n'étaient pas au rendez-vous : le rythme soutenu des projets et la taille des entreprises faisaient qu'on n'avait pas l'occasion de se connaître, le découpage des tâches faisait perdre le sens de nos actions, la vision changeante de la direction et les revirements de situations généraient des rumeurs et leur lot de rancœurs. Et puis la violence verbale et le cynisme s'immisçaient. L'entreprise se déshumanise quand elle grossit. Donc soyez vigilants aux signaux faibles pour maintenir cette alchimie et adapter votre plan d'action dans le temps.
De plus, au fil de mes recherches j'ai appris que de nombreuses *supposées* bonnes idées relevant d'un prétendu bon sens pour convaincre les individus de changer un comportement, pouvaient s'avérer totalement contre-productives. J'ai découvert des phénomènes contre-intuitifs, par exemple récompenser de

façon pécuniaire une personne qui a proposé spontanément de s'engager dans quelque chose d'humain est contre-productif, car cela tue sa motivation intrinsèque ; de forcer les individus à avoir un comportement généreux change en revanche l'image qu'ils ont d'eux-mêmes et génère ensuite spontanément chez eux plus de générosité... J'ai découvert les biais cognitifs du cerveau, comme la théorie des neurones miroirs qui explique que, par le déploiement d'expériences individuelles fortes, les individus agissent par mimétisme, car il y a un « sentiment inconscient de similitude [167] »...

Alors comment faire ?

Au-delà du livre *Moteurs d'engagement*, créer de la relation au sein d'une organisation et diffuser des bonnes pratiques managériales favorisant l'esprit d'équipe requiert du temps, un plan d'action méthodique, animé au quotidien et adapté à la culture de l'entreprise. C'est pour cela que j'ai créé la WE box et ses outils digitaux de diagnostic et de microlearning [168]. La bonne nouvelle c'est que cela fonctionne [169] ! À la fois expérience de *teambuilding* numérique au quotidien et outil d'ancrage des bonnes pratiques managériales, il est ainsi désormais possible d'activer ces 12 leviers auprès d'un plus grand nombre par contagion et de provoquer la rencontre entre toutes les parties prenantes des organisations (salariés, clients, fournisseurs...) pour que la collaboration s'autogénère naturellement.

Que vous poursuiviez votre réflexion avec la WE box ou non, retenez ces fondamentaux pour déployer les bonnes pratiques qui correspondent à votre façon d'être, celle de votre équipe ou celle de votre organisation :

1. Le relationnel au travail est avant tout une somme de rencontres entre deux personnes, que nous avons pour mission de provoquer.
2. L'élévation de chacun se fait ensuite par l'exemplarité, par mimétisme.
3. La transformation est boostée quand on cultive les forces de chacun et l'envie de faire soi-même.
4. L'étude des biais cognitifs et des ressorts intrinsèques des salariés nous informe sur ce qui fait que les individus s'engagent spontanément et avec motivation dans une action sans carotte ni bâton, ni aucune forme de récompense externe perçue comme étant un moyen de les contrôler.
5. Un des facteurs clés de succès de ces actions est l'humilité dont nous faisons preuve dans ce que nous proposons aux collaborateurs, au regard de ce que les individus pensent qu'ils ont vraiment à gagner à le faire.
6. Tout le monde rêve de plus de proximité au bureau, tout en visant l'atteinte de ses objectifs professionnels. L'objectif est d'aider le système à être plus humain.
7. Le volume et l'industrialisation rompent le lien, rien ne vaut en la matière un déploiement d'actions locales non intimidantes, au sein de cellules d'individus qui ont l'opportunité de se connaître.

Avant de poser le crayon, je voulais également avoir l'avis d'une institution sur le sujet. Benoît Serre, vice-président délégué de l'Association nationale des DRH, a accepté de partager son regard d'expert dans la postface qui clôture le livre.

Postface

Transformation digitale, réseaux sociaux, multiemployeurs, télétravail, CDI de projet : toutes ces expressions semblent annoncer le monde du travail de demain. Pas un article ou un livre sur le management qui ne passe par cette perception ou par ces certitudes. Pourtant il en est peu qui recherchent l'effet qu'auront ces avancées, ou tout au moins ces évolutions avérées sur les rapports humains au travail, sur ce qui fait aussi la force d'une organisation ou d'une entreprise : l'engagement collectif d'une communauté humaine au service d'un projet.

Parmi les critiques qui ont suivi la mise en place des 35 heures, il en est une qui a souvent été oubliée et qui m'a toujours paru pourtant la plus pertinente, c'est celle du retour des badgeuses, de ce calcul à la minute de travail qui a peu à peu tué ce qu'on pourrait appeler « les temps inutiles de management ». Chacun les a connus, ces moments où il semble ne rien se passer d'autre

qu'une discussion autour d'une machine à café, un instant de convivialité sans autre enjeu que de partager un moment entre personnes réunies pour un temps de leur vie dans un service ou pour un projet professionnel.
Et pourtant, il se passe des choses essentielles à ces moments-là. Il apparaît à cet instant aussi la part d'humanité du professionnel, parfois éloignée de ce qu'on peut imaginer en voyant tel ou tel collègue travailler, manager, exécuter une tâche. On peut y découvrir une personnalité autre, ou plus simplement partager des convictions personnelles ou professionnelles sur l'entreprise, le travail, ses projets ou ses motivations à être là.

Aujourd'hui, tout ou presque peut se faire à distance, la question de l'engagement humain prend un sens très particulier essentiel car peut-on en parler quand les personnes ne se voient pas, ne se côtoient pas ou épisodiquement ?

À l'heure où les modèles économiques peuvent être remis en cause en quelques mois, comment s'assurer que la communauté, la « société » que constitue une entreprise, demeure un lieu de partage, de convivialité et d'humanité ? Ces trois éléments demeurent la première source d'innovation.

Dans son étude « The Future of Jobs » [170], parue en 2016, le World Economic Forum [171] définit les 5 aptitudes qui seront à terme les plus recherchées, et parmi elles on retrouve la pensée critique, la créativité et la coordination, c'est-à-dire les qualités interpersonnelles qui permettent de mettre et de maintenir les personnes en relation. Beaucoup d'entreprises travaillent aujourd'hui sur leur raison d'être, que ce soit le sens de leur projet ou de leur service, au-delà de son aspect économique. Plus que jamais les hommes et les femmes qui les composent recherchent aussi leur raison d'être ensemble, à cet endroit-là, à ce moment-là de leur vie professionnelle, bien sûr, mais aussi de leur vie tout court.

En explorant ces moteurs d'engagement simples ou complexes, osés ou naturels, Alexia de Bernardy donne des clés sur la vie quotidienne de millions de salariés qui, en France notamment, vivent, il faut le reconnaître, dans un environnement tendu, en crise et doutes constants. Elle sait y apporter cette simplicité et ce naturel qui manquent souvent à nos organisations. Elle propose une réponse originale que beaucoup cherchent au travers des effets de mode que sont l'entreprise libérée, le bonheur au travail, la bienveillance, la valorisation des richesses humaines, le capital humain d'une entreprise. Si tant de chercheurs éminents travaillent sur ces thèmes, c'est qu'il se passe quelque chose, qu'il manque quelque chose. Le DRH que je suis le ressent aussi. Les collaborateurs sont conscients que le monde change, que la course à la productivité comme à l'agilité est une nécessité ne serait-ce que pour garder son emploi. Ils y sont prêts malgré les sacrifices que cela peut engendrer, mais la seule réussite financière ou de sécurité professionnelle ne saurait combler ce besoin de relations humaines si indispensable dans ces moments de crise, d'instabilité et parfois d'inquiétude. Ne pas y prendre garde comme on le fait trop souvent conduit à la situation actuelle où nous n'avons jamais connu autant de burn out, de tensions, et parfois même de violence dans des organisations qui se cherchent autant que les individus qui les font vivre et prospérer. La fonction des ressources humaines est éminemment collective. Elle vise d'abord à permettre aux collaborateurs de vivre ensemble, individuellement et collectivement. Elle a pour ambition et responsabilité de trouver les Moteurs d'engagement des équipes dans le projet de l'entreprise. Bien entendu, le directeur des ressources humaines saura les traduire en courbes de motivation, d'absentéisme, de GPEC et de qualité managériale. Mais là n'est pas l'essentiel. Le fil conducteur de cet ouvrage est celui du bon sens tout simplement, celui qu'on a perdu parfois, qu'on ne retrouve pas ou qu'on ne sait plus reconnaître, obsédés par les théories des organisations, les logiques managériales issues des organigrammes et la gestion des temps. On y retrouve des mots et des actes simples, car fondés d'abord sur ce que nous sommes : des personnes qui sont elles-mêmes dans l'entreprise comme chez elles, qui recherchent d'abord le bonheur d'être « en société ».

Alors, il faut lire et pratiquer cet ouvrage pour y choisir ces gestes et ces comportements proposés. Mais surtout il faut gérer les hommes et les femmes de l'entreprise en les laissant libres de les choisir comme ils le souhaitent, comme ils le sentent… pour enfin les laisser libres d'être eux-mêmes. C'est ainsi qu'ils seront « engagés » car ils auront simplement choisi « d'être ».

Benoît Serre,

Vice-président délégué de l'ANDRH.

Remerciements

Ce projet n'aurait jamais abouti sans le soutien précieux et sans relâche de mes proches, notamment la patience et l'écoute de Laurent, mon mari, et de nos trois enfants Clément, Alice et Éloïse. Merci à ceux qui ont pris le temps de lire les premiers brouillons. Merci à l'équipe Marabout, notamment Timothée et Delphine, pour leur apport méthodologique dans cette nouvelle édition après une première vie en autoédition.

Mon associé Charles Keller permet chaque jour que la méthode de la WE box et les bonnes pratiques de *Moteurs d'engagement* se déploient, pour cette concrétisation dans les entreprises et le travail en tandem : merci.

Je remercie également chaleureusement tous les interlocuteurs qui ont accepté de témoigner dans *Moteurs d'engagement*.

Merci à :

• Nicolas Froissard, un des dirigeants du Groupe SOS et fondateur du Mouvement UP.
• Benoît Serre, vice-président délégué de l'ANDRH.
• Élodie Bergerault, danseuse, artiste chorégraphe et fondatrice de la société Danaïade.
• Sylvie Bernard-Curie, DRH et partner KPMG, psychologue du travail et auteur.
• Vincent Dumont, directeur général et cofondateur de Chaïkana.
• Amaury Eloy, responsable du capital humain et de la transformation digitale chez Sycomore Asset Management.
• Cécile de Guillebon, directrice internationale de l'immobilier et services généraux d'un constructeur automobile.
• Marjolaine Hamon, responsable du développement RH d'OCTO.
• Alexandre Jost, fondateur et gérant de la Fabrique Spinoza.
• Yann Kerguiduff, associé et directeur général de Davidson Energie.
• Yannick de Kerhor, chief digital officer chez EY passionné d'agroforesterie.
• Christophe Larrenduche, directeur général fondateur de Sagarmatha.
• Jean-Claude Le Grand, directeur général des relations humaines du groupe L'Oréal.
• Sandra Le Grand, Fondatrice de Kalidea, cofondatrice de Yapuka, et conférencière.
• Jean-Michel Monnot, président d'All Inclusive.
• Karin Raguin, directrice développement des talents, Christian Dior Couture.

• Muriel de Saint Sauveur, présidente de Women Masterclass, anciennement directrice de la communication et de la diversité de Mazars.
• Mikaël Schetter, global human resources director de Make Up For Ever.
• Florence Servan-Schreiber, professeure de bonheur, auteure et conférencière

Les rencontres en tête à tête sont les moments que j'ai le plus appréciés, riches d'échanges et créateurs de liens. Je tiens à remercier tous ceux qui m'ont donné du temps, que ce soit lors d'interviews, au quotidien, pour des conseils, prêts de livres, cafés, sondages, contacts, milliers d'heures de discussions, je ne suis que le porte-parole de ces centaines de témoignages.

« Et puis il y a ceux que l'on croise, que l'on connaît à peine, qui vous disent un mot, une phrase, vous accordent une minute, une demi-heure et changent le cours de votre vie[172]. »

Merci en particulier à :

Catherine L., Véronique S., Florence H., Bernard O., Isabelle P., Céline C., Marie-Élodie L., Dominique B., Valérie M., Jean-Renaud L., Huu An P., Timothée Q., Caroline F., Brigitte D., Florence B., Catherine T., Célia S., Johana Q., Catherine O., Isabelle H., Laure B., Romain G., Véronique J., Antoine D., Laurent D., Élisabeth K., Pascale P., Karine A., Catherine D., Armelle C., Marie-Jean D., Sandrine M., Florence B., Pascale S., Marie-Cécile P., Laëtitia C., Marion B., Sylvie B., Julie C., Hortense L., Béatrice F., Sophie S., Guillaume C., Isabelle M., Fabienne P., Dorothée M., Olivier M., Peggy B., Virginie V.,

Christine F., Stéphane B., Anne E., Stéphane T., Mélanie D., Isabelle L., Areski F., Marion P., Ingrid B., Carine N., Florence M., Sergio L., Amélie R., Sandrine C., Camille B., Florence M., Astrid B., Angélique S., Delphine D., Thomas G., Béatrice R., Suzanne B., Estelle D., Olivier B., Marie C., Stéphanie S., Ghislain D., Stanislas D., Emma P., Fabrice K., Margaux L., Gaëlle P., Sandrine L., Sébastien O., Clément P., Véronique B., Céline B., Isabelle S., Cécile P., Nicolas T., Benjamin S ., Benoît F., Cyril C., Marie-Aurore S., Carole D., Benoît S., François B., Thomas M., Valérie B., Francesco S., Fabien R., Frédéric G., Nathalie B., France B., Valérie R., Léah M.

Quelques références bibliographiques

• *50 Exercices pour mieux communiquer avec les autres*, Jean-Philippe Vidal, Eyrolles, 2009.
• *50 Exercices de confiance en soi*, Laurence Bénatar, Eyrolles, 2015.
• *Bouge ton cerveau !*, Wendy Suzuki, Marabout, 2016.
• *Comment se faire des amis*, Dale Carnegie, Poche, 1990.
• *Empathie Manifeste pour une révolution*, Roman Krznaric, La Bibliothèque Happinez, 2017.
• *Fish !* Philosophie, collection « Un monde différent », Stephen C. Lundin, Harry Paul et John Christensen, 2009.
• *Happiness Le grand livre du bonheur*, Léo Bormans, 2011, Les éditions de l'Homme.
• *Happy RH*, Laurence Vanhée, La Charte, 2016.
• *lmparfaits, libres et heureux*, Christophe André, Odile Jacob 2009.

• *J'arrête de râler l'intégrale*, Christine Lewicki, Eyrolles 2015.
• *L'Entreprise du bonheur*, Tony Hsieh, Leduc.S éditions, 2011.
• *L'intelligence émotionnelle en leadership : Devenez un leader plus efficace et épanoui*, Julian Jencquel, Bookboon, 2013.
• *Le Leader Positif : Psychologie positive et neurosciences : les nouvelles clés du dirigeant*, Yves Le Bihan, 2016.
• *Le Lien social,* collection « Que sais-je ? » n° 3780, de Serge Paugam, 2008.
• *Le Livre qui rend heureux : à ne pas lire en cas de bonheur*, Arthur Dreyfus, 2011.
• *Le Livre qui te rend super méga heureux*, Françoise Boucher, Nathan, 2013.
• *Le Paradoxe du poisson rouge : une voie chinoise pour réussir*, Hesna Cailliau, Saint-Simon, 2015.
• *Le Plaisir de travailler*, Maurice Thévenet, Éditions d'Organisations, 2000.
• *Le Pouvoir des gentils, les règles d'or de la relation de coniance*, Frank Martin, Eyrolles, 2014.
• *Les Employés d'abord, les clients ensuite*, Vineet Nayar, Diateino, 2011.
• *Les Entreprises humanistes, comment elles vont changer le monde*, Jacques Lecomte, Les Arènes, 2016.
• *Les 4 saisons de la bonne humeur*, Pr Michel Dejoyeux, JC Lattès, 2016.
• *Les Neurones miroirs*, Jean-Michel Oughourlian, Broché, 2013.
• *Liberté & Cie : Quand la liberté des salariés fait le bonheur des entreprises*, Isaac Getz, Brian M. Carney, Clés de Champs, 2016.
• *Optimisez votre équipe : Les cinq dysfonctions d'une équipe*, Patrick Lensioni, 2002

• *Notre troisième cerveau*, Jean-Michel Oughourlian, Albin-Michel, 2013.
• *Plaidoyer pour l'altruisme, la force de la bienveillance*, Matthieu Ricard, NiL, 2013.
• *Reinventing Organizations, vers des communautés de travail inspirées*, Frédéric Laloux, Diateino, 2015.
• *Seuls Ensemble*, Sherry Turkle, L'Échappée, 2016.
• *Simplifiez vos relations avec les autres*, Christophe Deval et Sylvie Bernard-Curie, InterÉditions, 2016.
• *Ta deuxième vie commence quand tu comprends que tu n'en as qu'une*, Raphaëlle Giordano, 2015.
• *Vers la sobriété heureuse*, Pierre Rabhi, Actes Sud, 2010.

Moteurs d'engagement
se prolonge sur laWEbox.com

Je vous invite à vous inscrire à notre newsletter si vous souhaitez booster l'engagement de vos équipes avec une solution digitale clé en main, pour un événement particulier comme un séminaire, un déménagement, une formation, ou au quotidien, dans la durée. Suivez-nous sur Facebook, Instagram et LinkedIn pour découvrir de nouvelles pratiques, citations illustrées et témoignages.

Un doute, une question ou une bonne pratique à partager ?
N'hésitez pas à me contacter sur les réseaux sociaux
ou par e-mail alexia@lawebox.com

Notes

Avant-propos

1. Filapi cité en 2017 dans le magazine Challenge comme la « meilleure opération » de Chantal Baudron, personnalité en tête du classement des femmes investisseurs en France.

Introduction

2. Sondage « la fidélité à l'entreprise » des éditions Tissot réalisé par OpinionWay en 2015. La relation avec les collègues est la première raison indépendante du manager (donc après le sujet de la stabilité de l'entreprise et de la proximité avec son domicile), devant la rémunération ou les avantages sociaux notamment.

3. Officevibe.

4. Corporate Leadership CouncilTM 2004 (50 000 répondants/30 pays).

5. Idriss Aberkane, auteur du livre *Libérez votre cerveau* et expert des neurosciences, R. Laffont, 2017.

6. Agence Gallup, *Magazine Références*, septembre 2013.

7. Teresa Amabile, chercheuse, a dédié sa carrière à l'étude de la créativité humaine, auteur de nombreux ouvrages dont, en 1997, « Motivating creativity in organizations : On doing what you love and loving what you do », in *California Management Review*, 40, 2004 « Leader behaviors and the work environment for creativity : Perceived leader support », in *Leadership Quarterly*, vol. 15, 2010 « Creativity », in *Annual Review of Psychology*, 61.

8. Shawn Anchor, *The Happiness Advantage The Happiness Advantage: The Seven Principles of Positive Psychology That Fuel Success and Performance at Work*, Crown Publishing Group, 2010.

9. Krueger RF, Hicks BM, Mcgue M. PSYCHOL Sci, septembre 2001, *Altruism and antisocial behavior: independent tendencies, unique personality correlates, distinct etiologies.* ; Thoits, P. A., & Hewitt, L. N., 2001. « Volunteer Work and Well-Being. » in Journal of Health and Social Behavior.

10. Feringold A, 1983.

11. Barsade, S. G., Ward, S. J., Turner, J. D. F., & Sonnenfeld, J. A. (2000). *To your heart's content : a mode of affective diversity in top management teams.* Administrative Science Quarterly, 45.

12. Enquête City and Guilds au Royaume-Uni.

13. L'intégralité de cette étude passionnante est notamment présentée sur la vidéo d'une conférence TED : « Qu'est-ce qui

fait une vie réussie ? » *(What makes a good life ? Lessons from the longest study on happiness)* accessible sur Internet.

14. Étude Akein 2000 et 1994, Natalia Karelaia, professeur des sciences de la décision à l'Insead.

15. Laurent Combalbert, Ancien négociateur du RAID sur L'Échappée Volée, 2014.

16. Jacques Lecomte, *Les Entreprises humanistes*, Les Arènes, 2016.

17. « Burnout at work isn't just about exhaustion. It's also about loneliness », article du *Harvard Business Review* rédigé en 2017 par Emma Seppala, Ph. D. (Université de Stanford) et Marissa King, Ph.D (Yale School).

18. Claude Onesta, *Le Règne des affranchis*, éditeur Broché, 2014.

19. Interview de Benjamin Sylvand, docteur en philosophie des sciences cognitives que j'ai menée en septembre 2017.

20. Psychologue, psychothérapeute, psychanalyste jungien et sociologue membre fondateur de l'École de Palo Alto. Cette citation est un adage de Paul Watzlawick résumant son axiome d'englobement. Lire à ce sujet *Le Pouvoir des gentils*, de Franck Martin, Eyrolles, 2014.

21. Sondage *ViaVoice* auprès de 1 017 personnes en septembre 2017.

22. *Ibid.*

23. « Fika » est le nom de la pause-café au travail en Suède, elle se tient deux ou trois fois par jour à heures fixes. Elle est obligatoire dans de nombreuses entreprises suédoises, car c'est parfois là que naissent les meilleures

idées. C'est également un moment particulier de la culture scandinave où chacun ose dire ce qu'il a à dire à son manager.

24. Plus d'informations sur laWEroom
et *via* application digitale la WE room.

LEVIER 1

25. *Le Vrai Sens de la vie*, 1931. Alfred Adler
est un psychothérapeute autrichien fondateur
de la psychologie individuelle.

26. Étude réalisée pendant 30 ans sur 14 000 collégiens – « *Empathy: College students don't have as much as they used to* » (Sara Konrath and O'Brien may 2010). Elle démontre que l'empathie des collégiens a chuté de 40 % en 30 ans.

27. « Reliance, déliance, liance : émergence de trois notions sociologiques » Marcel Bolle De Bal dans la publication *Sociétés* 2003/2 (n° 80).

28. Étude Building The High Performance Workforce, 2002.

29. Shalom H. Schwartz, *Les Valeurs de base de la personne : théorie, mesures et applications*, Department of Psychology, The Hebrew University of Jerusalem, Israël, 2006.

30. Martin Seligman, Christopher Peterson en 2004. Questionnaire permettant d'identifier vos forces de caractères disponible sur viacharacter.org.

31. Théorème social intitulé *There is no such thing as a spherical bastard*, « Le connard sphérique n'existe pas ».

32. Albert Mehrabian (2009). « Silent Messages
– A Wealth of Information About Nonverbal Communication

(Body Language) », *Psychological Books & Articles of Popular Interest.*

33. Article « La tendance est aux émissions tournées à bord d'un véhicule », octobre 2016, *Le Parisien.*

LEVIER 2

34. Référence en matière de classification des besoins fondamentaux des humains dans le monde occidental.

35. Serge Paugam, *Le Lien social*, Que sais-je ?, n° 3780, 2008.

36. Enquête Deloitte et Cadremploi de 2015 : « Et le bonheur au travail ? »

37. Enquête miroir Managers/salariés/dirigeants de grandes entreprises sur le management, 2012, BVA.

38. Anact, FIDAL, Amplitude, 2016.

39. *Le Management bienveillant*, Eyrolles, 2017 ; *Le Bonheur sans ordonnance*, Eyrolles, 2015.

40. *Ibid.* Yves Le Bihan, *Le leader positif.*

41. Emmanuelle Prévot, « Alcool et sociabilité militaire : de la cohésion au contrôle, de l'intégration à l'exclusion », in revue Travailler, 2007.

42. Ken Blanchard Spencer Johnson, *Le nouveau manager minute*, Eyrolles 2015.

43. Certains portent des noms comme le *doodling*, ou la facilitation graphique.

44. *Ibid.*

45. Frédéric Laloux, Reinventing Organizations, vers des communautés de travail inspirées, Diateino, 2015.

LEVIER 3

46. Jacques Lecomte, *Le monde va beaucoup mieux que vous ne le croyez !*, Les Arènes, 2017.

47. Matthieu Ricard.

48. *IICEE Interfaculty Institute for Central and Eastern Europe.*

49. Étude menée par Martin Seligman pour la compagnie d'assurances Metropolitan Life – livre : Éloge de l'optimisme, Philippe Gabilliet.

50. Alexandre Jollien, philosophe et écrivain – *Interview par Emmanuelle Pirat pour le portail cfdt.fr, 29/02/2016.*

51. Étude 2018 sur 100 salariés interrogés par la WE box.

52. Baden-Powell.

53. Yves Le Bihan, *Le leader positif.*

54. *Ibid.*

55. Selon Wendy Suzuki auteur de *Bouge ton cerveau !*, Marabout, 2016.

56. Étude « How are habits formed: Modelling habit formation in the real world », Phillippa Lally, Cornelia H. M. van Jaarsveld, Henry W. W. Potts, Jane Wardle 2009, *European Journal of Social Psychology.*

LEVIER 4

57. Dale Carnegie, *Comment se faire des amis* (1936).

58. Traduction : Sérieux sans se prendre au sérieux.

59. Travaille comme un capitaine, joue comme un pirate.

60. Voir Matthieu Ricard Plaidoyer pour l'altruisme.

61. Citation d'Antoine Riboud.

62. *Les Neurones miroirs*, Jean-Michel Oughourlian, Broché, 2013.

63. Michael Tews, évoquant l'étude « Does fun promote learning? The relationship between fun in the workplace and informal learning » dans le *Journal of Vocational Behavior*, 2017.

64. *Ibid.*

65. Traduction : Les gens d'abord.

66. Traduction : Donner d'abord.

67. Concept managérial s'apparentant à un management éthique opposé au leadership autoritaire.

68. Le *high five* est un geste de joie, de victoire, d'encouragement ou de félicitation qui consiste pour deux personnes à se frapper mutuellement dans la paume des mains.

69. Sociologue et professeur de sociologie et de travail social.

70. Docteur en psychologie et professeur à l'université de l'Iowa.

71. Eyrolles, 2015.

72. David Le Breton, *Rites personnels de passage*, Hermès, La Revue, 2005.

73. Erving Goffman, *Les Rites d'interaction*, Minuit, 1974.

74. Jean d'Ormesson interprété par le président de la République Emmanuel Macron lors de l'hommage national rendu à l'écrivain.

75. Stephen C. Lundin, Harry Paul et John Christensen, *Fish ! Philosophie*, Un Monde différent, 2009.

76. Un tel jeu a été ainsi mis en place par Alban Grolleau, dans sa société Aktisea.

77. Enquête la WE box auprès des utilisateurs de son application digitale en 2018.

LEVIER 5

78. Rafaeli A. and R.I. Sutton, « The Expression of Emotion in Organization Life », in *Research in Organizational Behavior*, 1989.

79. Emmanuel Toniutti, *Le Leadership de l'amour*, IECG, 2014.

80. Docteur en chiropraxie, chercheur, consultant.

81. Laurence Vanhée, *Happy RH : Le bonheur au travail, rentable et durable,* Broché, 2015.

82. La vie est une scène.

83. OpinionWay pour FDJ – Nouveau LOTO® qui utilise des émoticônes, 2017.

84. Roman Krznaric, *Empathie Manifeste pour une révolution*, La bibliothèque happinez, 2017.

85. *Ibid.*

86. Sondage mené en Mars 2019 par la WE box sur ses outils digitaux.

87. Méthode et application digitale qui a pour vocation de booster l'esprit d'équipe et l'engagement des salariés dans le quotidien.

88. Pratique lancée au centre Hartenberg à Ede (Pays-Bas) vers 1974.

LEVIER 6

89. *Critique de la raison dialectique*, Gallimard, 1960.

90. Alfred Adler, *Le Sens de la vie*, p. 73.

91. Cette expression nous viendrait, dans la seconde moitié du XIXe siècle, de Friedrich Nietzsche qui l'a exprimée en allemand « Der Teufel steckt im Detail ».

92. Citation de Jean-Laurent Bonnafé, administrateur directeur général de BNP Paribas.

93. Également appelée « Le Manager Minute », cette méthode repose sur trois techniques : les Objectifs Minute, les Félicitations Minute et les Réprimandes Minute, pour accroître la productivité et l'équilibre personnel.

94. Culture selon laquelle chacun peut proposer, défendre, expérimenter un projet qui lui semble pertinent.

95. Challenge regroupant des start-up, sociétés de conseil, prestataires de secteurs divers, invités à créer une offre répondant au défi lancé par l'organisateur, en un temps rapide et faisant l'objet d'un vote par un jury.

96. Méthode favorisant l'innovation, conciliant l'intuition et à l'analyse de données, notamment les retours des utilisateurs finaux.

97. Outil interne de Davidson Consulting formalisant son fonctionnement.

98. Outil interne de Davidson Consulting utilisé à des fins de formation des managers.

99. *Da Vidson Code*, ouvrage collectif disponible sur le site davidson.fr. *Ibid.*

100. Albert Camus, *Carnets*, mai 1935-février 1942, 1962.

101. Agence nationale pour l'amélioration des conditions de travail.

102. Ces initiales signifient Considération, Questions, Formulation, Discussion.

103. « Les stéréotypes sur les générations », étude IMS Valeurs & Développement, 2015.

LEVIER 7

104. Gérald Jampolsky, *Aimer c'est se libérer de la peur*, Soleil, 1988.

105. Barbara Fredrickson et Marcial Losada, étude « Positive affect and the complex dynamics of human iourishing », 2005.

106. Selon les travaux des chercheurs Jane L. Risen et Thomas Gilovich.

107. Étude internationale auprès de 16 000 salariés dans 80 pays, 2011.

108. Étude menée par le cabinet de conseil OPP, en 2007.

109. « Mesurer les facteurs psychosociaux de risque au travail pour les maîtriser », rapport du Collège d'expertise sur le suivi des risques psychosociaux au travail, faisant suite à la demande du ministre du Travail, de l'Emploi et de la Santé, 2007.

110. Yves Le Bihan, *Le Leader positif*, Broché, 2016.

111. lawebox.com.

LEVIER 8

112. *Petit manuel de savoir-vivre au bureau*, Philippe Rodet est médecin, consultant en entreprise, Article paru dans *Ouest France*, 26 janvier 2016.

113. Three Surprising Ways That Gratitude Works at Work, Robert Emmons, scientifique expert de la gratitude, *Greater Good Magazine*, 2017.

114. *Ibid.*

115. Dont « 3 kifs par jour », « Power Patate » « Dîner de kifs », Marabout.

116. *Reinventing Organizations, vers des communautés de travail inspirées*, Frédéric Laloux, Diateino, 2015.

117. Source la WE box 2018.

LEVIER 9

118. Alain Caillé et Jean-Édouard Grésy auteurs de « La révolution du don ».

119. *Donnant, donnant : Quand générosité et entreprise font bon ménage*, 28 novembre 2013.

120. *Les Entreprises humanistes, Ibid.*

121. Gauthier Chapelle, Pablo Servigne, *L'Entraide, l'autre loi de la jungle*, Les liens qui libèrent, 2017.

122. *Le rôle du don et du gratuit dans l'entreprise : théories et évidences*, Olivier Masclef, Burgundy School of Business, 2013.

123. Pierre Rabhi, *La Sobriété heureuse*, Actes Sud, 2010.

124. « La cravate solidaire » collecte des vêtements professionnels en entreprise.

125. « 14 conseils pour mettre une bonne ambiance sur son lieu de travail », *Capital,* août 2010.

126. *Ibid.*

127. Colloque organisé par SOLAAL, association reconnue d'intérêt général, qui facilite le lien entre les donateurs des filières agricole et alimentaire et les associations d'aide alimentaire, en 2016.

128. Enquête diffusée par la WE box en 2018 sur ses outils digitaux.

LEVIER 10

129. L'Université de l'est de la Finlande, l'université de Jyvdskyld et l'université de Turku, ont mené une étude pendant 10 ans qui a permis de suivre des milliers d'enfants et étudiants.

130. Projet Aristote de Google : https://rework.withgoogle.com/guides/understanding-team-effectiveness/steps/introduction/

131. Interview du professeur de management Amy Edmondson pour Slate, février 2016.

132. Jacques Lecomte dans son livre *Les Entreprises humanistes.*

133. *Ibid.*

134. Thomas Carlyle, écrivain et historien.

135. Eléna Fourès, *Les Échos*, 7 janvier 2013.

136. Questions issues des travaux de Jean-Philippe Faure et Muriel Hemelsoet.

137. Frédéric Laloux.

138. Ce chiffre varie selon plusieurs études, mais c'est l'occurrence maximale nécessaire.

LEVIER 11

139. *The New York Times*, article de Bob Sullivan et Hugh Thompson May 3, 2013.

140. Étude menée par le Dr Anil Nigam, de l'Institut de cardiologie de Montréal (ICM) et de l'Université de Montréal, en collaboration avec l'Institut universitaire de gériatrie de Montréal.

141. Déclinaison du dicton anglais « An Apple a day keeps the Doctor away », reprise avantageusement par Dr Éric Albert, spécialiste du stress.

142. Michel Lejoyeux, professeur de psychiatrie et d'addictologie à la faculté de médecine Paris-Diderot – Auteur du livre « *Les 4 saisons de la bonne humeur – Un programme annuel de santé pour le corps et l'esprit.* »

143. Anne-Marie Filliozat, *Ces petits riens qui changent la vie,* Albin Michel, 2013.

144. Musique créée en collaboration avec le British Academy of Sound Therapy, étude menée par le Mindlab Institution en 2011.

145. Étude menée par Simon Marshall, de l'université de San Diego (États-Unis), publiée dans The American Journal of Preventive Medicine.

146. *Ibid.*

147. John P. Buckley, Alan Hedge, Thomas Yates, Robert J. Copeland, Michael Loosemore, Mark Hamer, Gavin Bradley, David W. Dunstan « The Sedentary Oice : a growing case for change towards better health and productivity », in *British Journal of Sports Medicine*, 2015.

148. Extrait du cours dispensé par Chade-Meng Tan sur le campus Google *Search inside yourself (Cherchez en vous-même).*

LEVIER 12

149. Propos recueillis par Laure Belot pour *Le Monde*, 2016, « Ce qui peut aider un jeune à trouver sa voie, c'est son pouvoir de rêve ».

150. Antoine de Saint-Exupéry, *Le Petit Prince,* Reynal and Hitchcock, 1943.

151. *Ibid.*

152. *Ibid.*

153. Baromètre national du bonheur au travail, mai 2017, étude sur le bonheur au travail des Français, réalisée par l'institut Think pour La Fabrique Spinoza auprès de 613 actifs salariés.

154. Parcours Zachée : « La doctrine sociale de l'église dans la vie quotidienne », Emmanuel, 2012.

155. ydekerhor.com

156. Très bien décrit par Max Weber dans *L'Éthique protestante et l'esprit du capitalisme*, Archive pour les sciences sociales et la politique sociale, 1905, au sujet de la taille des villes ou de certaines entreprises.

157. Traduction : raisonner à l'échelle locale.

158. Mouvement ayant vocation à inciter les citoyens à réduire la consommation d'énergie, renforcer la coopération à l'échelle d'un territoire, renforcer son autonomie.

159. Étude réalisée par le cabinet Robertson-Cooper et sous la direction du professeur et psychologue des organisations, Carry Cooper. Et sondage en ligne réalisée par l'institut One Poll auprès d'un échantillon de 3 600 employés de bureau. Décembre 2014.

160. Charles Ferdinand Ramuz, *Journal*, Mermod, 1949.

161. Si besoin un questionnaire permettant de remplir le graphe est disponible sur simple demande : lawebox.com.

Allez on y va ? Souriez vous êtes connectés

162. John Cacioppo : professeur à l'université of Chicago et auteur du livre *Loneliness*, Paperback, 2008.

163. *Ibid.*

164. Joseph Isern et Caroline Pung, Caroline, "Organizing for successful change management: A McKinsey global survey", *The McKinsey Quarterly*, June 2006. 1 546 dirigeants d'entreprise interrogés.

165. *The Inconvenient Truth About Change Management. Why it isn't working and what to do about it,* Scott Keller et Carolyn Aiken, McKinsey & Company.

166. Une entreprise est dite agile lorsqu'elle est capable de s'adapter très rapidement à son environnement.

167. Jean-Michel Oughourlian, *Les Neurones miroirs*, Broché, 2013.

168. Modalité d'apprentissage en séquences courtes de quelques minutes par jour, à base de contenus éditoriaux, vidéos, quiz, images… disponibles en ligne et incitant à l'action.

169. 68 % des participants constatent que les contenus renforcent les relations dans la durée.

Postface

170. Global Challenge Insight Report The Future of Jobs Employment, Skills and Workforce Strategy for the Fourth Industrial Revolution, Janvier 2016.

171. Forum économique mondial.

Remerciements

172. Victor Hugo.

Imprimé en Italie par Gafica Veneta S.P.A.
Dépôt légal : juin 2019
1717902 / 01
ISBN: 978-2-501-13613-6